国家自然科学基金（批准号：71804194）研究成果

能源利用的
多尺度系统投入产出核算

Multi-scale Systems Input-output Accounting
for Energy Use

吴小芳　著

WUHAN UNIVERSITY PRESS
武汉大学出版社

图书在版编目(CIP)数据

能源利用的多尺度系统投入产出核算/吴小芳著.—武汉：武汉大学出版社,2021.12(2022.9 重印)
ISBN 978-7-307-22565-7

Ⅰ.能… Ⅱ.吴… Ⅲ.能源利用—投入产出分析 Ⅳ.F407.2

中国版本图书馆 CIP 数据核字(2021)第 182298 号

责任编辑:郭　静　　　责任校对:汪欣怡　　　版式设计:马　佳

出版发行：**武汉大学出版社**　（430072　武昌　珞珈山）
（电子邮箱：cbs22@whu.edu.cn　网址：www.wdp.com.cn）
印刷:武汉邮科印务有限公司
开本:787×1092　1/16　印张:11.75　字数:279 千字　插页:1
版次:2021 年 12 月第 1 版　2022 年 9 月第 2 次印刷
ISBN 978-7-307-22565-7　　定价:45.00 元

前　言

　　能源问题已成为社会、经济和环境可持续发展的核心问题。随着全球化的发展，产品的异地消费现象越发普遍，能源利用已不再局限于对能源产品的直接利用，它还应包括对非能源产品的使用中所隐含的间接能源利用，因为在非能源产品的制造过程中同样会消耗能源。但是，各个国家和地区政府并未对间接能源利用给予足够的重视，也因此在大力推动经济增长与能源消耗的解耦时，容易忽略与间接能源利用相关的贸易非平衡和能源安全等问题。在这样的背景下，本书提出将多尺度系统投入产出模型用于模拟全球、中国和北京三个不同尺度的经济系统内的能源利用，追踪能源利用流的起点和终点，旨在编制一份完整的能源利用清单，系统地评估能源资源对生产、贸易和消费等经济活动的支撑效应；进而，将多尺度系统投入产出模型与结构分解分析方法进行结合，探究经济系统内能源利用量变化的驱动因素，揭示经济发展对资源和环境的影响。主要结果如下：

　　2012 年，体现在世界贸易中的能源利用量是能源开采总量的 93%，其中 85% 与中间产品贸易有关，15% 与最终产品贸易有关。体现在中国贸易中的能源利用量是国内开采量的 94%，而体现在北京贸易中的能源利用量达到本地开采量的 673 倍。美国 49% 的最终能源需求由国外地区供给，这一比例是基于直接能耗求得的能源对外依存度的 3 倍。中国的原油和天然气自给率只有 21%，却仍将国内 1/4 的原油和天然气开采量用于生产出口商品。北京 56% 的最终能源利用需依赖国内其他地区调入，44% 依赖进口。2002 年至 2012 年，全球能源利用总量增长了 30%，经济系统生产结构的变化是最大的驱动因素。体现在中国和北京最终需求中的能源利用量分别增长了 1.3 倍和 1.1 倍，人均生活水平的提高对中国和北京能耗量的影响最大。

　　本书不仅为能源核算提供一种新的研究视角，而且为全球、国家和城市尺度能源和环境政策的制定提供数据支持。

目　　录

第1章　绪论 ⋯⋯⋯⋯⋯⋯⋯⋯⋯⋯⋯⋯⋯⋯⋯⋯⋯⋯⋯⋯⋯⋯⋯⋯ 1

1.1　研究背景与意义 ⋯⋯⋯⋯⋯⋯⋯⋯⋯⋯⋯⋯⋯⋯⋯⋯⋯⋯⋯⋯ 2

1.2　研究进展 ⋯⋯⋯⋯⋯⋯⋯⋯⋯⋯⋯⋯⋯⋯⋯⋯⋯⋯⋯⋯⋯⋯⋯ 4

　1.2.1　系统生态学理论 ⋯⋯⋯⋯⋯⋯⋯⋯⋯⋯⋯⋯⋯⋯⋯⋯⋯ 4

　1.2.2　体现能 ⋯⋯⋯⋯⋯⋯⋯⋯⋯⋯⋯⋯⋯⋯⋯⋯⋯⋯⋯⋯⋯ 5

　1.2.3　投入产出分析 ⋯⋯⋯⋯⋯⋯⋯⋯⋯⋯⋯⋯⋯⋯⋯⋯⋯⋯ 7

　1.2.4　结构分解分析 ⋯⋯⋯⋯⋯⋯⋯⋯⋯⋯⋯⋯⋯⋯⋯⋯⋯⋯ 8

1.3　研究内容 ⋯⋯⋯⋯⋯⋯⋯⋯⋯⋯⋯⋯⋯⋯⋯⋯⋯⋯⋯⋯⋯⋯⋯ 9

　1.3.1　多尺度系统投入产出模型的构建 ⋯⋯⋯⋯⋯⋯⋯⋯⋯ 9

　1.3.2　能源利用的多尺度系统投入产出分析 ⋯⋯⋯⋯⋯⋯⋯ 9

第2章　研究方法 ⋯⋯⋯⋯⋯⋯⋯⋯⋯⋯⋯⋯⋯⋯⋯⋯⋯⋯⋯⋯⋯ 11

2.1　系统投入产出分析法 ⋯⋯⋯⋯⋯⋯⋯⋯⋯⋯⋯⋯⋯⋯⋯⋯⋯ 12

2.2　多尺度系统投入产出模拟 ⋯⋯⋯⋯⋯⋯⋯⋯⋯⋯⋯⋯⋯⋯⋯ 14

　2.2.1　全球尺度模拟 ⋯⋯⋯⋯⋯⋯⋯⋯⋯⋯⋯⋯⋯⋯⋯⋯⋯⋯ 15

　2.2.2　国家尺度模拟 ⋯⋯⋯⋯⋯⋯⋯⋯⋯⋯⋯⋯⋯⋯⋯⋯⋯⋯ 17

　2.2.3　城市尺度模拟 ⋯⋯⋯⋯⋯⋯⋯⋯⋯⋯⋯⋯⋯⋯⋯⋯⋯⋯ 20

2.3　结构分解分析法 ⋯⋯⋯⋯⋯⋯⋯⋯⋯⋯⋯⋯⋯⋯⋯⋯⋯⋯⋯ 23

2.4　数据来源 ⋯⋯⋯⋯⋯⋯⋯⋯⋯⋯⋯⋯⋯⋯⋯⋯⋯⋯⋯⋯⋯⋯ 27

2.5　方法的不确定性 ⋯⋯⋯⋯⋯⋯⋯⋯⋯⋯⋯⋯⋯⋯⋯⋯⋯⋯⋯ 44

第3章　全球能源利用 ⋯⋯⋯⋯⋯⋯⋯⋯⋯⋯⋯⋯⋯⋯⋯⋯⋯⋯⋯ 45

3.1　直接能源开采 ⋯⋯⋯⋯⋯⋯⋯⋯⋯⋯⋯⋯⋯⋯⋯⋯⋯⋯⋯⋯ 46

3.2　各部门的体现能强度 ⋯⋯⋯⋯⋯⋯⋯⋯⋯⋯⋯⋯⋯⋯⋯⋯⋯ 46

3.3　最终需求中的体现能 ⋯⋯⋯⋯⋯⋯⋯⋯⋯⋯⋯⋯⋯⋯⋯⋯⋯ 48

3.4　体现能贸易 ⋯⋯⋯⋯⋯⋯⋯⋯⋯⋯⋯⋯⋯⋯⋯⋯⋯⋯⋯⋯⋯ 53

　3.4.1　各地区贸易概况 ⋯⋯⋯⋯⋯⋯⋯⋯⋯⋯⋯⋯⋯⋯⋯⋯⋯ 53

　3.4.2　地区间贸易往来 ⋯⋯⋯⋯⋯⋯⋯⋯⋯⋯⋯⋯⋯⋯⋯⋯⋯ 56

3.5　能源利用的源-汇清单 ⋯⋯⋯⋯⋯⋯⋯⋯⋯⋯⋯⋯⋯⋯⋯⋯ 64

3.6　能源利用的结构分解分析 ·· 68

第4章　中国能源利用 ··· 79
4.1　直接能源开采 ·· 80
4.2　各部门的体现能强度 ··· 80
4.3　最终需求中的体现能 ··· 83
4.4　体现能贸易 ··· 84
4.5　能源利用的源-汇清单 ··· 87
4.6　能源利用的结构分解分析 ·· 88

第5章　北京能源利用 ··· 97
5.1　直接能源开采 ·· 98
5.2　各部门的体现能强度 ··· 98
5.3　最终需求中的体现能 ·· 102
5.4　体现能贸易 ·· 104
5.5　能源利用的源-汇清单 ·· 109
5.6　能源利用的结构分解分析 ··· 110

第6章　讨论、结论及展望 ·· 119
6.1　讨论 ··· 120
6.1.1　能源安全 ·· 120
6.1.2　贸易非平衡 ·· 121
6.1.3　能源与其他社会问题 ·· 123
6.2　主要结论 ·· 124
6.3　研究展望 ·· 127

附录 ··· 129
附录A　2012年全球经济4914个生产部门的体现能强度 ··············· 130
附录B　2012年全球189个国家和地区的能量利用清单 ················ 140
附录C　2012年139个部门的国外体现能强度 ························· 150
附录D　2012年中国139个部门的能量利用清单 ······················ 158
附录E　2012年42个部门的国内与国外体现能强度 ··················· 166
附录F　2012年北京42个部门的能量利用清单 ······················· 169

参考文献 ··· 173

第1章 绪 论

1.1　研究背景与意义

自然资源一般指天然存在的、有利用价值的自然物[1]，它是人类社会存在和发展的物质基础。从气候资源、土地资源等主导的农耕社会，到矿产资源、能源资源等主导的工业社会，几千年的人类文明史记述了人类对自然资源不断认识、开发和利用的过程[2]。能源资源是其中一种重要的自然资源，它包括自然界中的各种能量，为人类社会的生产、生活提供源动力。近年来，随着世界人口总量的增长和社会经济的发展，人类对能源资源的需求量在不断加大[3]。根据 BP 石油公司发布的《世界能源统计评估报告》，2015 年全球一次能源消费量达到 131 亿吨油当量，比 1965 年翻了两番[4]。不得不说，正是大量的能源投入，才成就了这半个世纪以来经济飞速增长的神话。1965—2015 年，全球生产总值（Gross Domestic Product，GDP）增长了 37 倍，世界人均收入（Gross National Income，GNI）增长了 17 倍[5]，人类生活水平也因此得到了很大提高。然而，与经济增长同时发生的，还有能源危机、环境污染和气候变化等问题。目前化石能源仍占据能源供应的绝对主导地位，石油、天然气和煤炭在全球一次能源消费中的比重高达 86%[4]。截至 2015 年年底，这三种主要化石能源的已探明存储量，分别仅够满足全球 51 年、53 年和 114 年的生产需求[4]。有限的化石能源存储量与日益增长的能源需求量之间的矛盾越发突出。此外，化石能源燃烧是大气污染物和温室气体的主要排放源[6,7]。大气中 85% 的细颗粒物和 80% 的人为温室气体排放均来自化石能源燃烧[8]。能源问题是社会、经济和环境之间协调发展的一大关键问题，同时也是可持续发展的核心问题。

为应对能源挑战，世界各国政府均制定了相应的能源政策[9-11]。2007 年，美国通过了《能源独立和安全法案》，要求严格控制汽车能耗标准，同时推广使用可再生能源，以维护国家能源安全[12]。2014 年，欧洲联盟委员会公布了《2030 年气候与能源政策框架》，旨在提高欧盟能源系统的竞争力，保障能源供应安全[13]。同年，《中华人民共和国国民经济和社会发展第十三个五年规划（2016—2020）》发布[14]。针对国内能源情况，《规划》提出对能源消费总量和强度实行双控制度，深入推进国内能源革命，建设清洁低碳、安全高效的现代能源体系。但是，这些政策往往只关注各国领土范围内的能源消耗，也就是当地能耗，未考虑与进出口商品有关的能耗，即国内消费引起的国外地区的能源消耗或者国外消费引起的国内地区的能源消耗[15,16]。随着世界经济全球化的迅速发展和区域经济专业化分工的进一步深化，越来越多的国家进入世界市场，国与国之间的贸易往来也越来越频繁[17]。一般来说，由一个国家或地区生产的商品可以通过贸易出口到另一个国家或地区用于消费。出口地区生产这件商品需要消耗当地的能源资源以及向当地环境排放污染物，而进口地区借助贸易得到了这件商品的使用权，实际上是在本地零污染排放的情况下对异地能源资源的利用。因此，国际贸易在引起商品和服务跨国流动的同时，也引起了能源利用的跨国转移。一个国家或地区既可以直接地利用能源资源，又可以通过贸易间接地利用能源资源。Lenzen 等[18]对悉尼的能源消费进行了分析评估，指出贸易引起的间接能耗是本地直接能耗的 2.3 倍。Li 等[19]在对澳门的研究中也同样指出,澳门地区的间接能耗是其直接能耗的 2 倍之多。因此,仅仅从本地直接能耗的角度进行研究,将无法全面地掌握一个国家或地区的能源利用情况,而与间接能耗相关的能源安全和贸易非平衡等问题也不能得到揭示。为了能够明确各个国家和地区在全球能源市场和节能减排中所扮演的角色,有必要对全球尺度的能源利用开展系统的核算分析。

同样地,在国家尺度和城市尺度上,系统的能源核算对指导国家经济和城市经济的发展也十分必要。改革开放以来,中国经济得到了前所未有的快速增长,也取得了世界瞩目的成绩[20]。根据世界银行的统计数据,1978 年,中国的国内生产总值只有美国水平的6%,而到 2015 年,这一比例已上升至 60%[21]。但是必须注意,这一成绩的背后是能源资源的过度消耗和越来越严重的环境污染。中国是世界上能源消费量最大的国家,2015年的消费量达到 30 亿吨油当量,占全球能源消费总量的 23%[4]。在能源资源逐渐枯竭的未来,中国将首当其冲受到影响。同时,能源使用是碳排放的主要人为来源,这使中国成为世界上最大的碳排放国,中国政府也因此在气候谈判中承受着巨大的压力[20]。2016年,中国签订了《巴黎气候协议》,承诺中国的碳排放量在 2030 年左右达到峰值,这对国内能源发展提出了严峻的挑战,能源改革势在必行[22]。不少学者基于直接能耗的观点,已开展对中国能源结构和能源效率等方面的研究,旨在探究可持续的能源发展模式。然而,中国作为世界第二大贸易国[23],与其贸易相关的间接能耗量不容小觑。每年中国会向海外市场输出大量的"中国制造"商品,这些商品的出口其实隐藏着国内能源资源的大量外流[24]。中国高额的贸易顺差饱受国际社会的指责,但贸易顺差背后的资源和环境代价却鲜有关注[25]。同时,国内产业部门间的贸易也不可避免地引起能源利用在部门间的转移。因此,对中国经济系统内各产业部门在国际贸易和国内贸易中能源利用和转移的系统研究,将有望提供一种新的研究视角,以支持国内产业结构调整和国内能源改革。

近几年北京雾霾引起了越来越多的关注[26]。北京市环保局数据显示,2015 年北京市空气质量未达标天数 179 天,占全年总天数的 49%,其中重污染天数共 42 天,占全年总天数的 12%[27]。雾霾污染主要是由空气细颗粒物(PM2.5)引起,而化石能源的不完全燃烧是空气细颗粒物的一个主要人为排放源[28]。为此,北京市政府出台了一系列政策措施来控制当地的能源使用[29]。继首钢搬迁出北京后,大唐高井热电厂、京能石景山热电厂、国华热电厂被依次关停[30]。但是,这样的产业结构调整忽略了各个产业部门在贸易中的复杂关系,从而只能达到末端治理的效果[31]。例如,电力通常被认为是一种清洁能源,电动汽车也得到了北京市政府的鼓励和支持,从直观上看,电动汽车的推广将会减少汽车尾气中的污染物排放量,但也应注意到,新增的电力在其生产过程中会产生新的污染物排放量,只有将其核算在内才能科学客观地评价电动汽车产业对环境污染治理的实际效果。因此,为了全面有效地治理北京的雾霾污染,在将直接能耗强度高的产业进行转移的同时,也不应忽略间接能耗需求高的产业。这就需要对北京经济体内的能源利用进行全面核算,对北京与国内其他地区的贸易乃至与国外地区的贸易进行整体考虑。

为了达到上述研究目的,笔者借助系统生态学理论,将能源资源作为经济系统外部的资源,并探究其对经济系统内部活动的支撑效应。这里选取全球、中国和北京三个不同尺度经济体内的能源利用为研究对象进行多尺度系统投入产出模拟，对体现在生产、贸易和消费中的能源利用进行核算分析，追踪能源利用的起点和终点，从而为全球、中国和北京编制完整的从源到汇的能源利用清单，系统地探究能源安全和贸易非平衡等问题；进而选取多个样本年份的能源数据，对这三个不同尺度经济体内的能源利用进行结构分解分析，确定影响能源利用变化的主要因素，以应对未来愈发严峻的能源挑战。

1.2　研究进展

1.2.1　系统生态学理论

系统生态学(systems ecology)的理论基础是一般系统论(general systems theory)[32]。一般系统论主要研究复杂系统的一般规律，是由澳大利亚生物学家 Karl Ludwig von Bertalanffy 在 1968 年正式提出的，但其概念形成最早可追溯至 20 世纪 30 年代[33]。这一理论旨在构建一种适用于所有复杂系统的数学模型，它突破了传统学科的界限，也因此掀起了各领域学者对复杂系统的研究热潮。系统生态学便是一般系统论应用于生态领域的产物。它描述生态系统的结构、功能以及各子系统之间的关系，是一种综合性地研究生态系统复杂性的方法[34]。美国生态学家 Howard Thomas Odum 是系统生态学的主要代表人物之一，致力于对生态环境—社会经济交互系统的定量研究。1947 年，H. T. Odum 取得了北卡罗来纳大学动物学学士学位，并于当年进入耶鲁大学攻读博士学位，师从美国生态学家 George Evelyn Hutchinson。G. E. Hutchinson 提出的"循环因果系统"理论认为无论生物还是非生物反馈系统，均遵循相同的机制，这一理论对 H. T. Odum 系统观念的形成有着重要影响。1951 年，H. T. Odum 发表了一篇短文，文中提到了辐射能，认为辐射能是生物地球化学循环的源动力[35]。自此，H. T. Odum 开始了对能量的研究。1953 年，H. T. Odum 与同为生态学家的哥哥 Eugene Pleasants Odum 合作编著了《生态学基础》[36]，H. T. Odum 在书中开始尝试用系统的观点对位于美国佛罗里达州的银泉生态系统进行解释。1956 年，H. T. Odum 在文章中首次将电路图引入生态系统中，并绘制了一系列的能量电路图。20 世纪 60 年代，为了能够给生态学者们提供一种通用的语言来描述生态系统中的能量流动，H. T. Odum 创立了能量系统符号语言，并在随后的多本论著中对这些符号进行大力推广[37]。1966 年，H. T. Odum 提出将同一种能量(energy of one kind)作为能量核算的基准，并采用能量代价(energy cost)表示所有的能量投入[38]，例如，煤炭的能量代价不仅包括煤炭开采过程中的所有电力能量的投入，还包括煤炭形成过程中所需的太阳能等的投入。值得一提的是，能量代价这一术语在 20 世纪 70 年代兴起的一批能量分析研究中也被使用，但不同的是，能量分析研究仅仅关注经济系统的能源投入，并不考虑环境系统中的能源投入[39]。1967 年，H. T. Odum 在美国总统科学顾问委员会报告中对食品生产中的能量代价进行了量化评价[38]。

从 20 世纪 70 年代开始，H. T. Odum 的研究范围逐渐扩展到更大尺度的系统，即生态环境—社会经济系统，主要研究人类经济系统内部的能量流动，以及其对外部环境系统的依赖和影响。1971 年，H. T. Odum 在著作中第一次提出能量品质（energy quality）的概念，并在 1973 年根据这一概念建立了能量等级模型，指出太阳能、植物、煤炭和电力等在能量等级中的层级依次上升，定义能量品质为能量形成过程中所需的所有低层级能量的投入量[40]。这一概念的提出为环境资源、市场商品和服务提供了一个统一的度量标准。1975 年，H. T. Odum 在一次讲演报告中介绍了能量品质的计算方法，提出了能量品质因子（energy quality factors）。之后，H. T. Odum 致力于对能量品质理论的完善和发展，先后提出将化石燃料做功当量、煤炭当量卡路里和太阳能当量等作为能量品质的衡量单位。1980 年，H. T. Odum 采用体现能（embodied energy）表示研究对象的能量品质[41]，但是，这一术语早在 1973 年已被能量分析学家 Robert A. Herendeen 定义为商品或服务生产过程中直接和间接投入的能源总量[42]。因此，1982 年 H. T. Odum 改用体现太阳热量（embodied solar calories），同时将能量品质因子改名为能量转换率（energy transformation ratio）[43]。需要注意的是，R. A. Herendeen 的体现能只考虑产品生产过程中经济系统内的能量投入，而不考虑经济系统外的投入，例如，不考虑无法用市场价值衡量的阳光、雨水等生态投入，而 H. T. Odum 的体现能则考虑所有投入，强调环境系统是经济系统的一个外部支撑系统，为经济发展提供了不可或缺的资源支持[44-46]。H. T. Odum 研究团队中的澳大利亚学者 David M. Scienceman 建议将之前的术语改为能值（emergy）。1983 年，H. T. Odum 接受了这个建议，正式定义能值为直接或间接用于形成商品或服务的某一种能量，并同时将能量转换率更改为能值转换率（transfromity），将之前的核算单位体现能焦耳（embodied joule）更改为能值焦耳（emjoule）[43]。H. T. Odum 的能值理论实现了对外部不经济性和内部经济性的同等考虑，这使得经济发展过程中容易被忽略的环境资源投入受到了关注。

从 1983 年到今天，能值分析方法在不断完善中发展，其中 H. T. Odum 的学生，包括美国佛罗里达大学的 Mark T. Brown，意大利锡耶纳大学的 Sergio Ulgiati 等对能值分析方法的发展和推广做出了重要贡献[47]。能值分析已成为一种重要的系统核算工具，并得到了广泛应用[48]。在对生态系统的研究中，能值用于模拟系统中的能量流动，探索生态系统的运行规律[49]；在对全球、国家或城市尺度经济系统的研究中，能值用于核算经济系统与环境系统之间的资源和污染物流动，评估经济系统的环境影响[50]；在对特定生产活动的研究中，例如对农业或工业生产的研究中，能值用于分析这一生产活动引起的资源流动，评价这一活动的可持续性[51,52]。

1.2.2 体现能

1973 年，石油输出国组织（Organization of Petroleum Exporting Countries，OPEC）因不满资本主义国家操纵石油市场压低油价的现象，决定提高石油价格，并削减石油产量，由此引发了第一次能源危机。这次危机对依赖于中东廉价石油的西方国家产生了巨大影响，西方经济一度陷入了滞胀期[53]。人们开始对化石能源的稀缺性、不可替代性和价格问题等进行重新审视，能源在经济系统中的配置问题也引起了越来越多的关注。

能量分析是研究能量流动的一种方法，早期在生态领域的应用最广。能源危机让生态和经济领域的一些学者意识到，传统的货币单位无法真正反映能源资源的价值以及环境影响，因而尝试转向采用实物单位(吨)进行评价，后又采用能量单位(焦耳)[54]。经济系统是生态系统的一部分，是一个由商品和服务流动组成的系统[55]。类似于对生态系统进行能量流动分析，对经济系统的能量流动分析主要用于研究经济系统中商品和服务生产过程中的能量流动。最早，能量代价(energy cost)被用来表示商品和服务生产过程中所消耗的所有的市场可购能源的能量[56,57]。例如，Berry 和 Fels[58]对汽车的能量代价进行了核算分析，核算不仅包括汽车制造过程中的直接能源投入量，还包括汽车制造过程中所需的主要金属和非金属材料的直接和间接能源投入量，其中间接能源投入量是指这些材料在生产和运输过程中的能源投入量。若商品是一种新能源，则能量代价可用来分析这种新能源的能量效益，这类研究也被称作净能量分析(net energy analysis)[54]。能量代价和净能量分析是系统生态学家 Howard Thomas Odum 基于生态学中的净生产(net production)概念提出的，但 H. T. Odum 提出的能量代价不仅包括经济系统中有价的能源资源，还包括生态系统中无价的能源资源[38]。随后体现能(embodied energy)被提出，并逐渐取代了能量代价。体现能是指蕴含在商品和服务中的能量，表示为获得这一商品和服务所需投入的能源量[59]。不同于直接能源核算只考虑当场的直接能源消耗量，体现能核算对当场直接的和场外间接的能源消耗量均进行了考虑。体现能最早出现在 Robert A. Herendeen 的一篇报告中，但 R. A. Herendeen 并未对体现能和能量代价进行概念上的区分[42]。1975 年，Clark W. Bullard 和 R. A. Herendeen 在合作发表的文章中首次提出了体现能守恒关系，他们定义体现能强度为单位商品和服务中蕴含的能量[59]。1978 年，Robert Costanza 受当时导师 H. T. Odum 系统生态学理论的影响，在一篇报告中对 R. A. Herendeen 体现能的概念进行了发展，提出将环境系统中的太阳能投入加入体现能核算范畴，这改变了之前将能源作为经济系统内部商品的核算模型[44]。1980 年，R. Costanza 在 Science 期刊上发表的文章对体现能指标和经济指标进行了对比分析，但他在体现能的核算中，并没有考虑太阳能投入，而是在核算中选用太阳卡路里作为度量单位[60]。这一度量单位在 R. Costanza 之后的体现能研究中也逐渐被放弃[61]。

随着计算机技术的发展，体现能也逐渐被应用于各个尺度的能量核算中。在全球尺度方面，Z. M. Chen 和 G. O. Chen[62]对世界经济的体现能使用进行了研究，并预测中国将在 2027 年超过美国成为世界第一大体现能消费国；Gasim[63]对国际贸易中的体现能进行了分析，指出经济全球化背景下的国际分工格局对地区体现能贸易非平衡的影响最大；Sato 等[64]对全球直接能源贸易和体现能贸易进行了对比分析，对直接能源安全和间接能源安全之间的关系进行了讨论。在国家尺度方面，Limmeechokchai 和 Suksuntronsiri[65]对体现在泰国最终消费中的能源使用量进行了评估，并编制了一张包含 180 个部门的体现能强度表；Tang 等[66]对英国进出口商品中的体现能进行了核算，提出将体现能净进口量作为能源安全的一个重要考虑因素；Zhang 等[67]对中国国内贸易中的体现能进行了时间序列分析，发现 2007 年体现在国内贸易中的能源使用量较 2002 年增加了两倍。在城市尺度方面，S. Chen 和 B. Chen[68]对中国北京市的体现能消费进行了统计，揭示了不同产业结构对城市能源消费量的影响；W. Chen 等[69]对中国京津冀地区与其他省份之间的体现能转移进行了追踪，指出天津和河北的体现能贸易主要由投资驱动，而北京的体现能贸易主要由消费驱动。具体到各行业，Dixit[70]的研究围绕建筑业的体现能消费，Wu 等[71]关注的是电力生产业的体现能消费，Shao 等[72]的研究则是污水处理企业的体现能消费。这些研究加强了人们对直接和间接能源消费的认识，也为相关能源政策的制定提供了理论基础。但是，目前研究中的体现能多与 R. A. Herendeen 提出的体现能有些不同。R. A. Herendeen 的体现能核算从能源开发开采开始，而目前研究中的体现能核算则多是从能源燃烧或转换开始[73]。其次，目前研究中的体现能包括一次和二次能源，会涉及二次能源转化过程中的重复计算问题[74]。

此外，体现能的概念也得到了扩展，体现劳动力、体现资源、体现污染物排放等相继被提出[75-77]。在体现研究中，生命周期评价(Life Cycle Assessment，LCA)和投入产出分析(Input-Output Analysis，IOA)是最主要的两种计算方法。生命周期评价方法也被称作过程分析法，它通过追踪商品和服务整个生命周期过程中的材料投入，从而完成体现资源或体现排放计算[78]。但是受到数据可得性的限制，全部材料的追踪往往无法实现，只能考虑一些主要材料，因此何处截断追踪过程对计算结果有着直接的影响。另外，追踪过程往往会陷入循环[79]，例如，电脑的制造过程中需要芯片的投入，而芯片的制造过程中同样也需要电脑的参与。相比而言，投入产出分析法是对整个系统的全盘模拟，能够避免生命周期评价方法中的截断误差和循环问题，在对诸如经济或生态等大尺度的系统进行研究时有着很明显的优势[80]。但是这一方法也不尽完美，投入产出分析法将经济系统中各类商品整合为有限数量的产品部门[81,82]，例如，法拉利汽车和大众汽车均被归为汽车部门，因此，这一方法的计算结果只能反映这两种汽车的平均体现资源量或平均体现排放量，而并不能具体到每辆汽车。

1.2.3 投入产出分析

投入产出分析(Input-Output Analysis，IOA)方法最早是由俄裔美国经济学家 Wassily Wassilyevich Leontief 提出，主要用于研究经济系统内各个产业部门之间的数量依存关系[83]。W. W. Leontief 曾将这一方法形象地比喻为"工业食谱"研究[84]，即研究钢材生产过程中需要投入多少吨的铁、多少千瓦时的电力。受到苏联计划经济平衡表的启示，W. W. Leontief 在 1936 年发表的文章中，首次将投入产出技术应用于美国经济研究，也因此开启了计量经济研究中一个主要的研究分支[85]。第二次世界大战后，W. W. Leontief 利用投入产出法预测出战后美国国内的钢铁需求量将会出现上涨态势。这一预测在随后不久得到证实，这也引起了西方经济学界对投入产出理论的广泛关注[86]。1950 年，第一次国际投入产出技术会议在荷兰 Driebergen 举办，投入产出技术开始在全球推广。20 世纪五六十年代，许多发达国家和发展中国家相继开始编制投入产出表。作为这一理论的提出者，W. W. Leontief 获得了 1973 年度诺贝尔经济学奖。值得一提的是，20 世纪 50 年代末，中国学者开始对投入产出技术进行研究，经济学家陈锡康是主要代表人物之一[87]。之后受到"文革"的影响，国内投入产出技术的研究工作被迫中断。改革开放后，投入产出研究重新得到重视，并实现了快速发展。

　　20 世纪六七十年代，经济的飞速发展与环境的不断恶化引发了越来越多的讨论和反思。为了探究社会经济与生态环境之间的关系，许多学者开始将投入产出的应用从经济领域拓展到生态领域和环境领域[88,89]。这时期爆发的石油危机使得能源经济学得到了重视，而投入产出分析在捕捉部门间错综复杂关系的优势，使其成为能源问题研究的一个重要工具[90,91]。目前对经济系统内能源利用的投入产出分析有两种模型：能源投入产出模型和广义投入产出模型。其中，能源投入产出模型又可根据表中数据单位分为实物型、混合型及价值型三种，这一模型在 Herendeen[92] 的研究中最为清晰，之后的研究和发展均以此为基础。在能源投入产出模型中，能源被作为经济系统中的一种产品，因而可以利用投入产出分析，对能源产品和能源产品，以及能源产品和非能源产品之间的关系进行分析[93]。相比而言，广义投入产出模型则是将能源看作是一种外部投入，常用的广义模型包括环境投入产出模型和系统投入产出模型。广义投入产出模型最初提出是为了研究环境污染物的排放，W. W. Leontief 将环境污染物作为经济活动产生的外部效应，并将这一效应与经济投入产出表进行整合，从而对各产业部门产生的直接和间接环境污染进行全面核算[94]。之后这一整合模型的研究对象被极大地拓展了，在研究能源、水、土地、汞排放、劳动力时均有应用[95-97]。

1.2.4　结构分解分析

　　结构分解分析(Structure Decomposition Analysis，SDA)方法是在投入产出技术基础上发展起来的一种比较静态分析方法，目前已成为研究社会经济变化、能源消费变化和环境污染物排放变化等的主要工具之一[98,99]。结构分解分析的基本思想是将研究变量随时间的变动分解为与之相关的各个独立变量的变动，从而度量各独立变量对研究变量变动的贡献，分析引起研究变量变动的主要原因[100]。例如，国家或地区的总产出矩阵在投入产出分析中可以写作 Leontief 逆矩阵与最终需求矩阵的乘积，因而，总产出的变动可以被分解为由经济技术变化(对应 Leontief 逆矩阵的变化)引起的变动和由最终需求变化引起的变动两个部分。进一步，最终需求变化又可被分解为最终需求系数的变化和最终需求水平的变化，这是早期研究中使用最多的三因素结构分解分析模型[101,102]。根据分解因素个数的不同，结构分解分析模型也不同。可以看出，结构分解分析是指数分解分析应用于矩阵变量的一般形式，主要为了满足投入产出分析中大量矩阵关系式的分解要求。

　　Wassily Wassilyevich Leontief 基于投入产出表对美国经济结构的研究是结构分解分析最早的研究[103]。1971 年，结构分解分析法首次应用于环境分析，主要对空气污染物排放的影响因素进行分解研究[104]。20 世纪 80 年代，结构分解分析进入了快速发展时期，这期间 Skolka 的工作最具有代表性[105]。由于结构分解分析法存在分解不唯一性和变量非独立性等问题，因而之后的研究工作开始针对这一方法的理论基础、分解模型和分解方法等进行完善[106]。早期对能源消耗进行结构分解分析的研究主要关注能源系数(单位经济产出所需的能耗量)的变化。Ostblom[107] 指出瑞典能源系数的变化主要是由经济生产结构变化引起的。后有研究发现最终需求量的增长对能源使用量的影响超过了能源效率提高对使用量的影响。有限的能源储藏量和上涨的能源需求量之间的矛盾是各个国家和地区发展过程不可避免的一个难题，这使得对驱动能耗量上涨的因素的探究工作一直在进行中。Lin 和 Polenske[102] 对 1981 年至 1987 年中国能源消费进行了结构分解分析，指出这期间 80% 的能源消费量的增长是由国内生产总值的增加驱动。Wachsmann 等[108] 在对 1970 至 1996 年巴西能源消费结构分解分析的研究中也得到了相似的结果。Xie[109] 对中国的研究数据进行了更新，对 1992 年至 2010 年中国能源使用进行了研究，发现 2007 至 2012 年投资活动引起的能源使用量占全国能源使用总量的 3/4，但在 1992 年至 2007 年这一比例只有 1/3。与中国不同，美国的能源使用量并没有出现与国内生产总值同比例的上升趋势[101]，这与美国经济的转型，即从工业经济向服务经济的转型有着很大的联系。Lan 等[110] 对 1990 年至 2016 年世界能源使用进行了结构分解分析，也同样指出，随着国家人均国内生产总值的增加，国家的能源利用量将会越来越集中体现在进口商品中。这些研究对理解能源消费结构和变化规律有很大帮助。

1.3 研究内容

1.3.1 多尺度系统投入产出模型的构建

这里提出将多尺度系统投入产出模型用于体现能核算。不同于以往研究中采用的能源投入产出模型和环境投入产出模型，这里构建多尺度系统投入产出模型主要有三个原因。第一，多尺度系统投入产出模型是基于系统生态学理论提出的，主要关注环境系统与经济系统之间的关系，因而在这一模型中，能源作为经济系统外、环境系统内的一种自然资源可以得到充分模拟。第二，多尺度系统投入产出模型考虑产品供应链中的所有活动（中间生产活动和最终使用活动），因而能够捕捉中间产品和最终产品引起的全部体现能流动，实现对经济系统内体现能流动的全面系统的核算。第三，由于生产技术的差异，进口、调入和本地生产的同种商品的能源强度会大不相同，而能源投入产出模型和环境投入产出模型对这一不同并未考虑在内，因此这里提出的多尺度系统投入产出模型将对不同尺度经济系统进行区分，考虑跨尺度商品交流中所涉及的商品能源强度的不同。

以往对能源利用的结构分解分析研究中多是基于环境投入产出模型展开，但是由于环境投入产出模型中不对进口、调入和本地产品进行区分，由国外生产技术的变化引起的进口产品体现能强度的变化，以及由国内生产技术的变化引起的调入产品体现能强度的变化也就无法在研究中得到反映。因此，这里将基于多尺度系统投入产出模型对不同尺度经济系统内的能源利用进行结构分解分析，考虑进口产品和调入产品体现能强度的变动效应。

1.3.2 能源利用的多尺度系统投入产出分析

基于构建的多尺度系统投入产出模型，本书对全球、中国和北京的能源利用进行全面核算，进而结合结构分解分析方法，对引起能源利用发生变动的影响因素进行探究。具体研究内容包括：

(1)全球能源利用的系统投入产出核算

根据全球经济投入产出表，对全球经济 2012 年 189 个国家和地区、26 个产业部门的能源利用进行系统投入产出模拟。并在此基础上，对体现在各个国家和地区的最终生产和最终需求中的能源利用进行核算，分析各国家和地区在全球能源市场中的角色；对体现在国际贸易中的能源利用进行核算，从体现的角度对能源贸易非平衡理论进行解读；对体现在中间贸易和最终贸易中的能源利用进行对比分析，确定各个国家和地区的能源贸易类型；建立从源(能源开采)到汇(最终需求)的能源利用清单，以新视角对国家和地区的能源安全问题进行剖析；对全球经济 2002 年至 2007 年和 2007 年至 2012 年能源利用变化进行结构分解分析，确定各国家和地区对全球能源利用变化的贡献。

(2)中国能源利用的两尺度系统投入产出核算

基于已有的全球经济 2012 年体现能强度数据库，对中国经济 2012 年 139 个产业部门的体现能进行两尺度系统投入产出模拟，考虑进口商品与国内生产商品体现能强度的不同。并在此基础上，对各个产业部门生产的最终产品和贸易产品中的体现能进行核算，揭示国内产业部门之间的，以及与国外产业部门之间的体现能关联；对各个产业部门的体现能净贸易量与体现能强度之间的关系进行讨论，确定各产业部门的能源贸易类型；建立从源(能源开采)到汇(最终使用)的能源利用清单，绘制中国经济体内能源流动的概略图；对中国经济 2002 年至 2007 年和 2007 年至 2012 年最终需求中的体现能变化进行结构分解分析，确定各部门对中国能源利用变化的贡献。

(3)北京能源利用的三尺度系统投入产出核算

基于已有的全球经济 2012 年和中国经济 2012 年体现能强度数据库，对北京经济 2012 年 42 个产业部门的体现能进行三尺度系统投入产出模拟，考虑进口商品、调入商品与本地生产商品体现能强度的不同。并在此基础上，对各产业部门生产的最终产品和贸易产品中的体现能进行核算，揭示北京与国内其他地区以及与国外地区之间的体现能关联；对体现在各个产业部门国内贸易和国际贸易中的能源利用进行对比分析，确定各产业部门的能源贸易类型；建立从源(能源开采)到汇(最终使用)的能源利用清单，绘制北京经济体内能源流动的概略图；对北京经济 2002 年至 2007 年和 2007 年至 2012 年最终需求中的体现能变化进行结构分解分析，确定各部门对北京能源利用变化的贡献。

第 2 章 研 究 方 法

2.1 系统投入产出分析法

Leontief[94]首先利用投入产出技术对经济活动产生的环境污染物排放进行核算,这也是现在被大家所熟知的环境投入产出分析法。在此基础上,Bullard 和 Herendeen[59]利用守恒理论对商品中的体现能建立了投入产出平衡模型。随后,陈国谦教授带领其团队将这一投入产出平衡模型与系统生态学理论相结合,推广应用到多种生态要素的核算中,包括能源[111,112]、水资源[113,114]、土地资源[115,116]、温室气体排放[117,118]、汞排放[119-121]等。这也是本书采用的方法——系统投入产出分析法。

环境投入产出分析法和系统投入产出分析法均是基于经济投入产出表的分析模拟,但这两种方法主要不同之处在于对直接能源投入的定义和对中间产品贸易的处理[73,122-124]。

首先介绍直接能源投入定义的不同。在环境投入产出分析法中,能源的直接投入量定义为能源的技术消耗量。技术消耗是指能源本身所具有的化学能、动能或势能等消耗的过程。以一次能源为例,原煤燃烧时其化学能转化为热能,水力发电时水动能转化为电能;以二次能源为例,电能既可以转化为动能用于驱动机器运行,也可以转化为热能用于供暖。可以看出,能源的技术消耗方式多种多样,但是在这些消耗方式中,能源均是作为经济系统内的一种商品进行消费利用,而非作为自然资源。在系统投入产出分析法中,能源的直接投入量定义为经济系统对能源的利用量。根据系统生态学理论,能源是一种存在于环境系统内、经济系统外的自然资源[43]。一旦被开发开采,能源资源就从经济系统外移至经济系统内,也就是说,能源被经济系统利用发生在其被开发开采的瞬间。而经济系统中流通的能源,包括通常定义的一次或二次能源,只是由自然资源(或理解为零次能源)衍生出的能源产品,技术消耗的对象即是该类产品。

其次在对中间产品的处理上,两种方法也有不同之处。经济系统中产业部门的产品可按照其用途分为两大类[125]:一类是中间产品,是指用于中间生产活动,需要进一步加工的产品,例如公司购买钢材用于汽车制造;另一类是最终产品,是指用于最终使用活动的产品,例如居民购买钢材用于消费。环境投入产出分析法主要关注的是最终产品的能源消耗,而将中间产品作为系统内部的反馈,并将其相关的能源消耗分摊给最终产品[126]。相比而言,系统投入产出分析法对中间产品和最终产品给予同等考虑,对产业部门的直接能源利用、体现在中间产品中的能源利用和体现在最终产品中的能源利用构建投入产出平衡关系[42]。

为了进一步对比两种投入产出分析方法,这里以经济系统中的一个产业部门的能源流动为例进行详细说明,其他产业部门可做类似讨论。如图2.1所示,这个部门需要从其他部门或自身购买中间产品用于生产活动,这部分中间产品记为 Z_{in}。与此同时,这个部门会有产品产出,记为总产出(X)。这些产出一部分用于其他部门或自身的中间生产(Z_{out}),另一部分用于社会最终使用(F)。再来考虑与这个部门相关的能源利用,$E_{exploitation}$表示这个部门的能源资源开采量,是指外部自然环境系统对该部门的直接资源投入。由于这个部门开采的能源资源不一定在该部门的生产过程中被技术消耗，例如煤炭开采部门开采的煤炭很大一部分被输送到燃煤发电厂进行燃烧，因此，为了区分能源开采量与技术消耗量，$E_{consumption}$ 定义为该部门对能源的技术消耗量。因为所有技术消耗方式均是对能源中能量的使用，而这些能量最终将以热能的形式扩散至环境系统中，所以这里采用接地符号表示这一热量扩散行为。

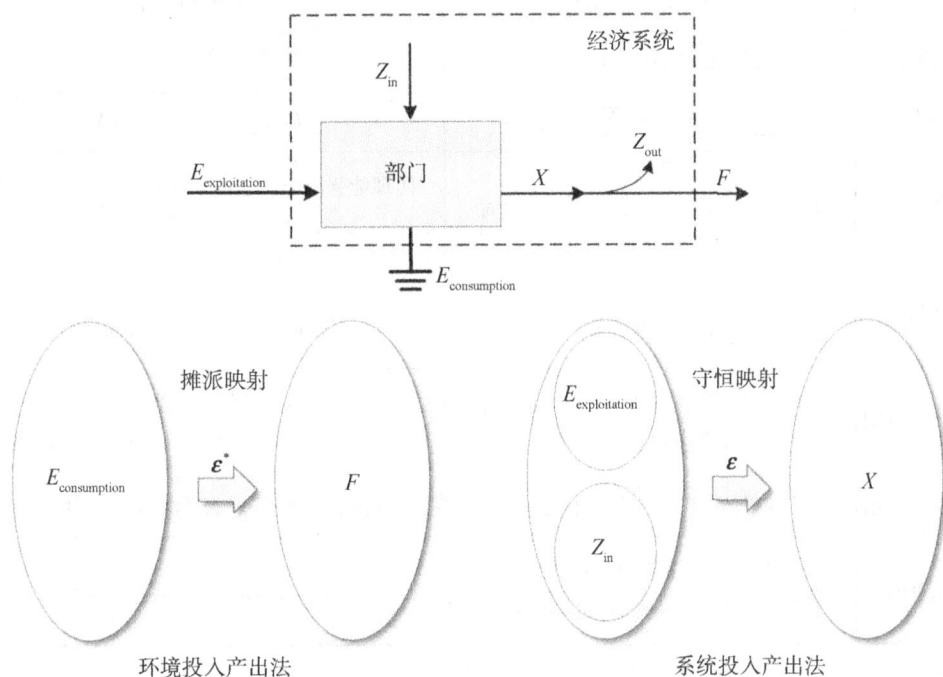

图2.1　环境投入产出法与系统投入产出法

在环境投入产出分析法中，Leontief 逆矩阵被用来连接直接能源投入过程和最终产品消费过程，而不再考虑中间产品的流转过程。因此，环境投入产出法是将所有部门的直接能源消耗量摊派给最终产品，定义 ε^* 为该部门生产单位最终产品所需消耗的能源总量。基于这一方法，能源消耗量的变化趋势可以直接通过最终产品消费量的变化进行预测。在系统投入产出方法中，能源资源被认为是体现在产品中并随产品的流动而流动，至于产品是用作中间生产还是最终使用则不作区分。也就是说，不论产品是用于中间生产还是被最终使用，均被赋予体现能的概念，体现能也就成了产品的一个属性，也不会随产品用途的变化而变化。因此，在系统投入产出模型中，可以建立下面的平衡关系：部门的直接能源利用量（$E_{exploitation}$）与体现在中间产品中的能源利用量，即间接能源利用量（εZ_{in}）之和，等于体现在该部门总产出中的能源利用（εX）。其中 ε 定义为该部门的体现能强度，即这个部门生产单位产品时所需的能源利用总量（包括直接和间接能源利用量）。这一方法可以考虑所有的经济活动，因此能够帮助研究经济系统中能源利用的流动规律。总体来说，两种投入产出方法各有侧重，表2.1从多个方面对这两种方法进行了对比。在本书中，我们采用的是系统投入产出分析法，旨在对经济系统内的能源利用进行全面核算。我们将在这里研究经济系统中所有经济活动(无论是中间生产还是最终使用活动)的能源利用情况，从而揭示社会经济运行与环境资源消耗之间的关系，探究可持续的能源发展模式。

表 2.1 环境投入产出法与系统投入产出法的对比

	环境投入产出法	系统投入产出法
直接能源投入	能源技术消耗量 $E_{consumption}$	能源开采量 $E_{exploitation}$
公式	$\sum E_{consumption} = \sum (\varepsilon^* F)$	$E_{exploitation} + \varepsilon Z_{in} = \varepsilon X$
强度	虚拟能强度 ε^*，仅适用于最终产品	体现能强度 ε，适用于所有产品，包括中间产品和最终产品
研究范围	最终产品产出 最终产品贸易	中间产品和最终产品产出 中间产品和最终产品贸易
区域尺度应用	最终需求中的虚拟能耗 ≠ 当地直接能源投入 + 最终净贸易中的虚拟能耗	最终需求中的体现能 = 当地直接能源投入 + 总(中间与最终之和)净贸易中的体现能
全球尺度应用	直接能源投入 = 最终需求中的虚拟能耗	直接能源投入 = 最终需求中的体现能[a]
研究目的	生产者责任与消费者责任 基于最终使用预测直接能耗变化	经济系统内的能源利用流动

[a] 这是由于将全球作为一个整体进行考虑时，各地区间的贸易将会互相抵消。

2.2 多尺度系统投入产出模拟

一般来说，产品的体现能强度取决于生产企业的生产技术和能效水平[127]。不同的经济体有着不同的生产结构与生产技术，这使得由它们生产的同种产品有着不同的体现能强度。例如，中国国产手机与国外进口手机生产过程中的能耗量会不相同，北京本地煤炭与其他省份调入煤炭和国外进口煤炭生产过程中的能耗量也大不相同。以往的国家或城市尺度的体现能研究由于受到数据可得性的限制，通常假设本地产品与调入产品和进口产品的体现能强度相同，这主要考虑到这些产品的调入和进口可以减少本地产品的生产量[128, 129]。这一假设极大地简化了核算模型，但却由于无法捕捉跨尺度商品的交流造成了一定的模拟失真，因此这里将介绍一种多尺度系统投入产出模型[118, 130-132]，并将其应用于不同尺度经济系统内体现能的核算。

2.2.1 全球尺度模拟

对世界经济系统中任意产业部门进行体现能流动模拟，如图2.2所示。这个部门从环境系统中开采的能源资源是这个部门的直接能源投入(e^i)，而通过与经济系统中其他部门的贸易获得的中间产品则是能源资源的载体，为这个部门提供间接能源投入$\left(\sum_j \varepsilon_j^F z_{ji}^{FF}\right)$。式中的上标$F$表示世界经济系统，以便与下文中出现的中国、北京经济系统有所区分；下标i、j分别指代经济系统中的部门i、部门j；ε_j^F是指世界经济系统中部门j产出产品的体现能强度，对应图中的产品z_{ji}^{FF}（世界经济系统中部门j提供给部门i的中间产品）；正是得到了这些投入支持，这个部门才能进行正常的生产活动，其生产出的产品用于中间生产(z_{ij}^{FF})或最终需求(f_i^{FF})；ε_i^F表示这个部门产出产品的体现能强度。

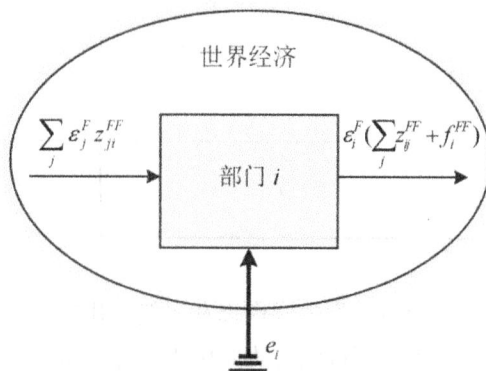

图 2.2   全球尺度体现能流动示意图

需要注意的是，这里所说的产品的体现能强度是指所有产品——包括中间产品和最终产品——的体现能强度。因此，根据图中部门的体现能流动，可以得到这个部门的体现能平衡式：

$$e^i + \sum_j \varepsilon_j^F z_{ji}^{FF} = \varepsilon_i^F \left(\sum_j z_{ij}^{FF} + f_i^{FF} \right) \tag{2.1}$$

一般地，世界经济投入产出表为多区域投入产出表，是在各国家和地区经济投入产出表的数据基础上建立的。表2.2是世界经济投入产出表的框架结构表。在这个表中，世界经济被分为m个国家和地区，每个国家和地区又会有n个产业部门。世界经济可以看作是一个由$m \cdot n$个单位构成的网状经济。表中变量的定义与图2.2中变量的定义一致，但因为表中的部门需要按归属地区进行区分，所以表中的变量将会出现上标r和s，分别表示地区r和地区s，因此公式(2.1)更改为：

$$e_i^r + \sum_s \sum_j \varepsilon_i^{Fs} z_{ji}^{FsFr} = \varepsilon_i^{Fr} \left(\sum_s \sum_j z_{ij}^{FrFs} + \sum_s f_i^{FrFs} \right) = \varepsilon_i^{Fr} x_i^{Fr} \tag{2.2}$$

表 2.2 全球尺度系统投入产出表

			中间使用					最终需求		
			地区 1		...	地区 m		地区 1	...	地区 m
			部门 1	... 部门 n		部门 1	... 部门 n			
中间投入	地区 1	部门 1								
		⋮	z_{ij}^{FrFs}					f_i^{FrFs}		
		部门 n								
	⋮									
	地区 m	部门 1								
		...								
		部门 n								
直接能源投入			e_j^s							

其中 x_i^{Fr} 表示地区 r 部门 i 的总产出，为中间产出和最终产出之和。公式 (2.2) 是针对地区 r 部门 i 的体现能投入产出平衡式。若将此公式应用于世界经济的 $m \cdot n$ 个部门，就可以得到这个公式的矩阵形式：

$$E + \varepsilon^F Z^{FF} = \varepsilon^F \hat{X}^F \tag{2.3}$$

其中直接能源投入矩阵和体现能强度矩阵均是行矩阵，即 $E = [e_i^r]_{1 \times (m \cdot n)}$，$\varepsilon^F = [\varepsilon_i^{Fr}]_{1 \times (m \cdot n)}$；中间产品矩阵为方块矩阵，即 $Z^{FF} = [z_{ij}^{FrFs}]_{(m \cdot n) \times (m \cdot n)}$；总产出矩阵也为行矩阵，但这里取其对角矩阵，即 $X^F = [x_i^{Fr}]_{1 \times (m \cdot n)}$，对应的对角矩阵为 $\hat{X}^F_{(m \cdot n) \times (m \cdot n)}$。

因此，在直接能源投入矩阵 E、中间产品矩阵 Z^{FF} 和总产出矩阵 X^F 已知的情况下，可以计算得到体现能强度矩阵 ε^F：

$$\varepsilon^F = E(\hat{X}^F - Z^{FF}) - 1 \tag{2.4}$$

体现能强度矩阵是重要的参数，该矩阵的计算结果对应着各个部门产品的体现能强度。根据已求得的部门体现能强度，可以将经济系统中所有的经济活动用体现能进行描述。这里主要关注中间产品贸易、最终产品贸易、贸易平衡、最终生产、最终需求等经济活动，下面将依次介绍其计算方法。

一般的贸易统计数据会对中间产品和最终产品的贸易分别进行统计，例如世界贸易组织将各国家和地区的两种产品贸易量之和作为各国家和地区的总贸易量。但是在环境投入产出方法中，中间产品被认定为经济系统内的反馈，而中间产品贸易被认为为了服务于最终产品的生产。这也就使得与中间产品贸易相关的资源消耗转移和污染物排放转移等未能得到足够的重视。实际上全球中间产品的贸易量可以占到总贸易量的2/3，是最终产品贸易量的2倍[115]。不难看出，若仅仅考虑最终产品贸易，将不能全面地揭示全球贸易引起的能源利用的转移。因此这里分别考虑体现在中间产品贸易和最终产品贸易中的能源利用。EEI_p^{Fr}、EEX_p^{Fr}、EEI_f^{Fr} 和 EEX_f^{Fr} 分别定义为地区 r 中间产品进口中的体现能，地区 r 中间产品出口中的体现能，地区 r 最终产品进口中的体现能和地区 r 最终产品出口中的体现能。

$$EEI_p^{Fr} = \sum_{s=1(s\neq r)}^{m} \sum_{j=1}^{n} \sum_{i=1}^{n} (\varepsilon_j^{Fs} z_{ji}^{FsFr}) \tag{2.5}$$

$$EEX_p^{Fr} = \sum_{i=1}^{n} \sum_{s=1(s\neq r)}^{m} \sum_{j=1}^{n} (\varepsilon_i^{Fr} z_{ij}^{FrFs}) \tag{2.6}$$

$$EEI_f^{Fr} = \sum_{s=1(s\neq r)}^{m} \sum_{j=1}^{n} (\varepsilon_j^{Fs} f_j^{FsFr}) \tag{2.7}$$

$$EEX_f^{Fr} = \sum_{i=1}^{n} \sum_{s=1(s\neq r)}^{m} (\varepsilon_i^{Fr} f_i^{FrFs}) \tag{2.8}$$

因此，地区 r 总进口中的体现能（EEI^{Fr}）和总出口中的体现能（EEX^{Fr}）分别为：

$$EEI^{Fr} = EEI_p^r + EEI_f^r \tag{2.9}$$

$$EEX^{Fr} = EEX_p^r + EEX_f^r \tag{2.10}$$

类似经济学领域中定义的贸易平衡，这里定义体现能贸易平衡（EEB）为体现能进口与体现能出口中间的差额，即

$$EEB^{Fr} = EEI^{Fr} - EEX^{Fr} \tag{2.11}$$

体现在最终生产和最终需求中的体现能分别记为 EEP^{Fr} 和 EEF^{Fr}，计算公式为：

$$EEP^{Fr} = \sum_{s=1}^{m} \sum_{i=1}^{n} (\varepsilon_i^{Fr} f_i^{FrFs}) = EED^{Fr} + EEI_p^{Fr} - EEX_p^{Fr} \tag{2.12}$$

$$EEF^{Fr} = \sum_{s=1}^{m} \sum_{j=1}^{n} (\varepsilon_j^{Fs} f_j^{FsFr}) = EED^{Fr} + EEI^{Fr} - EEX^{Fr} \tag{2.13}$$

其中 $EED^{Fr}\left(=\sum_{i=1}^{n} e_i^r\right)$ 为地区 r 的直接能源投入，表示地区 r 对环境中的能源资源的直接开发或开采量。EEP^{Fr} 表示地区 r 生产的所有最终产品中的体现能，即为了支持这个地区最终产品的生产所投入的能源资源的总量。EEF^{Fr} 表示用于地区 r 消费的所有最终产品中的体现能，即为了支持这个地区的消费、投资等最终需求活动所投入的能源资源的总量。对一个国家和地区来说，EED^{Fr}、EEP^{Fr} 和 EEF^{Fr} 这三个指标的大小将大不相同，但当全球所有国家和地区被一并考虑时，三个指标的大小一致，均表示全球能源利用量[133]。

2.2.2　国家尺度模拟

选取中国经济系统中的部门 i，并对其进行体现能流动模拟，如图 2.3 所示。这个部门得到来自环境系统的直接能源投入（e_i），和来自国内经济系统和国外经济系统的间接能

源投入。这两部分间接能源投入分别体现在这个部门与国内部门和与国外部门中间产品的贸易中，分别对应图中的 $\sum_j \varepsilon_j^D z_{ji}^{DD}$ 和 $\sum_j \varepsilon_j^F z_{ji}^{FD}$。式中的上标 D 和 F 分别表示中国经济系统和世界经济系统。ε_j^D 是指中国经济系统中部门 j 产出产品的体现能强度，对应图中的产品 z_{ji}^{DD}（定义为国内部门 j 提供给国内部门 i 的中间产品）。类似地，z_{ji}^{FD} 表示国外部门 j 提供给国内部门 i 的中间产品，这部分产品的体现能强度为 ε_j^F。与此同时，这个部门生产出的产品一部分用于满足国内的中间生产需求（z_{ij}^{DD}），一部分用于满足国内的最终需求（f_i^{DD}），还有一部分用于出口国外地区（ex_i^{DF}）。ε_i^D 表示这个部门产出产品的体现能强度。因此，根据图中部门的体现能流动，可以得到这个部门的体现能平衡式：

$$e_i + \sum_j \varepsilon_j^F z_{ji}^{FD} + \sum_j \varepsilon_j^D z_{ji}^{DD} = \varepsilon_i^D \left(\sum_j z_{ij}^{DD} + f_i^{DD} + ex_i^{DF} \right) \tag{2.14}$$

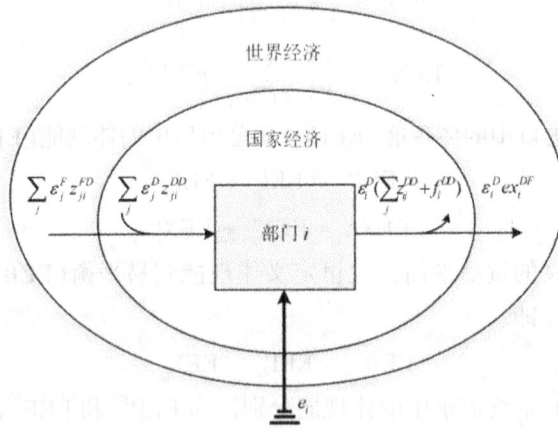

图 2.3 国家尺度体现能流动示意图

实际上中国国家统计局发布的中国经济投入产出表为竞争型投入产出表（该类投入产出表假设国产产品与进口产品可相互替代，因此不对产品来源进行区分）。笔者参考以往文献中常用的等比例假设[118]，即假设各部门的国产产品与进口产品性质类似，且有相同的使用分配比例，从而将经济投入产出表转化为两尺度的系统投入产出表，如表 2.3 所示。其中带上标的各项经济数据是基于中国竞争型投入产出表数据求得，具体公式为：

$$z_{ij}^{DD} = z_{ij}(x_i/(x_i + im_i)) \tag{2.15}$$

$$z_{ij}^{FD} = z_{ij}(im_i/(x_i + im_i)) \tag{2.16}$$

$$f_i^{DD} = f_i(x_i/(x_i + im_i)) \tag{2.17}$$

$$f_i^{FD} = f_i(im_i/(x_i + im_i)) \tag{2.18}$$

$$ex_i^{DF} = ex_i(x_i/(x_i + im_i)) \tag{2.19}$$

$$ex_i^{FF} = ex_i(im_i/(x_i + im_i)) \tag{2.20}$$

表 2.3 国家尺度系统投入产出表

		中间使用			最终使用	
		部门 1	⋯	部门 n	国内最终需求	出口
国内中间投入	部门 1					
	⋮		z_{ij}^{DD}		f_i^{DD}	ex_i^{DF}
	部门 n					
国外进口中间投入	部门 1					
	⋮		z_{ij}^{FD}		f_i^{FD}	ex_i^{FF}
	部门 n					
直接能源投入			e_j			

其中 z_{ij}、f_i、x_i、im_i 和 ex_i 是国家统计局发布的竞争型投入产出表中的数据，分别定义为部门 i 提供给部门 j 的中间产品、部门 i 提供给国内最终需求的产品、部门 i 的总产出、部门 i 的进口产品和部门 i 的出口产品。需要注意的是，z_{ij}、f_i 和 ex_i 这三个变量并没有上标来区分这些产品来自国内还是国外经济系统，因此根据等比例假设，将这些产品按照来源地分为国产产品 (z_{ij}^{DD}、f_i^{DD} 和 ex_i^{DF}) 和进口产品 (z_{ij}^{FD}、f_i^{FD} 和 ex_i^{FF}) 两部分。最终使用包括最终需求和出口两部分，而最终需求主要是指国民消费、资本投资等经济活动。

公式(2.14)表示的是中国经济系统中的一个部门的体现能投入产出平衡式，若是考虑中国全部部门，可以得到平衡式的矩阵表达式：

$$\boldsymbol{E} + \boldsymbol{\varepsilon}^F \boldsymbol{Z}^{FD} + \boldsymbol{\varepsilon}^D \boldsymbol{Z}^{DD} = \boldsymbol{\varepsilon}^D \hat{\boldsymbol{X}}^D \tag{2.21}$$

其中直接能源投入矩阵为 $\boldsymbol{E} = [e_i]_{1 \times n}$，国外部门的体现能强度矩阵为 $\boldsymbol{\varepsilon}^F = [\varepsilon_i^F]_{1 \times n}$，国外进口的中间产品矩阵为 $\boldsymbol{Z}^{FD} = [z_{ij}^{FD}]_{n \times n}$，国内部门的体现能强度矩阵为 $\boldsymbol{\varepsilon}^D = [\varepsilon_i^D]_{1 \times n}$，国内部门之间贸易的中间产品矩阵为 $\boldsymbol{Z}^{DD} = [z_{ij}^{DD}]_{n \times n}$，总产出矩阵为 $\boldsymbol{X}^D = [x_i^D]_{1 \times n}$，而 $\hat{\boldsymbol{X}}_{n \times n}^D$ 为总产出矩阵对应的对角矩阵。因此，可以求得国内部门的体现能强度为：

$$\boldsymbol{\varepsilon}^D = (\boldsymbol{E} + \boldsymbol{\varepsilon}^F \boldsymbol{Z}^{FD})(\hat{\boldsymbol{X}}^D - \boldsymbol{Z}^{DD}) - 1 \tag{2.22}$$

根据已求得的部门体现能强度，可以将中国经济系统中所有的经济活动用体现能进行描述。这里主要关注中国最终需求中的体现能(EEF^D)、进口贸易中的体现能(EEI^D)、出口贸易中的体现能(EEX^D)和体现能贸易平衡(EEB^D)，依次计算为：

$$EEF^D = \sum_i EEF_i^D = \sum_i \left(\varepsilon_i^D f_i^{DD} + \varepsilon_i^F f_i^{FD} \right) \tag{2.23}$$

$$EEI^D = \sum_i EEI_i^D = \sum_i \left(\varepsilon_i^F \left(\sum_j z_{ij}^{FD} + f_i^{FD} + ex_i^{FF} \right) \right) \tag{2.24}$$

$$EEX^D = \sum_i EEX_i^D = \sum_i \left(\varepsilon_i^D ex_i^{DF} + \varepsilon_i^F ex_i^{FF} \right) \tag{2.25}$$

$$EEB^D = \sum_i EEB_i^D = \sum_i \left(EEI_i^C - EEX_i^C \right) \tag{2.26}$$

其中 EEF_i^D 表示部门 i 提供给国内最终需求的产品中的体现能，而这些最终产品既包括国产最终产品 (f_i^{DD}) 也包括进口最终产品 (f_i^{FD})。EEI_i^D 表示部门 i 进口产品中的体现能，而这些进口产品包括进口的中间产品 (z_{ij}^{FD}) 和进口的最终产品 $(f_i^{FD} + ex_i^{FF})$ 两部分。EEX_i^D 表示部门 i 出口产品中的体现能，而这些出口产品又可被分为国产产品 (ex_i^{DF}) 和进口产品 (ex_i^{FF}) 两部分。EEB_i^D 表示部门 i 的体现能贸易平衡，即体现能净进口量。

2.2.3 城市尺度模拟

选取北京经济系统中的部门 i，并对其进行体现能流动模拟，如图 2.4 所示。这个部门得到来自环境系统的直接能源投入 (e_i) 和来自本地经济系统、国内经济系统和国外经济系统的间接能源投入。这三部分间接能源投入分别体现在这个部门与本地部门、与国内其他地区部门和与国外地区部门中间产品的贸易中，分别对应图中的 $\sum_j \varepsilon_j^L z_{ji}^{LL}$、$\sum_j \varepsilon_j^D z_{ji}^{DL}$ 和 $\sum_j \varepsilon_j^F z_{ji}^{FL}$。式中的上标 L、D 和 F 分别表示北京经济体系、中国经济系统和世界经济系统。ε_j^L 是指北京经济系统中部门 j 产出产品的体现能强度，对应图中的产品 z_{ji}^{LL}（定义为本地部

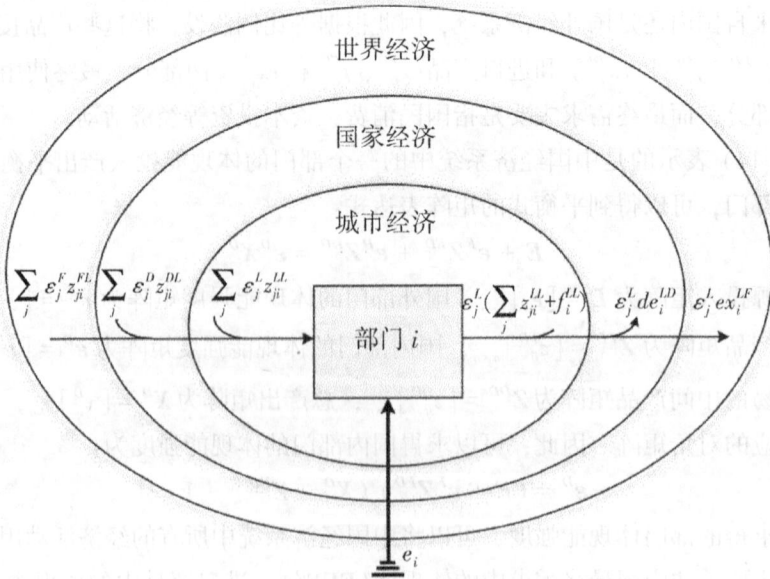

图 2.4 城市尺度体现能流动示意图

门 j 提供给本地部门 i 的中间产品）。类似地，z_{ji}^{DL} 表示国内其他地区的部门 j 提供给北京本地部门 i 的中间产品，这部分产品的体现能强度为 ε_j^D；z_{ji}^{FL} 表示国外地区的部门 j 提供给北京本地部门 i 的中间产品，这部分产品的体现能强度为 ε_j^F。与此同时，这个部门的产品一部分用于满足本地的中间生产需求（z_{ij}^{LL}），一部分用于满足本地的最终需求（f_i^{LL}），还有一部分用于调出（de_i^{LD}）和出口（ex_i^{LF}）。ε_i^L 表示这个部门产品的体现能强度。因此根据图中部门的体现能流动，可以得到这个部门的体现能平衡式：

$$e_i + \sum_j \varepsilon_j^F z_{ji}^{FL} + \sum_j \varepsilon_j^D z_{ji}^{DL} + \sum_j \varepsilon_j^L z_{ji}^{LL} = \varepsilon_i^L \left(\sum_j z_{ij}^{LL} + f_i^{LL} + de_i^{LD} + ex_i^{LF} \right) \qquad (2.27)$$

同样地，北京市统计局发布的北京经济投入产出表也是竞争型投入产出表，中间产品和最终产品均没有按照其来源地区分本地、调入和进口产品。因此这里仍是采用等比例假设，假设各部门的本地产品、调入产品和进口产品性质类似，且有相同的使用分配比例，从而将经济投入产出表转化为三尺度的系统投入产出表，如表 2.4 所示。其中带上标的各

表 2.4　城市尺度系统投入产出表

		中间使用			最终使用		
		部门 1	⋯	部门 n	本地最终需求	调出	出口
本地中间投入	部门 1						
	⋮		z_{ij}^{LL}		f_i^{LL}	de_i^{LD}	ex_i^{LF}
	部门 n						
国内调入中间投入	部门 1						
	⋮		z_{ij}^{DL}		f_i^{DL}	de_i^{DD}	ex_i^{DF}
	部门 n						
国外进口中间投入	部门 1						
	⋮		z_{ij}^{FL}		f_i^{FL}	de_i^{FD}	ex_i^{FF}
	部门 n						
直接能源投入			e_j				

项经济数据是基于北京市竞争型投入产出表数据求得，具体公式为：

$$z_{ij}^{LL} = z_{ij}(x_i/(x_i + di_i + im_i)) \tag{2.28}$$

$$z_{ij}^{DL} = z_{ij}(di_i/(x_i + di_i + im_i)) \tag{2.29}$$

$$z_{ij}^{FL} = z_{ij}(im_i/(x_i + di_i + im_i)) \tag{2.30}$$

$$f_i^{LL} = f_i(x_i/(x_i + di_i + im_i)) \tag{2.31}$$

$$f_i^{DL} = f_i(di_i/(x_i + di_i + im_i)) \tag{2.32}$$

$$f_i^{FL} = f_i(im_i/(x_i + di_i + im_i)) \tag{2.33}$$

$$de_i^{LD} = de_i(x_i/(x_i + di_i + im_i)) \tag{2.34}$$

$$de_i^{DD} = de_i(di_i/(x_i + di_i + im_i)) \tag{2.35}$$

$$de_i^{FD} = de_i(im_i/(x_i + di_i + im_i)) \tag{2.36}$$

$$ex_i^{LF} = ex_i(x_i/(x_i + di_i + im_i)) \tag{2.37}$$

$$ex_i^{DF} = ex_i(di_i/(x_i + di_i + im_i)) \tag{2.38}$$

$$ex_i^{FF} = ex_i(im_i/(x_i + di_i + im_i)) \tag{2.39}$$

其中 z_{ij}、f_i、x_i、di_i、im_i、de_i 和 ex_i 是北京市统计局发布的竞争型投入产出表中的数据，分别定义为部门 i 提供给部门 j 的中间产品、部门 i 提供给国内最终需求的产品、部门 i 的总产出、部门 i 的调入产品、部门 i 的进口产品、部门 i 的调出产品和部门 i 的出口产品。需要注意的是，z_{ij}、f_i、de_i 和 ex_i 这三个变量并没有上标来区分这些产品来自本地、国内其他地区还是国外地区，因此根据等比例假设，将这些产品按照来源地分为本地产品（z_{ij}^{LL}、f_i^{LL}、de_i^{LD} 和 ex_i^{LF}）、调入产品（z_{ij}^{DL}、f_i^{DL}、de_i^{DD} 和 ex_i^{DF}）和进口产品（z_{ij}^{FL}、f_i^{FL}、de_i^{FD} 和 ex_i^{FF}）三个部分。从表中可以看出，最终使用包括最终需求、调出和出口三个部分。

公式（2.27）是北京经济系统中的一个部门的体现能投入产出平衡式，若是考虑北京全部部门，可以得到平衡式的矩阵表达形式：

$$E + \varepsilon^F Z^{FL} + \varepsilon^D Z^{DL} + \varepsilon^L Z^{LL} = \varepsilon^L \hat{X}^L \tag{2.40}$$

其中直接能源投入矩阵为 $E = [e_i]_{1\times n}$，国外部门的体现能强度矩阵为 $\varepsilon^F = [\varepsilon_i^F]_{1\times n}$，国外进口的中间产品矩阵为 $Z^{FL} = [z_{ij}^{FL}]_{n\times n}$，国内部门的体现能强度矩阵为 $\varepsilon^D = [\varepsilon_i^D]_{1\times n}$，国内调入中间产品矩阵为 $Z^{DL} = [z_{ij}^{DL}]_{n\times n}$，本地部门的体现能强度矩阵为 $\varepsilon^L = [\varepsilon_i^L]_{1\times n}$，本地部门之间贸易的中间产品矩阵为 $Z^{LL} = [z_{ij}^{LL}]_{n\times n}$，总产出矩阵为 $X^L = [x_i^L]_{1\times n}$，而 $\hat{X}_{n\times n}^L$ 为总产出矩阵对应的对角矩阵。因此可以求得本地部门的体现能强度为：

$$\varepsilon^L = (E + \varepsilon^F Z^{FL} + \varepsilon^D Z^{DL})(\hat{X}^L - Z^{LL}) - 1 \tag{2.41}$$

根据已求得的部门体现能强度，可以将北京经济系统中所有的经济活动用体现能进行描述。这里主要关注北京市最终需求中的体现能（EEF^L）、调入贸易中的体现能（$EEDI^L$）、调出贸易中的体现能（$EEDX^L$）、进口贸易中的体现能（EEI^L）、出口贸易中的体现能（EEX^L）和体现能国内贸易平衡（$EEDB^L$）和体现能国际贸易平衡（EEB^L）等，依次计算为：

$$EEF^L = \sum_i EEF_i^L = \sum_i (\varepsilon_i^L f_i^{LL} + \varepsilon_i^D f_i^{DL} + \varepsilon_i^F f_i^{FL}) \tag{2.42}$$

$$\mathbf{EEDI}^L = \sum_i \mathbf{EEDI}_i^L = \sum_i \left(\varepsilon_i^D \left(\sum_j z_{ij}^{DL} + f_i^{DL} + de_i^{DD} + ex_i^{DF} \right) \right) \tag{2.43}$$

$$\mathbf{EEDX}^L = \sum_i \mathbf{EEDX}_i^L = \sum_i \left(\varepsilon_i^L de_i^{LD} + \varepsilon_i^D de_i^{DD} + \varepsilon_i^F de_i^{FD} \right) \tag{2.44}$$

$$\mathbf{EEI}^L = \sum_i \mathbf{EEI}_i^L = \sum_i \left(\varepsilon_i^F \left(\sum_j z_{ij}^{FL} + f_i^{FL} + de_i^{FD} + ex_i^{FF} \right) \right) \tag{2.45}$$

$$\mathbf{EEX}^L = \sum_i \mathbf{EEX}_i^L = \sum_i \left(\varepsilon_i^L ex_i^{LF} + \varepsilon_i^D ex_i^{DF} + \varepsilon_i^F ex_i^{FF} \right) \tag{2.46}$$

$$\mathbf{EEDB}^L = \sum_i \mathbf{EEDB}_i^L = \sum_i \left(\mathbf{EEDI}_i^L - \mathbf{EEDX}_i^L \right) \tag{2.47}$$

$$\mathbf{EEB}^L = \sum_i \mathbf{EEB}_i^L = \sum_i \left(\mathbf{EEI}_i^L - \mathbf{EEX}_i^L \right) \tag{2.48}$$

其中 $\mathbf{EEF}_i^L$ 表示部门 i 提供给北京市最终需求的产品中的体现能，而这些最终产品包括本地生产最终产品（f_i^{LL}）、国内调入最终产品（f_i^{DL}）和进口最终产品（f_i^{FL}）。$\mathbf{EEDI}_i^L$ 表示部门 i 调入产品中的体现能，而这些调入产品包括调入的中间产品（z_{ij}^{DL}）和调入的最终产品（f_i^{DL} + $de_i^{DD} + ex_i^{DF}$）两个部分。$\mathbf{EEDX}_i^L$ 表示部门 i 调出产品中的体现能，而这些调出产品又可被分为本地产品（de_i^{LD}）、调入产品（de_i^{DD}）和进口产品（de_i^{FD}）三个部分。$\mathbf{EEI}_i^L$ 表示部门 i 进口产品中的体现能，而这些进口产品包括进口的中间产品（z_{ij}^{FL}）和进口的最终产品（$f_i^{FL} + de_i^{FD} + ex_i^{FF}$）两个部分。$\mathbf{EEX}_i^L$ 表示部门 i 出口产品中的体现能，而这些出口产品又可被分为本地产品（ex_i^{LF}）、调入产品（ex_i^{DF}）和进口产品（ex_i^{FF}）三个部分。$\mathbf{EEDB}_i^L$ 表示部门 i 体现能国内贸易平衡，即体现能净调入量。$\mathbf{EEB}_i^L$ 表示部门 i 体现能国际贸易平衡，即体现能净进口量。

2.3 结构分解分析法

这里将多尺度系统投入产出模型与结构分解分析方法进行结合，以全球、中国和北京的能源利用为研究对象进行时间序列分析，探究驱动这些地区能源利用量变化的因素，确定这些驱动因素对能源利用量变动贡献的大小，从而帮助理解社会发展对环境资源的影响，明确未来可持续发展的发展方向。

对于全球经济，这里主要关注体现在其最终需求中的能源利用量的变化。根据公式（2.13），可列出最终需求体现能计算公式的矩阵形式：

$$\mathbf{EEF}^F = \boldsymbol{\varepsilon}^F \boldsymbol{F}^F \tag{2.49}$$

其中 $\mathbf{EEF}^F$ 表示体现在全球最终需求中的能源利用总量，$\boldsymbol{\varepsilon}^F = \left[\varepsilon_i^{Fr} \right]_{1 \times (m \cdot n)}$ 为世界各部门的体现能强度矩阵，$\boldsymbol{F}^F = \left[F_i^{Fr} \right]_{(m \cdot n) \times 1}$ 表示世界各部门的最终产品矩阵，$F_i^{Fr} = \sum_{s=1}^m F_i^{FrFs}$ 表示由地区 r 部门 i 生产的所有最终产品。

根据公式（2.4），可对体现能矩阵 $\boldsymbol{\varepsilon}^F$ 作进一步分解：

$$\boldsymbol{\varepsilon}^F = \boldsymbol{E}(\hat{\boldsymbol{X}}^F - \boldsymbol{Z}^{FF})^{-1} = \boldsymbol{e}^F (\boldsymbol{I} - \boldsymbol{A}^{FF})^{-1} = \boldsymbol{e}^F \boldsymbol{L}^{FF} \tag{2.50}$$

其中 $\boldsymbol{e}^F = \left[e_i^r / x_i^{Fr} \right]_{1 \times (m \cdot n)}$ 表示世界各部门的直接能源利用强度，即各部门生产单位产品时

所需的直接能源利用量；I 为 $m \cdot n$ 阶单位矩阵；$A^{FF} = \left[z_{ij}^{FrFs} / x_j^{Fs} \right]_{(m \cdot n) \times (m \cdot n)}$ 为世界经济技术矩阵，表示地区 s 部门 j 生产单位产品时所需的地区 r 部门 i 的中间产品投入量；$L^{FF} = (I - A^{FF})^{-1}$ 为 Leontief 逆矩阵，代表了世界经济的生产结构。

同样地，可对最终需求 F^F 作进一步分解：

$$F^F = u^{FF} v^F y^F p^F \tag{2.51}$$

其中，$u^{FF} = \left[F_i^{FrFs} / \sum\limits_{r=1}^{m} \sum\limits_{i=1}^{n} F_i^{FrFs} \right]_{(m \cdot n) \times m}$ 表示最终需求系数，即每类最终需求对不同地区不同部门产品的需求系数。需要注意的是，这里考虑的是一种最终需求，但是实际经济投入产出表中会有多种最终需求，这里的简化只是为了公式形式上的简洁。

$v^F = \left[\sum\limits_{r=1}^{m} \sum\limits_{i=1}^{n} F_i^{FrFs} / \sum\limits_{s=1}^{m} \sum\limits_{r=1}^{m} \sum\limits_{i=1}^{n} F_i^{FrFs} \right]_{m \times 1}$ 表示最终需求分布，即各类最终需求占最终需求总量的比例，$y^F = \sum\limits_{s=1}^{m} \sum\limits_{r=1}^{m} \sum\limits_{i=1}^{n} F_i^{FrFs} / p^F$ 表示世界人均最终需求量，p^F 表示世界人口总数。

结合公式 (2.50) 和公式 (2.51)，全球最终需求中的体现能可以写为六个变量的乘积形式：

$$EEF^F = e^F L^{FF} u^{FF} v^F y^F p^F \tag{2.52}$$

于是，体现在最终需求中的能源利用量的变化可分解为六个影响因素的变化，包括直接能源利用强度、Leontief 逆矩阵、最终需求系数、最终需求分布、人均最终需求量和人口数的变化。但是，目前没有统一的方法对这六个影响因素进行分解，一般采用的方法包括对数迪氏指数 (Logarithmic Mean Divisia Index，LMDI) 方法、Dietzenbacher-Los (D&L) 方法和两级分解平均值法 (two polar decompositions)。其中 D&L 方法在理论上比较完善，但其计算量较大，例如这里的六个影响因素需要考虑 6 个分解式。而两级分解法的计算形式简洁直观，且分解结果被验证可作为 D&L 方法分解结果的近似解，因此在投入产出分解中，两级分解平均值法得到了学术界的普遍认可[134]。这里也将采用两级分解平均值法，分解结果如下：

$$\Delta EEF_{1-0}^F = 1/2 \left((\Delta e_{1-0}^F)(L_0^{FF} u_0^{FF} v_0^F y_0^F p_0^F + L_1^{FF} u_1^{FF} v_1^F y_1^F p_1^F) \right)$$
能源经济效率变动效应

$$+ 1/2 \left((e_1^F (\Delta L_{1-0}^{FF}) u_0^{FF} v_0^F y_0^F p_0^F + e_0^F (\Delta L_{1-0}^{FF}) u_1^{FF} v_1^F y_1^F p_1^F) \right)$$
生产结构变动效应

$$+ 1/2 \left((e_1^F L_1^{FF} (\Delta u_{1-0}^{FF}) v_0^F y_0^F p_0^F + e_0^F L_0^{FF} (\Delta u_{1-0}^{FF}) v_1^F y_1^F p_1^F) \right)$$
最终需求系数变动效应

$$+ 1/2 \left((e_1^F L_1^{FF} u_1^{FF} (\Delta v_{1-0}^F) y_0^F p_0^F + e_0^F L_0^{FF} u_0^{FF} (\Delta v_{1-0}^F) y_1^F p_1^F) \right)$$
最终需求分布变动效应

$$+ 1/2 \left((e_1^F L_1^{FF} u_1^{FF} v_1^F (\Delta y_{1-0}^F) p_0^F + e_0^F L_0^{FF} u_0^{FF} v_0^F (\Delta y_{1-0}^F) p_1^F) \right)$$
人均最终需求变动效应

$$+ 1/2 \left((e_1^F L_1^{FF} u_1^{FF} v_1^F y_1^F + e_0^F L_0^{FF} u_0^{FF} v_0^F y_0^F)(\Delta p_{1-0}^F) \right) \tag{2.53}$$
人口变动效应

其中下标 0 表示基准年份，1 表示当前研究年份，1 - 0 表示两年之间的差额。等号后的第一项表示直接能源利用强度变动引起的最终需求体现能的变动，即能源经济效率变动效应；第二项表示 Leontief 逆矩阵变动引起的最终需求体现能的变动，即经济生产结构变动效应；第三项表示最终需求分布变动引起的最终需求体现能的变动；第四项表示最终需求分布变动引起的最终需求体现能的变动；第五项表示人均最终需求变动引起的最终需求体现能的变动；第六项表示人口变动引起的最终需求体现能的变动。这六项分别代表了六个不同的影响因素。

对于中国经济，关注其最终需求中的体现能的变化。对公式(2.23)进行分解可得：

$$EEF^D = (e^D + e^F) L^{DD} u^{DD} v^D y^D p^D + \varepsilon^F F^{FD} \tag{2.54}$$

其中 $e^D = [e_i/x_i^D]_{1 \times n}$ 表示中国各部门的直接能源利用强度，即各部门生产单位产品时所需的直接能源利用量；$e^F = \left[\sum_j (\varepsilon_j^F z_{ji}^{FD})/x_i^D \right]_{1 \times n}$ 表示中国各部门的进口体现能强度，即各部门生产单位产品时所需的体现能进口量；$L^{DD} = (I - A^{DD})^{-1}$ 为 Leontief 逆矩阵，代表中国国内经济的生产结构，其中 I 为 n 阶单位矩阵，$A^{DD} = [z_{ij}^{DD}/x_j^D]_{n \times n}$ 为中国经济技术矩阵；$u^{DD} = \left[F_{ik}^{DD} / \sum_{i=1}^n F_{ik}^{DD} \right]_{n \times o}$ 表示国内最终需求系数，即每类最终需求对国内不同部门产品的需求系数，这里一共考虑 o 类最终需求($k = 1, 2, ..., o$)；$v^D = \left[\sum_{i=1}^n F_{ik}^{DD} / \sum_{k=1}^o \sum_{i=1}^n F_{ik}^{DD} \right]_{o \times 1}$ 表示国内最终需求分布，即各类最终需求占最终需求总量的比例；$y^D = \sum_{k=1}^o \sum_{i=1}^n F_{ik}^{DD} / p^D$ 表示中国国内产品的人均最终需求量；p^D 表示中国人口总量；$\varepsilon^F = [\varepsilon_i^F]_{1 \times n}$ 为国外部门的体现能矩阵；$F^{FD} = [f_i^{FD}]_{n \times 1}$ 为国外部门提供给中国最终需求的产品矩阵，其中 $f_i^{FD} = \sum_{k=1}^o f_{ik}^{FD}$。基于两级分解平均值法，对中国最终需求中体现能进行分解，结果如下：

$$\Delta EEF_{1-0}^D = \underbrace{1/2((\Delta e_{1-0}^D)(L_0^{DD} u_0^{DD} v_0^D y_0^D p_0^D + L_1^{DD} u_1^{DD} v_1^D y_1^D p_1^D))}_{\text{能源经济效率变动效应}}$$

$$+ \underbrace{1/2(((e_1^D + e_1^F)(\Delta L_{1-0}^{DD}) u_0^{DD} v_0^D y_0^D p_0^D + (e_0^D + e_0^F)(\Delta L_{1-0}^{DD}) u_1^{DD} v_1^D y_1^D p_1^D))}_{\text{生产结构变动效应}}$$

$$+ \underbrace{1/2(((e_1^D + e_1^F) L_1^{DD} (\Delta u_{1-0}^{DD}) v_0^D y_0^D p_0^D + (e_0^D + e_0^F) L_0^{DD} (\Delta u_{1-0}^{DD}) v_1^D y_1^D p_1^D))}_{\text{最终需求系数变动效应}}$$

$$+ \underbrace{1/2(((e_1^D + e_1^F) L_1^{DD} u_1^{DD} (\Delta v_{1-0}^D) y_0^D p_0^D + (e_0^D + e_0^F) L_0^{DD} u_0^{DD} (\Delta v_{1-0}^D) y_1^D p_1^D))}_{\text{最终需求分布变动效应}}$$

$$+ \underbrace{1/2(((e_1^D + e_1^F) L_1^{DD} u_1^{DD} v_1^D (\Delta y_{1-0}^D) p_0^D + (e_0^D + e_0^F) L_0^{DD} u_0^{DD} v_0^D (\Delta y_{1-0}^D) p_1^D))}_{\text{人均最终需求变动效应}}$$

$$+ \underbrace{1/2(((e_1^D + e_1^F) L_1^{DD} u_1^{DD} v_1^D y_1^D + (e_0^D + e_0^F) L_0^{DD} u_0^{DD} v_0^D y_0^D)(\Delta p_{1-0}^D))}_{\text{人口变动效应}}$$

$$+ \underbrace{1/2((\Delta e_{1-0}^F)(L_0^{DD} u_0^{DD} v_0^D y_0^D p_0^D + L_1^{DD} u_1^{DD} v_1^D y_1^D p_1^D)) + \Delta(\varepsilon^F F^{FD})_{1-0}}_{\text{进口变动效应}} \tag{2.55}$$

由于世界经济作为一个整体不存在进出口贸易，而中国存在对外贸易，因此这里除考虑前面介绍的六个影响因素外，还将进口单独作为一个影响因素，即进口变动效应进行考虑。进口变动包括中间产品进口变动和最终产品进口变动两个部分。其中中间产品进口的变动会影响国内部门的体现能强度，从而间接影响国内最终需求中的体现能，而最终产品进口用于国内最终需求，其变动将直接影响国内最终需求中的体现能。

考虑体现在北京最终需求中的能源利用量的变化，对公式(2.42)进行分解可得：

$$EEF^L = (e^L + e^D + e^F) L^{LL} u^{LL} v^L y^L p^L + \varepsilon^D F^{DL} + \varepsilon^F F^{FL} \tag{2.56}$$

其中 $e^L = [e_i / x_i^L]_{1 \times n}$ 表示北京各部门的直接能源利用强度，即各部门生产单位产品时所需的直接能源利用量；$e^D = \left[\sum_j (\varepsilon_j^D z_{ji}^{DL}) / x_i^L\right]_{1 \times n}$ 表示北京各部门的调入体现能强度，即各部门生产单位产品时所需的体现能调入量；$e^F = \left[\sum_j (\varepsilon_j^F z_{ji}^{FL}) / x_i^L\right]_{1 \times n}$ 表示北京各部门的进口体现能强度，即各部门生产单位产品时所需的体现能进口量；$L^{LL} = (I - A^{LL})^{-1}$ 为 Leontief 逆矩阵，代表北京经济的生产结构，其中 I 为 n 阶单位矩阵，$A^{LL} = [z_{ij}^{LL} / x_j^L]_{n \times n}$ 为北京本地经济技术矩阵；$u^{LL} = \left[F_{ik}^{LL} / \sum_{i=1}^n F_{ik}^{LL}\right]_{n \times o}$ 表示本地最终需求系数，即每类最终需求对本地不同部门产品的需求系数，这里一共考虑 o 类最终需求（$k = 1, 2, \ldots, o$）；$v^L = \left[\sum_{i=1}^n F_{ik}^{LL} / \sum_{k=1}^o \sum_{i=1}^n F_{ik}^{LL}\right]_{o \times 1}$ 表示本地最终需求分布，即各类最终需求占最终需求总量的比例；$y^L = \sum_{k=1}^o \sum_{i=1}^n F_{ik}^{LL} / p^L$ 表示北京本地产品的人均最终需求量；p^D 表示北京人口总量；$\varepsilon^D = [\varepsilon_i^D]_{1 \times n}$ 为国内部门的体现能矩阵；$F^{DL} = [f_i^{DL}]_{n \times 1}$ 为国内其他地区的部门提供给北京最终需求的产品矩阵，其中 $f_i^{DL} = \sum_{k=1}^o f_{ik}^{DL}$；$\varepsilon^F = [\varepsilon_i^F]_{1 \times n}$ 为国外部门的体现能矩阵；$F^{FL} = [f_i^{FL}]_{n \times 1}$ 为国外部门提供给北京最终需求的产品矩阵，其中 $f_i^{FL} = \sum_{k=1}^o f_{ik}^{FL}$。基于两级分解平均值法，对北京最终需求中体现能进行分解，结果如下：

$$\Delta EEF_{1-0}^L = \underbrace{1/2((\Delta e_{1-0}^L)(L_0^{LL} u_0^{LL} v_0^L y_0^L p_0^L + L_1^{LL} u_1^{LL} v_1^L y_1^L p_1^L))}_{\text{能源经济效率变动效应}}$$

$$+ \underbrace{1/2(((e_1^L + e_1^D + e_1^F)(\Delta L_{1-0}^{LL}) u_0^{LL} v_0^L y_0^L p_0^L + (e_0^L + e_0^D + e_0^F)(\Delta L_{1-0}^{LL}) u_1^{LL} v_1^L y_1^L p_1^L))}_{\text{生产结构变动效应}}$$

$$+ \underbrace{1/2(((e_1^L + e_1^D + e_1^F) L_1^{LL}(\Delta u_{1-0}^{LL}) v_0^L y_0^L p_0^L + (e_0^L + e_0^D + e_0^F) L_0^{LL}(\Delta u_{1-0}^{LL}) v_1^L y_1^L p_1^L))}_{\text{最终需求系数变动效应}}$$

$$+ \underbrace{1/2(((e_1^L + e_1^D + e_1^F) L_1^{LL} u_1^{LL}(\Delta v_{1-0}^L) y_0^L p_0^L + (e_0^L + e_0^D + e_0^F) L_0^{LL} u_0^{LL}(\Delta v_{1-0}^L) y_1^L p_1^L))}_{\text{最终需求分布变动效应}}$$

$$+ \underbrace{1/2(((e_1^L + e_1^D + e_1^F) L_1^{LL} u_1^{LL} v_1^L(\Delta y_{1-0}^L) p_0^L + (e_0^L + e_0^D + e_0^F) L_0^{LL} u_0^{LL} v_0^L(\Delta y_{1-0}^L) p_1^L))}_{\text{人均最终需求变动效应}}$$

$$+ \underbrace{1/2(((e_1^L + e_1^D + e_1^F) L_1^{LL} u_1^{LL} v_1^L y_1^L + (e_0^L + e_0^D + e_0^F) L_0^{LL} u_0^{LL} v_0^L y_0^L)(\Delta p_{1-0}^L))}_{\text{人口变动效应}}$$

$$+ \underbrace{1/2((\Delta e_{1-0}^D)(L_0^{LL} u_0^{LL} v_0^L y_0^L p_0^L + L_1^{LL} u_1^{LL} v_1^L y_1^L p_1^L)) + \Delta(\varepsilon^D F^{DL})_{1-0}}_{\text{调入变动效应}}$$

$$+ \underbrace{1/2((\Delta e_{1-0}^F)(L_0^{LL} u_0^{LL} v_0^L y_0^L p_0^L + L_1^{LL} u_1^{LL} v_1^L y_1^L p_1^L)) + \Delta(\varepsilon^F F^{FL})_{1-0}}_{\text{进口变动效应}} \tag{2.57}$$

同样地，由于北京的对外贸易不仅涉及与国外地区的进出口贸易，还涉及与北京市以外的国内其他地区的调入和调出贸易，因此，这里将调入、进口分别进行考虑，即上式中的调入变动效应和进口变动效应。调入变动和进口变动均被分为中间产品变动和最终产品变动两个部分。其中调入或进口的中间产品的变动会通过影响北京本地生产部门的体现能强度，间接影响本地最终需求中的体现能。而调入或进口的最终产品用于本地最终需求，其变动将直接影响本地最终需求中的体现能。

2.4 数据来源

本研究中的世界经济投入产出表数据来自 Eora[135, 136] 多区域投入产出数据库。Eora 数据库是国际投入产出协会会刊 *Economic System Research* 主编 Manfred Lenzen 教授与他的合作者们建立的一个全球尺度的多区域投入产出表数据库。世界经济是目前学术研究所涉及的最大的经济系统，且一般被认为是一个封闭系统，与外界不存在经济交流。因此，在对世界经济进行投入产出模拟时，只需考虑世界经济系统内各国家和地区以及各部门之间的经济交流。目前已有很多机构和专家学者从事世界经济投入产出表的构建工作，例如美国普渡大学建立的 GTAP（Global Trade Analysis Program）数据库[137]、欧盟建立的 EXIOPOL 数据库[138]、荷兰格罗宁根大学建立的 WIOD（World Input-Output Database）数据库[139]、亚洲经济研究所建立的国际投入产出表数据库[140] 等。而这里选择 Eora 数据库主要有两个原因。第一，Eora 数据库中包含了 189 个国家和地区，是目前涵盖国家和地区最多的一个数据库，这为世界经济全貌的研究提供了可能性。第二，Eora 数据库的时间跨度最广，提供了从 1990 年到 2015 年的世界经济投入产出表。本研究选取了 2002 年、2007 年和 2012 年三个年份的世界经济投入产出表，主要是为了与每五年编制一次的中国经济投入产出表的年份相对应，而其他数据库提供的年份数据均无法满足这里的要求。本书将详细分析 2012 年的数据，同时用 2002 年和 2007 年的数据与 2012 年数据进行对比作结构分解分析。这里采用国际货币基金组织发布的生产价格指数(Producer Price Index，PPI)[141] 对这两年的经济数据进行处理，以便消除价格变化的影响。Eora 数据库中，世界经济被划分为 189 个国家和地区(表 2.5)，每个国家和地区又被划分为 26 个产业部门(表 2.6)，部门间的贸易数据单位为千美元。

表 2.5 世界经济投入产出表中的 189 个国家和地区

	国家/地区	英文名称	缩写	地区
1	阿富汗	Afghanistan	AFG	欧亚
2	阿尔巴尼亚	Albania	ALB	欧亚
3	阿尔及利亚	Algeria	DZA	非洲
4	安道尔	Andorra	AND	欧亚

续表

	国家/地区	英文名称	缩写	地区
5	安哥拉	Angola	AGO	非洲
6	安提瓜	Antigua	ATG	南美
7	阿根廷	Argentina	ARG	南美
8	亚美尼亚	Armenia	ARM	欧亚
9	阿鲁巴	Aruba	ABW	南美
10	澳大利亚	Australia	AUS	亚太
11	奥地利	Austria	AUT	欧亚
12	阿塞拜疆	Azerbaijan	AZE	欧亚
13	巴哈马	Bahamas	BHS	南美
14	巴林	Bahrain	BHR	中东
15	孟加拉国	Bangladesh	BGD	亚太
16	巴巴多斯	Barbados	BRB	南美
17	白俄罗斯	Belarus	BLR	欧亚
18	比利时	Belgium	BEL	欧亚
19	伯利兹	Belize	BLZ	南美
20	贝宁	Benin	BEN	非洲
21	百慕大	Bermuda	BMU	欧亚
22	不丹	Bhutan	BTN	欧亚
23	玻利维亚	Bolivia	BOL	南美
24	波斯尼亚和黑塞哥维那	Bosnia and Herzegovina	BIH	欧亚
25	博茨瓦纳	Botswana	BWA	非洲
26	巴西	Brazil	BRA	南美
27	英属维尔京群岛	British Virgin Islands	VGB	欧亚
28	文莱	Brunei	BRN	亚太
29	保加利亚	Bulgaria	BGR	欧亚
30	布基纳法索	Burkina Faso	BFA	非洲
31	布隆迪	Burundi	BDI	非洲
32	柬埔寨	Cambodia	KHM	亚太
33	喀麦隆	Cameroon	CMR	非洲
34	加拿大	Canada	CAN	北美
35	佛得角	Cape Verde	CPV	非洲

	国家/地区	英文名称	缩写	地区
36	开曼群岛	Cayman Islands	CYM	南美
37	中非共和国	Central African Republic	CAF	非洲
38	乍得	Chad	TCD	非洲
39	智利	Chile	CHL	南美
40	中国	China	CHN	亚太
41	哥伦比亚	Colombia	COL	南美
42	刚果	Congo	COG	非洲
43	哥斯达黎加	Costa Rica	CRI	南美
44	克罗地亚	Croatia	HRV	欧亚
45	古巴	Cuba	CUB	南美
46	塞浦路斯	Cyprus	CYP	中东
47	捷克共和国	Czech Republic	CZE	欧亚
48	科特迪瓦	Cote dIvoire	CIV	非洲
49	朝鲜	North Korea	PRK	亚太
50	刚果民主共和国	DR Congo	COD	非洲
51	丹麦	Denmark	DNK	欧亚
52	吉布提	Djibouti	DJI	非洲
53	多明尼加共和国	Dominican Republic	DOM	南美
54	厄瓜多尔	Ecuador	ECU	南美
55	埃及	Egypt	EGY	非洲
56	萨尔瓦多	El Salvador	SLV	南美
57	厄立特里亚	Eritrea	ERI	非洲
58	爱沙尼亚	Estonia	EST	欧亚
59	埃塞俄比亚	Ethiopia	ETH	非洲
60	斐济	Fiji	FJI	亚太
61	芬兰	Finland	FIN	欧亚
62	法国	France	FRA	欧亚
63	法属波利尼西亚	French Polynesia	PYF	欧亚
64	加蓬	Gabon	GAB	非洲
65	冈比亚	Gambia	GMB	非洲
66	格鲁吉亚	Georgia	GEO	欧亚

续表

	国家/地区	英文名称	缩写	地区
67	德国	Germany	DEU	欧亚
68	加纳	Ghana	GHA	非洲
69	希腊	Greece	GRC	欧亚
70	格陵兰	Greenland	GRL	北美
71	危地马拉	Guatemala	GTM	南美
72	几内亚	Guinea	GIN	非洲
73	圭亚那	Guyana	GUY	南美
74	海地	Haiti	HTI	南美
75	洪都拉斯	Honduras	HND	南美
76	中国香港	Hong Kong	HKG	亚太
77	匈牙利	Hungary	HUN	欧亚
78	冰岛	Iceland	ISL	欧亚
79	印度	India	IND	欧亚
80	印尼	Indonesia	IDN	亚太
81	伊朗	Iran	IRN	中东
82	伊拉克	Iraq	IRQ	中东
83	爱尔兰	Ireland	IRL	欧亚
84	以色列	Israel	ISR	中东
85	意大利	Italy	ITA	欧亚
86	牙买加	Jamaica	JAM	南美
87	日本	Japan	JPN	亚太
88	约旦	Jordan	JOR	中东
89	哈萨克斯坦	Kazakhstan	KAZ	欧亚
90	肯尼亚	Kenya	KEN	非洲
91	科威特	Kuwait	KWT	中东
92	吉尔吉斯斯坦	Kyrgyzstan	KGZ	欧亚
93	老挝	Laos	LAO	亚太
94	拉脱维亚	Latvia	LVA	欧亚
95	黎巴嫩	Lebanon	LBN	中东
96	莱索托	Lesotho	LSO	非洲
97	利比里亚	Liberia	LBR	非洲

	国家/地区	英文名称	缩写	地区
98	利比亚	Libya	LBY	非洲
99	列支敦士登	Liechtenstein	LIE	欧亚
100	立陶宛	Lithuania	LTU	欧亚
101	卢森堡	Luxembourg	LUX	欧亚
102	中国澳门	Macao SAR	MAC	亚太
103	马达加斯加	Madagascar	MDG	非洲
104	马拉维	Malawi	MWI	非洲
105	马来西亚	Malaysia	MYS	亚太
106	马尔代夫	Maldives	MDV	欧亚
107	马里	Mali	MLI	非洲
108	马耳他	Malta	MLT	欧亚
109	毛里塔尼亚	Mauritania	MRT	非洲
110	毛里求斯	Mauritius	MUS	非洲
111	墨西哥	Mexico	MEX	北美
112	摩纳哥	Monaco	MCO	欧亚
113	蒙古	Mongolia	MNG	欧亚
114	黑山	Montenegro	MNE	欧亚
115	摩洛哥	Morocco	MAR	非洲
116	莫桑比克	Mozambique	MOZ	非洲
117	缅甸	Myanmar	MMR	亚太
118	纳米比亚	Namibia	NAM	非洲
119	尼泊尔	Nepal	NPL	欧亚
120	荷兰	Netherlands	NLD	欧亚
121	荷属安地列斯	Netherlands Antilles	ANT	欧亚
122	新喀里多尼亚	New Caledonia	NCL	亚太
123	新西兰	New Zealand	NZL	亚太
124	尼加拉瓜	Nicaragua	NIC	南美
125	尼日尔	Niger	NER	非洲
126	尼日利亚	Nigeria	NGA	非洲
127	挪威	Norway	NOR	欧亚
128	加沙地带	Gaza Strip	PSE	中东

	国家/地区	英文名称	缩写	地区
129	阿曼	Oman	OMN	中东
130	巴基斯坦	Pakistan	PAK	中东
131	巴拿马	Panama	PAN	南美
132	巴布亚新几内亚	Papua New Guinea	PNG	亚太
133	巴拉圭	Paraguay	PRY	南美
134	秘鲁	Peru	PER	南美
135	菲律宾	Philippines	PHL	亚太
136	波兰	Poland	POL	欧亚
137	葡萄牙	Portugal	PRT	欧亚
138	卡塔尔	Qatar	QAT	中东
139	韩国	South Korea	KOR	亚太
140	摩尔多瓦共和国	Moldova	MDA	欧亚
141	罗马尼亚	Romania	ROU	欧亚
142	俄罗斯	Russia	RUS	欧亚
143	卢旺达	Rwanda	RWA	非洲
144	萨摩亚	Samoa	WSM	亚太
145	圣马力诺	San Marino	SMR	欧亚
146	圣多美和普林西比	Sao Tome and Principe	STP	非洲
147	沙特阿拉伯	Saudi Arabia	SAU	中东
148	塞内加尔	Senegal	SEN	非洲
149	塞尔维亚	Serbia	SRB	欧亚
150	塞舌尔	Seychelles	SYC	非洲
151	塞拉利昂	Sierra Leone	SLE	非洲
152	新加坡	Singapore	SGP	亚太
153	斯洛伐克	Slovakia	SVK	欧亚
154	斯洛文尼亚	Slovenia	SVN	欧亚
155	索马里	Somalia	SOM	非洲
156	南非	South Africa	ZAF	非洲
157	南苏丹	South Sudan	SDS	非洲
158	西班牙	Spain	ESP	欧亚
159	斯里兰卡	Sri Lanka	LKA	欧亚

续表

	国家/地区	英文名称	缩写	地区
160	苏丹	Sudan	SUD	非洲
161	苏里南	Suriname	SUR	南美
162	斯威士兰	Swaziland	SWZ	非洲
163	瑞典	Sweden	SWE	欧亚
164	瑞士	Switzerland	CHE	欧亚
165	叙利亚	Syria	SYR	中东
166	中国台湾	Taiwan	TWN	亚太
167	塔吉克斯坦	Tajikistan	TJK	欧亚
168	泰国	Thailand	THA	亚太
169	马其顿	Macedonia	MKD	欧亚
170	多哥	Togo	TGO	非洲
171	特立尼达和多巴哥	Trinidad and Tobago	TTO	南美
172	突尼斯	Tunisia	TUN	非洲
173	土耳其	Turkey	TUR	欧亚
174	土库曼斯坦	Turkmenistan	TKM	欧亚
175	前苏联	Former USSR	USR	–
176	乌干达	Uganda	UGA	非洲
177	乌克兰	Ukraine	UKR	欧亚
178	阿联酋	UAE	ARE	中东
179	英国	UK	GBR	欧亚
180	坦桑尼亚	Tanzania	TZA	非洲
181	美国	USA	USA	北美
182	乌拉圭	Uruguay	URY	南美
183	乌兹别克斯坦	Uzbekistan	UZB	欧亚
184	瓦努阿图	Vanuatu	VUT	亚太
185	委内瑞拉	Venezuela	VEN	南美
186	越南	Viet Nam	VNM	亚太
187	也门	Yemen	YEM	中东
188	赞比亚	Zambia	ZMB	非洲
189	津巴布韦	Zimbabwe	ZWE	非洲

表 2.6　世界经济投入产出表中的 26 个产业部门

	产业部门	英文名称	部门分类
1	农产品	Agriculture	农业
2	渔产品	Fishing	农业
3	矿业产品	Mining and quarrying	资源开采
4	食品和饮料	Food and beverages	轻工业
5	纺织品和服装	Textiles and wearing apparel	轻工业
6	木材和纸制品	Wood and paper	轻工业
7	石油, 化工和非金属矿物制品	Petroleum, chemical and non-metallic mineral products	重工业
8	金属制品	Metal products	重工业
9	电气机械	Electrical and machinery	重工业
10	运输设备	Transport equipment	重工业
11	其他制造产品	Other manufacturing	轻工业
12	废品回收	Recycling	轻工业
13	电力, 燃气及水的生产和供应	Electricity, gas and water	电力供应业
14	建筑	Construction	建筑业
15	维护维修	Maintenance and repair	服务业
16	批发	Wholesale trade	服务业
17	零售	Retail trade	服务业
18	住宿和餐饮	Hotels and restaurants	服务业
19	运输	Transport	运输业
20	邮政和电信	Post and telecommunications	服务业
21	金融和商务服务	Financial intermediation and business activities	服务业
22	公共管理	Public administration	服务业
23	教育, 卫生和其他服务业	Education, health and other services	服务业
24	居民服务	Private households	服务业
25	其他	Others	其他
26	再出口和再进口	Re-export and re-import	其他

　　本研究中的世界能源数据来自国际能源署(International Energy Agency, IEA)发布的能源平衡表数据库[142]。这个数据库统计了从 1973 年到 2018 年世界各国的能源资源开采量。本研究基于该数据库数据, 考虑包括原油、原煤、天然气、生物质、水能、核能和其他可再生能源在内的多种能源资源, 采用焦耳石油当量为计量单位, 但不考虑用作工业原料和材料的部分化石能源。根据国际能源署数据, 三种化石能源——原油、原煤和天然气——

的非能源使用比例分别为 7.69%、1.04% 和 4.33%。需要注意的是，国际能源署能源平衡表数据库中只提供了各个国家和地区的能源开采量，而未提供分部门的开采量。鉴于原油、原煤和天然气的开采一般是由各国家或地区的专门开采部门负责，这里将采用对应开采部门的分配准则，将这三种化石能源的开采数据作为各国家和地区产业部门 3（矿业产品）的直接能源投入数据[143]，从而将国际能源署数据与世界经济投入产出表中的数据进行耦合。类似地，各国家和地区的生物质、水能、核能和其他可再生能源的开采数据分别分配给该国家的部门 1（农产品）、部门 13（电力，燃气及水的生产和供应）、部门 3（矿业产品）和部门 13（电力，燃气及水的生产和供应）。

中国经济投入产出表数据来自中华人民共和国国家统计局国民经济核算司编制出版的《2012 年中国投入产出表》[144]。中国投入产出表中的数据只涉及中国大陆地区，不包括港澳台地区。中国经济投入产出表的统计编制工作始于 1987 年，每五年进行一次全国投入产出调查和编制。2015 年 12 月份，国家统计局发布了 2012 年中国投入产出表，包括 139 个产业部门（表 2.7）和 42 个产业部门（表 2.8）两种规格。中国经济的快速发展和巨大变化使得这份数据成为了解中国当下经济发展的最好资料。在对 2012 年数据进行分析时，本研究选取了 139 部门规格的投入产出表。可以看出，这里研究的部门数量比世界经济投入产出表中涉及的部门数量多了 4 倍，如此详尽的部门分类为全面了解中国经济提供了可能。此外，本研究还选取了 2002 年（42 部门规格）和 2007 年（42 部门规格）的经济投入产出表，与 2012 年（42 部门规格）数据进行对比作结构分解分析。为了消除价格变化的影响，这里采用国家统计局发布的生产价格指数[145]，分别对 2002 年和 2007 年的经济数据进行处理。并且，由于这三个年份经济投入产出表所涉及的部门不尽相同，例如 2002 年和 2007 年的表中均未包括金属制品、机械和设备修理服务部门，只在 2012 年的表中进行了考虑，因此在作结构分解分析之前，需要对这三个投入产出表中有差异的部门进行分解或合并，以得到结构相同的投入产出表。中国经济投入产出表中的数据单位均为万元人民币，在与世界投入产出表进行耦合时，将会参考世界银行发布的汇率数据[21]进行货币单位转换。

表 2.7　中国经济投入产出表中的 139 个产业部门

	产业部门	英文名称	部门分类
1	农产品	Farming	农业
2	林产品	Forestry	农业
3	畜牧产品	Animal production	农业
4	渔产品	Fishery	农业
5	农、林、牧、渔服务	Support services to farming, forestry, animal production and fishery	农业
6	煤炭采选产品	Mining and washing of coal	资源开采

	产业部门	英文名称	部门分类
7	石油和天然气开采产品	Extraction of crude petroleum and natural gas	资源开采
8	黑色金属矿采选产品	Mining of ferrous metal ores	资源开采
9	有色金属矿采选产品	Mining of non-ferrous metal ores	资源开采
10	非金属矿采选产品	Mining and quarrying of nonmetallic mineral	资源开采
11	开采辅助服务和其他采矿产品	Mining support activities and other mining and quarrying n. e. c.	资源开采
12	谷物磨制品	Manufacture of grain mill products	轻工业
13	饲料加工品	Manufacture of prepared animal feeds	轻工业
14	植物油加工品	Manufacture of crude and refined oils from vegetable	轻工业
15	糖及糖制品	Manufacture of sugar	轻工业
16	屠宰及肉类加工品	Slaughtering and processing of meat	轻工业
17	水产加工品	Processing of aquatic products	轻工业
18	蔬菜、水果、坚果和其他农副食品加工品	Processing of other foods	轻工业
19	方便食品	Manufacture of convenience food products	轻工业
20	乳制品	Manufacture of milk and dairy products	轻工业
21	调味品、发酵制品	Manufacture of flavoring and ferment products	轻工业
22	其他食品	Manufacture of other food products n. e. c.	轻工业
23	酒精和酒	Manufacture of alcohol and alcoholic beverages	轻工业
24	饮料和精制茶加工品	Manufacture of soft drinks and refined tea products	轻工业
25	烟草制品	Manufacture of tobacco products	轻工业
26	棉、化纤纺织及印染精加工品	Spinning, weaving and finishing of cotton and chemical fibers	轻工业
27	毛纺织及染整精加工品	Spinning, weaving and finishing of wool	轻工业
28	麻、丝绢纺织及加工品	Spinning, weaving and finishing of bastand silk fibers	轻工业
29	针织或钩针编织及其制品	Manufacture of knitted and crocheted fabrics and articles, except apparel	轻工业
30	纺织制成品	Manufacture of made-up textile articles, except apparel	轻工业
31	纺织服装服饰	Manufacture of textile wearing apparel	轻工业
32	皮革、毛皮、羽毛及其制品	Manufacture of leather, fur, feather and its products	轻工业
33	鞋	Manufacture of footwear	轻工业

	产业部门	英文名称	部门分类
34	木材加工品和木、竹、藤、棕、草制品	Processing of timbers and manufacture of products of woods, bamboo, rattan, palm and straw	轻工业
35	家具	Manufacture of furniture	轻工业
36	造纸和纸制品	Manufacture of paper and paper products	轻工业
37	印刷品和记录媒介复制品	Printing and reproduction of recording media	轻工业
38	文教、工美、体育和娱乐用品	Manufacture of stationeries, musical instruments, products Sof arts and crafts, sports gooods, games and toys	轻工业
39	精炼石油和核燃料加工品	Manufacture of refined petroleum products, processing of nuclear fuel	重工业
40	炼焦产品	Manufacture of coke products	重工业
41	基础化学原料	Manufacture of basic chemicals	重工业
42	肥料	Manufacture of fertilizers	重工业
43	农药	Manufacture of pesticides	重工业
44	涂料、油墨、颜料及类似产品	Manufacture of paints, printing inks, pigments and similar products	重工业
45	合成材料	Manufacture of synthetic materials	重工业
46	专用化学产品和炸药、火工、焰火产品	Manufacture of special chemical products	重工业
47	日用化学产品	Manufacture of daily-use chemical products	轻工业
48	医药制品	Manufacture of pharmaceutical products	轻工业
49	化学纤维制品	Manufacture of chemical fibers	轻工业
50	橡胶制品	Manufacture of rubber products	轻工业
51	塑料制品	Manufacture of plastic products	轻工业
52	水泥、石灰和石膏	Manufacture of cement, lime and plaster	重工业
53	石膏、水泥制品及类似制品	Manufacture of products of plaster and cement and similar products	重工业
54	砖瓦、石材等建筑材料	Manufacture of brick, stone and other building materials	重工业
55	玻璃和玻璃制品	Manufacture of glass and glass products	轻工业
56	陶瓷制品	Manufacture of cematic and porcelain products	轻工业

	产业部门	英文名称	部门分类
57	耐火材料制品	Manufacture of refractory products	重工业
58	石墨及其他非金属矿物制品	Manufacture of products of graphite and other nonmetallic minerals	重工业
59	钢、铁及其铸件	Manufacture and casting of basic iron and steel	重工业
60	钢压延产品	Processing of steel rolling processing	重工业
61	铁合金产品	Manufacture of ferroalloy	重工业
62	有色金属及其合金和铸件	Manufacture and casting of non-ferrous metals and related alloys	重工业
63	有色金属压延加工品	Processing of non-ferrous metals rolling	重工业
64	金属制品	Manufacture of fabricated metal products, except machinery and equipment	重工业
65	锅炉及原动设备	Manufacture of boiler and prime mover	重工业
66	金属加工机械	Manufacture of metal working machinery	重工业
67	物料搬运设备	Manufacture of lifting and handling equipment	重工业
68	泵、阀门、压缩机及类似机械	Manufacture of pump, valve, compressor and similar machinery	重工业
69	文化、办公用机械	Manufacture of movie, office machinery and equipment, of projector and camera	轻工业
70	其他通用设备	Manufacture of other general-purpose machinery	重工业
71	采矿、冶金、建筑专用设备	Manufacture of machinery for mining, metallurgy and construction	重工业
72	化工、木材、非金属加工专用设备	Manufacture of machinery for chemical industry timber and nonmetal processing	重工业
73	农、林、牧、渔专用机械	Manufacture of machinery for agriculture forestry, animal production and fishery	重工业
74	其他专用设备	Manufacture of other special-purpose machinery	重工业
75	汽车整车	Manufacture of motor vehicles, except parts and accessories for motor vehicles	重工业
76	汽车零部件及配件	Manufacture of parts and accessories for motor vehicles	重工业
77	铁路运输和城市轨道交通设备	Manufacture of railway transport equipment	重工业
78	船舶及相关装置	Manufacture of boats and ships and floating devices	重工业

	产业部门	英文名称	部门分类
79	其他交通运输设备	Manufacture of other transport equipment	重工业
80	电机	Manufacture of generators and electic motors	重工业
81	输配电及控制设备	Manufacture of equipments for power transmission and distribution and control	重工业
82	电线、电缆、光缆及电工器材	Manufacture of wire, cable, optical cable and electrical goods	重工业
83	电池	Manufacture of batteries	轻工业
84	家用器具	Manufacture of household appliances	轻工业
85	其他电气机械和器材	Manufacture of other electrical machinery and equipment	轻工业
86	计算机	Manufacture of computer	轻工业
87	通信设备	Manufacture of communication equipment	轻工业
88	广播电视设备和雷达及配套设备	Manufacture of broadcasting, television equipment, of radar and related equipment	轻工业
89	视听设备	Manufacture of audiovisual apparatus	轻工业
90	电子元器件	Manufacture of electronic components and parts	轻工业
91	其他电子设备	Manufacture of other electronic equipment	轻工业
92	仪器仪表	Manufacture of measuring instruments and meters	轻工业
93	其他制造产品	Other manufacture	轻工业
94	废弃资源和废旧材料回收加工品	Comprehensive utilization of waste resources	轻工业
95	金属制品、机械和设备修理服务	Repair of fabricated metal products, machinery and equipment	重工业
96	电力、热力生产和供应	Production and supply of electricity and steam	资源开采
97	燃气生产和供应	Production and distribution of gas	资源开采
98	水的生产和供应	Production and distribution of water	资源开采
99	房屋建筑	Construction of buildings	建筑
100	土木工程建筑	Civil engineering	建筑
101	建筑安装	Construction installation activities	建筑
102	建筑装饰和其他建筑服务	Construction completion and finishing, other construction activities	建筑

续表

	产业部门	英文名称	部门分类
103	批发和零售	Wholesale and retail trade	服务业
104	铁路运输	Transport via railway	交通
105	道路运输	Transport via road	交通
106	水上运输	Water transport	交通
107	航空运输	Air transport	交通
108	管道运输	Transport via pipeline	交通
109	装卸搬运和运输代理	Cargo handling, transport agency	交通
110	仓储	Storage	交通
111	邮政	Post	服务业
112	住宿	Accommodation	服务业
113	餐饮	Food and beverage services	服务业
114	电信和其他信息传输服务	Telecommunication and other information transmission services	服务业
115	软件和信息技术服务	Software and information technology services	服务业
116	货币金融和其他金融服务	Monetary intermediation and other financial services	服务业
117	资本市场服务	Capital market services	服务业
118	保险	Insurance	服务业
119	房地产	Real estate	服务业
120	租赁	Renting and leasing	服务业
121	商务服务	Business services	服务业
122	研究和试验发展	Research and experimental development	服务业
123	专业技术服务	Professional technique services	服务业
124	科技推广和应用服务	Technique promotion and application services	服务业
125	水利管理	Management of water conservancy	服务业
126	生态保护和环境治理	Ecological protection and environmental control	服务业
127	公共设施管理	Management of public facilities	服务业
128	居民服务	Services to households	服务业
129	其他服务	Repair of motor vehicles, electronic products and households goods and other services	服务业
130	教育	Education	服务业
131	卫生	Health care	服务业

	产业部门	英文名称	部门分类
132	社会工作	Social work activities	服务业
133	新闻和出版	Journalism and publishing	服务业
134	广播、电视、电影和影视录音制作	Radio, televisions, movies and audio-video recording activities	服务业
135	文化艺术	Cultural, art and entertainment activities	服务业
136	体育	Sports activities	服务业
137	娱乐	Amusement and recreation activities	服务业
138	社会保障	Social security	服务业
139	公共管理和社会组织	Public management and social organization	服务业

　　中国能源数据来自中华人民共和国国家统计局能源统计司编制出版的《中国能源统计年鉴——2013》[146]。该年鉴是一部全面反映中国能源使用的资料书,统计了包括原油、原煤、天然气、水电、核电和其他可再生能源在内的多种商品能源的生产、消费和供需平衡数据。在本研究中,这些商品能源资源的开采量均参考该年鉴中统计的一次能源生产量数据(电热当量计算法),且根据国际能源署核能数据统计原则,认为核电站的发电效率为33%。对于非商品能源(主要是生物质能源)的开采量,本研究参考田宜水发表在《中国能源》上对中国农村非商品能源(包括秸秆、薪材和沼气)的研究结果[147]。与前面介绍的全球尺度能源数据相同,对用作工业原料和材料的部分化石能源,这里也不予考虑。根据《中国能源统计年鉴——2013》中中国能源平衡表数据,原油、原煤和天然气的非能源使用比例分别为14.15%、1.22%和9.94%。同样地,鉴于原油、原煤和天然气的开采一般是由各国家或地区的专门开采部门负责,这里仍采用对应开采部门的分配准则。原油、原煤、天然气、水能、核能和其他可再生能源的开采数据分别分配给部门7(石油和天然气开采产品)、部门6(煤炭采选产品)、部门7(石油和天然气开采产品)、部门96(电力、热力生产和供应)、部门9(有色金属矿采选产品)和部门96(电力、热力生产和供应),作为这些部门的直接能源投入。而对秸秆、薪材和沼气,则分别对应部门1(农产品)、部门2(林产品)和部门3(畜牧产品)。

　　北京经济投入产出表数据来自中华人民共和国国家统计局国民经济核算司编制出版的《中国地区投入产出表——2012》[148]。这里仍选取2012年的北京经济投入产出表(42部门规格,表2.8)作详细分析,选取2002年(42部门规格)和2007年(42部门规格)北京经济投入产出表,与2012年数据进行对比作结构分解分析。为了消除价格变化影响,这里仍采用国家统计局发布的生产价格指数。同样地,在作结构分解分析之前,需要对这三个投入产出表中有差异的部门进行分解或合并,以得到结构相同的投入产出表。

　　北京能源数据来自中华人民共和国国家统计局能源统计司编制出版的《中国能源统计年鉴——2013》[146]和北京市统计局编制出版的《北京统计年鉴——2013》[149]。综合这两部年鉴的统计数据,可以得到北京市原油、原煤、天然气、生物质、水电、核电和其他可再生能源的生产数据。其中,原油、天然气和核能的生产量均为0。原煤的非能源使用比例采用中国平均比例(1.22%),这部分原煤不作考虑。同样地,采用对应开采部门的分配准则,原煤和生物质的开采数据分别对应部门2(煤炭采选产品)和部门1(农林牧渔产品和服务),而水能和其他可再生能源的开采数据均分配给部门25(电力、热力的生产和供应)。

表 2.8　中国/北京经济投入产出表中的 42 个产业部门

	产业部门	英文名称	部门分类
1	农林牧渔产品和服务	Farming, forestry, animal production and fishery	农业
2	煤炭采选产品	Mining and washing of coal	资源开采
3	石油和天然气开采产品	Extraction of crude petroleum and natural gas	资源开采
4	金属矿采选产品	Mining of metal ores	资源开采
5	非金属矿和其他矿采选产品	Mining and quarrying of nonmetallic mineral and other mineral	资源开采
6	食品和烟草	Manufacture of food and tabacco	轻工业
7	纺织品	Manufacture of textiles	轻工业
8	纺织服装鞋帽皮革羽绒及其制品	Manufacture of textile wearing apparel, footwear, leather, fur, feather and its products	轻工业
9	木材加工品和家具	Processing of timbers and manufacture of furniture	轻工业
10	造纸印刷和文教体育用品	Papermaking, printing and manufacture of articles for culture, education and sports activities	轻工业
11	石油、炼焦产品和核燃料加工品	Manufacture of refined petroleum, coke products, processing of nuclear fuel	重工业
12	化学产品	Manufacture of chemicals and chemical products	重工业
13	非金属矿物制品	Manufacture of nonmetallic mineral products	重工业
14	金属冶炼和压延加工品	Manufacture and processing of metals	重工业
15	金属制品	Manufacture of fabricated metal products, except machinery and equipment	重工业
16	通用设备	Manufacture of general-purpose machinery	重工业
17	专用设备	Manufacture of special-purpose machinery	重工业
18	交通运输设备	Manufacture of transport equipment	重工业
19	电气机械和器材	Manufacture of electrical machinery and apparatus	重工业

续表

	产业部门	英文名称	部门分类
20	通信设备、计算机和其他电子设备	Manufacture of communication equipment, computer and other electronic equipment	轻工业
21	仪器仪表	Manufacture of measuring instruments	轻工业
22	其他制造产品	Other manufacture	轻工业
23	废品废料	Scrap and waste	轻工业
24	金属制品、机械和设备修理服务	Repair of fabricated metal products, machinery and equipment	重工业
25	电力、热力的生产和供应	Production and supply of electricity and steam	资源开采
26	燃气生产和供应	Production and distribution of gas	资源开采
27	水的生产和供应	Production and distribution of water	资源开采
28	建筑	Construction	建筑
29	批发和零售	Wholesale and retail trade	服务业
30	交通运输、仓储和邮政	Transport, storage and post	交通
31	住宿和餐饮	Accommodation, food and beverage services	服务业
32	信息传输、软件和信息技术服务	Information transmission, software and information technology services	服务业
33	金融	Finance	服务业
34	房地产	Real estate	服务业
35	租赁和商务服务	Renting and leasing, business services	服务业
36	科学研究和技术服务	Scientific research and development, technical services	服务业
37	水利、环境和公共设施管理	Management of water conservancy, environment and public facilities	服务业
38	居民服务、修理和其他服务	Services to households, repair and other services	服务业
39	教育	Education	服务业
40	卫生和社会工作	Health care and social work activities	服务业
41	文化、体育和娱乐	Culture, sports and entertainment	服务业
42	公共管理、社会保障和社会组织	Public management, social security and social organization	服务业

2.5 方法的不确定性

在全球尺度系统投入产出模型的构建中，世界经济可以被划分为多个国家和地区，而每个国家和地区又可被划分为多个产业部门。但是具体如何划分并没有统一的方法，划分的地区和部门数量的不同又会产生大不相同的结果，这也是这一方法的一个主要不确定性。在经济投入产出表的编制过程中，为了能够反映部门间和地区间全部的贸易交流活动，数据精度往往不能达到很高[82,150]。例如，世界经济系统中的矿业产品部门就是一个高度整合的开采部门。原煤开采、原油开采和天然气开采等多个与资源开采有关的部门被整合为矿业产品一个大部门，因此，本书得到的这一部门的计算结果也只是这多个开采部门的平均值结果。同样地，在编制过程中，不同的小地区会被整合为一个国家或者一个大地区，计算结果也只能反映这个国家和地区的平均水平，而地区之间的差异并不能得到充分反映[151,152]。在国家尺度和城市尺度系统投入产出模型的构建中，除上述的局限性外，还会遇到跨尺度核算时所带来的不确定性。例如，中国经济涵盖了 139 个产业部门，而世界经济仅仅考虑了 26 个产业部门。因此，如何将中国 139 个产业部门的进口商品与国外 26 个产业部门进行一一对应，也是产生不确定性的一个主要原因[153]。

此外，能源利用数据的处理也会产生不确定性。具体地，在将能源利用数据与经济投入产出表数据进行匹配时，能源利用量会被分配给各个产业部门。在本研究中，基于能源开采分配方法[59]，各类能源资源被分配给相应的能源开采部门。例如，世界经济中的原油利用量被分配给矿业产品部门。但由于该部门是多个开采行业的整合部门，因此，这种分配方法将会使得原油相关产业的原油利用量被低估，而其他产业的原油利用量被高估。

结构分解分析方法已得到了大量应用，但是这一方法仍存在着一些问题[100]。首先，指标数量的选取完全取决于研究者，因此，选取几个指标进行分解分析，以及选取哪几个指标都会对研究结果产生很大的影响。其次，影响因素交互项的分解问题尚未完全解决。一般来说，多个影响因素之间会有相互影响，也就是交互效应，而由于交互效应不容易被理解，因此需要将其分配到各个影响因素的纯效应中。许多学者对不同的分配方法进行了研究[154-156]，但选取哪种分配方法仍存在争议。

第 3 章　全球能源利用

3.1　直接能源开采

基于国际能源署能源平衡表数据库[142]统计数据，表 3.1 列出了 2012 年全球能源资源的开采情况。2012 年全球直接能源开采量为 5.34E+08 TJ①，其中原油、原煤和天然气三种主要化石能源合计 4.36E+08 TJ，占全球开采总量的 81.60%，而生物质、水能、核能和其他可再生能源等非化石能源只占 18.40%。在地区层面，亚太地区开采量最大，占全球开采总量的 28.53%，其次是欧亚大陆、北美地区、中东地区、非洲和南美地区，分别占 25.57%、18.57%、13.49%、7.86% 和 5.97%。中东地区是最大的原油开采地，提供了近 1/3 的世界原油供给。超过 3/5 的全球原煤供应来自亚太地区，其中中国大陆的贡献接近 50%。而俄罗斯则以 1/5 的全球天然气生产份额使欧亚大陆成为最大的天然气市场。在北美地区，三种化石能源的开采量相当，而非化石能源的开采以核能为主；在南美地区，原油和生物质分别主导了该地区的化石能源和非化石能源的开采市场；欧亚大陆的三种化石能源的开采量相差不大，生物质和核能是主要的非化石能源；亚太地区的能源开采市场以原煤为主，而中东地区和非洲则均以原油为主。

表 3.1　2012 年世界地区资源开采情况　　　　（单位：TJ）

	化石能源			非化石能源				总量
	原油	原煤	天然气	生物质	水能	核能	其他可再生能源	
北美地区	2.92E+07	2.23E+07	2.92E+07	4.99E+06	2.49E+06	9.87E+06	1.20E+06	9.92E+07
南美地区	1.56E+07	2.56E+06	5.77E+06	4.93E+06	2.61E+06	2.45E+05	1.72E+05	3.19E+07
欧亚大陆	3.40E+07	3.01E+07	3.91E+07	1.48E+07	3.52E+06	1.32E+07	1.85E+06	1.37E+08
亚太地区	1.38E+07	9.98E+07	1.36E+07	1.54E+07	3.96E+06	3.32E+06	2.54E+06	1.52E+08
中东地区	5.16E+07	8.11E+04	1.87E+07	1.32E+06	1.84E+05	6.97E+04	5.76E+04	7.21E+07
非洲	1.71E+07	6.29E+06	7.03E+06	1.10E+07	3.67E+05	1.30E+05	7.27E+04	4.20E+07
世界	1.61E+08	1.61E+08	1.13E+08	5.24E+07	1.31E+07	2.69E+07	5.89E+06	5.34E+08

3.2　各部门的体现能强度

基于系统投入产出分析法，笔者对世界经济系统内的能源利用进行了模拟核算，得到

---

①　即 5.34×10⁸TJ。下文中均采用此记数方法。

了全球 4914 个生产性单元的体现能强度数据库,详见附录 A。为了得到世界 26 个基础经济部门的平均体现能强度,这里以部门产值为权重,对 189 个国家和地区的部门体现能强度进行加权平均。图 3.1 即为世界部门的分能源种类的平均体现能强度。可以看出,26 个部门的体现能强度大小不一,部门 3(矿业产品)的体现能强度最大,而部门 24(居民服务)的体现能强度最小,前者是后者的 87 倍。一个部门的体现能强度代表了该部门在经济系统中生产单位产品时,直接和间接向环境系统索取的能源资源的数量。因此,部门的体现能强度越大,代表这个部门所需的能源资源越多,产生的环境压力也越大。部门 3(矿业产品)的体现能强度为 1.66E-03 TJ/千美元,表示这个部门每产生 1 千美元的经济产值,需要环境系统向其投入 1.66E-03 TJ 的能源资源,这个部门也是这 26 个部门中对环境资源影响最大的部门。部门 3(矿业产品)是最主要的能源开采部门,扮演了环境系统与经济系统之间的桥梁。开采部门从环境系统中开采能源,并将这些能源提供给经济系统中的其他部门,即环境系统中的能源资源从开采部门进入经济系统。根据对应开采部门的分配准则,原油、原煤、天然气和核能四种能源资源均是由部门 3(矿业产品)开采,因此,部门 3(矿业产品)运送了 86.63% 的世界能源资源到经济系统中,这些能源资源被直接投入了这个部门,从而使这个部门成了最大的能源投入部门,以及对环境影响最大的部门。

此外,在各部门的体现能强度中,不同种类的能源资源(包括原油、原煤、天然气和非化石能源)的贡献在图中用不同图案表示。对部门 3(矿业产品)来说,在其所需的能源资源中,33.75% 是原油资源,36.68% 是原煤资源,23.68% 是天然气资源,5.89% 是非化石能源。在这 26 个部门中,部门 3 的体现化石能源比例最大,因此部门 3(矿业产品)的经济生产活动对环境中的化石能源的依赖性最大。相比而言,部门 1(农产品)表现出了对化石能源最小的依赖性,75.03% 的能源需求来自非化石能源,只有不到 1/4 来自化石能

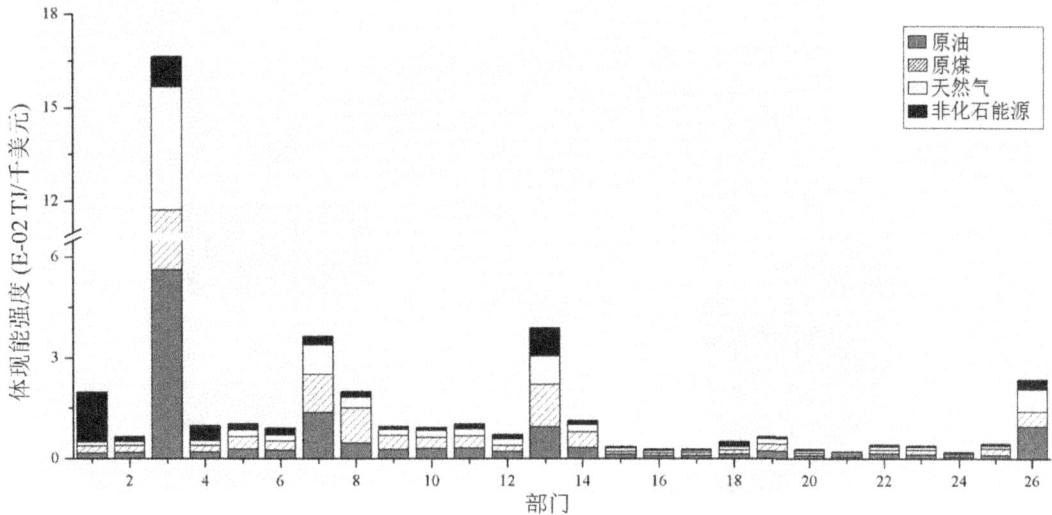

图 3.1　世界各部门体现能强度

源。不同的经济生产活动对环境资源有着不同的影响，量化评价这些影响对经济系统内的产业结构调整有着十分重要的意义。不同于部门的直接环境影响研究，这里考虑的环境影响包含部门的直接和间接影响，更为全面系统地揭示了经济生产活动对能源资源的依赖，以及对自然环境的影响。

3.3　最终需求中的体现能

在世界经济中，体现在最终需求中的能源利用量总计 5.34E+08 TJ，等于全球直接能源开采总量。根据经济投入产出表中数据，全球最终需求一共被划分为 6 种类型，包括居民消费、政府消费、非营利机构消费、固定资本形成、存货增加和贵重物品收购。图 3.2 是这 6 类最终需求中的体现能分布情况。2.98E+08 TJ 的能源用于居民消费，占使用总量的 55.80%。固定资本形成的能源利用量为 1.53E+08 TJ，排在第二位，其次是政府消费（5.48E+07 TJ）、非营利机构消费（1.51E+07 TJ）、贵重物品收购（8.23E+06 TJ）和存货增加（5.14E+06 TJ）。根据计算公式（2.13），最终需求中的能源利用由 189 个地区的 26 个部门供给。图中对居民消费体现能的部门来源进行了分析，其中 26 个部门被划分为 9 大类，详见表 2.6。服务业一般被认为是能耗低，甚至零能耗的产业部门，但在居民体现能消费中所占的比例达 25.33%，居九大部门之首。部门 23（教育，卫生和其他服务业）在服务业部门中表现最为突出，居民消费的 7.75% 来自该部门，体现了现代社会人们对教育和健康等问题的高度关注。重工业部门的体现能强度较高，因此在居民消费中也占据了相当的比例（25.18%）。电力供应业是居民生活中的主要供能部门，因此也常被考虑为居民的直接能耗量，但从体现能的观点来看，电力供应业在居民能源消费中只占了 12.58%，不到服务业能耗的 1/2。尽管服务业的直接能耗量通常较小，但服务业与其他的部门之间

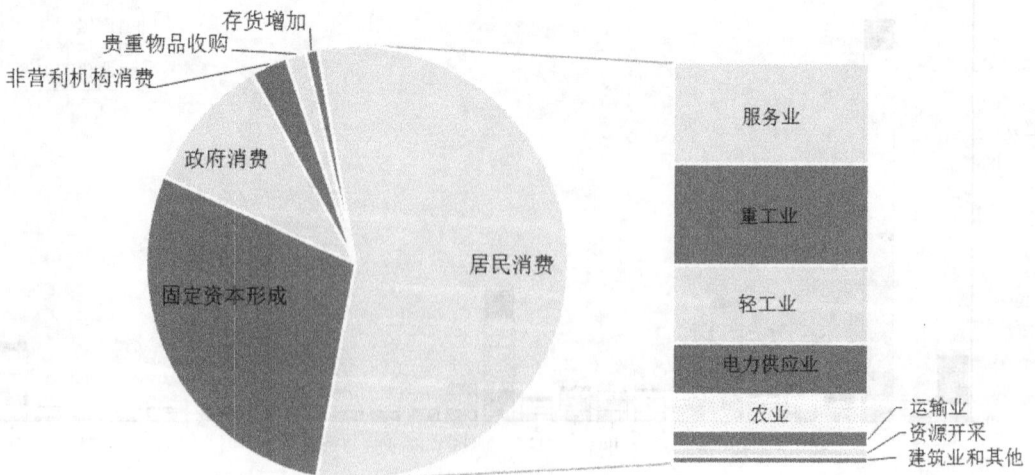

图 3.2　世界六种最终需求类型的比例

的贸易往来使其间接地消耗了大量的能源，比如，零售业为交通运输业带来的经济效益背后是汽油、煤油等的消耗。

　　对世界各个国家和地区来说，其能源利用量会随核算方法的不同而不同。这里主要介绍三种核算方法，如图 3.3 所示，数值结果列在附录 B。第一种是开采利用核算方法。能源资源是环境系统中的自然资源，一旦被开采，这些资源将离开环境系统进入经济系统。因此，这些资源在被开采的瞬间就被经济活动利用了。基于直接能源开采指标，中国、美国、俄罗斯、沙特阿拉伯和印度是五个最大的能源利用地区，51.37% 的全球能源开采由这五个地区负责。第二种是最终生产核算方法。最终生产是指生产商品或服务用于满足最终需求，而非用于满足中间生产需求。这种核算方法是将各个国家和地区的能源利用定义

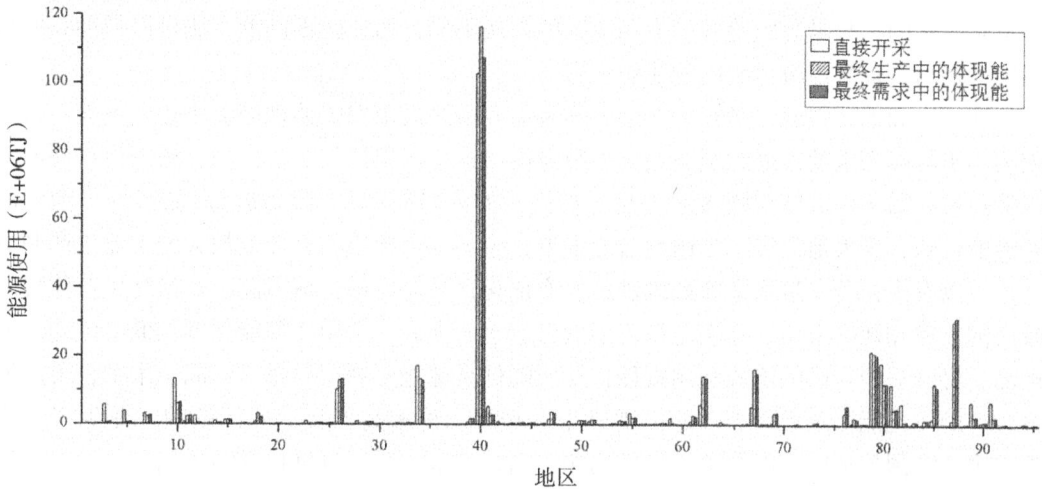

(a) 编号1-95的国家和地区

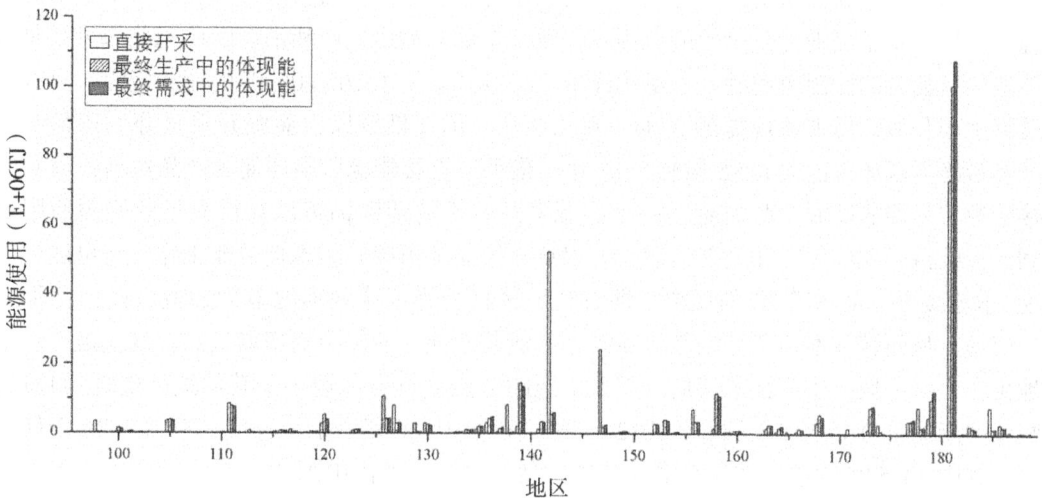

(b) 编号96-189的国家和地区

图 3.3　世界各国家或地区的能源利用

为该国家和地区作为最终生产者，其生产的最终商品和服务中所体现的能源利用量，对应公式(2.12)中计算的最终生产中的体现能。中国是最大的生产者，其最终生产中的体现能为 1.16E+08 TJ，表示 1.16E+08 TJ 的能源资源需要投入经济系统中用于支持中国的最终生产活动。美国最终生产中的体现能为 1.01E+08 TJ，是第二大生产地区，其次是日本(3.02E+07 TJ)、印度(2.08E+07 TJ)和德国(1.62E+07 TJ)。最后一种是最终需求核算方法。这一核算方法建立在消费驱动生产的认识基础上，认为经济系统内所有的生产活动均是为了满足人们的最终消费需求，同样的，经济系统内所有的能源利用也是为了这一目的，因此将这些能源利用归为最终消费者责任。对各个国家和地区而言，最终需求中的体现能代表了该国家和地区消费活动所引起的能源利用。根据这一指标，美国超过中国成了最大的消费者。三种不同的核算方法代表了三种不同的能源利用责任分配方案，能源利用总量是一定的，只是分配给各国家和地区的方法不同，而这些不同的方法可以帮助我们从不同的视角去理解经济系统内的能源配置。

在国家和地区层面，最终生产中的体现能和最终需求中的体现能大小相差不大，这是因为用于最终需求的商品和服务绝大多数是由当地生产提供的。在中国，最终生产中的体现能比最终需求中的体现能多 8.31%。价格上的优势使得"中国制造"商品得到了国外消费者的青睐，极大地促进了中国制造业发展，中国也因此成为世界上最大的工业生产制造国。可以看出，若在最终生产地区进行生产优化，将能促进全球节能。对最终生产体现能较大的国家和地区来说，在满足最终消费者需求的同时，选用体现能强度较低的中间投入产品，将会减少自己的能源利用责任，从而降低全球能源利用总量。不同于中国，美国最终生产的体现能比其最终需求的体现能小 6.68%。许多高能耗、高污染的工业生产企业从美国移至国外地区，因此美国居民的相应消费需求需要通过进口商品来满足。

对绝大多数国家和地区来说，直接能源开采量会与两个体现能指标的值有较大差别。能源资源是自然界的财富，对这些资源的利用是自然界馈赠给人类的福利。一个地区的能源开采量反映了当地可获得的能源福利，而一个地区最终生产和消费的体现能源量则是对该地区所拥有的能源福利的一个量化评价。日本开采了 1.16E+06 TJ 的能源资源，只有其最终生产和最终需求体现能的 3.84% 和 3.71%。但在俄罗斯，能源开采量分别比最终生产和最终需求体现能大 8.85 倍和 7.88 倍。借助于直接能源贸易即能源产品贸易，以及间接能源贸易即非能源产品贸易，一个能源资源贫乏的地区仍可以获得充足的能源使用权利，去维持当地的生产和消费活动。若仅从直接能耗角度开展本地节能工作，将可能会出现"本地减少，全球增加"的现象，即有些地区将会为了达到本地节能的效果而去增加进口贸易，从而转移本地能耗到其他地区，造成其他地区的能源消费增长。若其他地区较本地生产力水平低，生产技术落后，那么本地的节能量将会远远小于其他地区能耗增长量，整体的能耗量将会增加。例如，2012 年美国在与中国的贸易中，进口总额为 3.75 千亿美元，其中 43.52% 的进口产品是电气机械产品。由于美国比中国的生产技术先进，美国机械产品的体现能强度为 7.46E-03 TJ/千美元，仅有中国的 43.20%。因此，美国通过从中国进口这些机械产品，可以减少国内机械产品的生产，从而减少 2.80E+06 TJ 的能耗量。但是，中国为了生产这些用于出口到美国的机械产品，却需要 6.47E+06 TJ 能源资源的投入。美国与中国的这一贸易行为，使得全球能源消耗量增加了 3.67E+06 TJ。

最终需求中的体现能是人类消费活动的环境影响的量化评价指标。美国、中国、日本、印度和德国是对环境影响最大的五个消费地区，图 3.4 对这五个地区的能源需求进行了结构分析。美国最终需求的结构与世界最终需求的结构类似，居民消费和固定资本形成均占了最大的比例。美国存货增加的体现能是-8.95E+06 TJ，其中负值表示当年美国的存货量相比往年减少了。居民体现能消费反映了当地居民能源利用情况，这与当地生活水平有很大的相关性。除中国外，其他四个消费地区的居民消费均占当地总需求的最大比例。在美国，69.03%的最终能源需求来自居民消费，在日本、印度和德国，这一比例分别为 61.96%、54.82% 和 62.88%。在中国，49.82%的能源需求来自固定资本形成，是居民消费的 1.38 倍。中国是世界上最大的发展中国家，其中西部地区的基础设施依然相对落后，每年需要消耗大量的能源资源用于基础设施建设。虽然中国的能源消费总量与美国基本持平，但中国的居民消费只有美国居民消费的一半左右。与日本相比，中国的能源消费总量是其消费总量的 3.43 倍，但中国的居民消费只有其居民消费的 2 倍。这一结果说明了中国与高收入国家之间的差距仍比较大。农业产品在中国居民消费结构中占据了相当的比例，近 1/5 的居民消费来自对农业部门产品的消费。在印度，农业产品的消费占其居民消费的一半，而在美国、日本和德国等高收入国家中，农业产品的消费比例均没有超过 10%。美国和日本的居民消费中，服务业是最大的消费来源，而德国的居民消费则以重工业和轻工业产品为主。

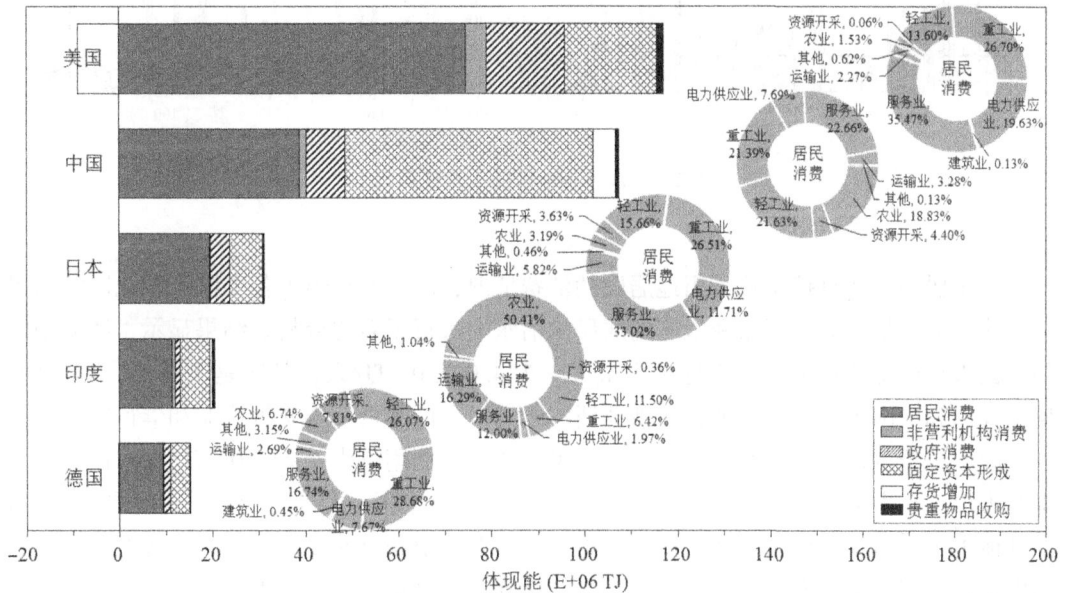

图 3.4　五大消费地区的能源需求

根据世界银行统计的各国家和地区的人口数，图 3.5 对 189 个国家和地区体现在最终需求中的人均能源利用量进行了对比。从图中可以看出，不同国家和地区的人均能源利用量有很大的不同，这也说明了世界能源利用分布的严重不平衡。图中虚线表示世界人均能源利用量为 7.60E-02 TJ/人。在这 189 个国家和地区中，只有 72 个国家和地区超过了世界平均水平，其中卢森堡的人均能源利用量最大，为 8.37E-01 TJ/人，比世界平均水平大 10 倍。其他 117 个国家和地区均未达到世界平均水平，其中索马里的人均水平最低，为 2.49E-04 TJ/人，仅有世界平均水平的 1/300。上图中的五个最大消费地区中，美国、中国、日本和德国的人均消费量分别为 3.44E-01 TJ/人、7.95E-02 TJ/人、2.45E-01 TJ/人和 1.86E-01 TJ/人，均超过了世界平均水平，只有印度的人均消费量低于世界人均量，为 1.66E-02 TJ/人。与美国相比，中国大陆的体现能消费总量与其基本持平，但中国人均体现能消费水平却不到美国人均水平的 1/4。中国香港的人均体现能消费量排在世界第三位，是中国内地的 9 倍之多。

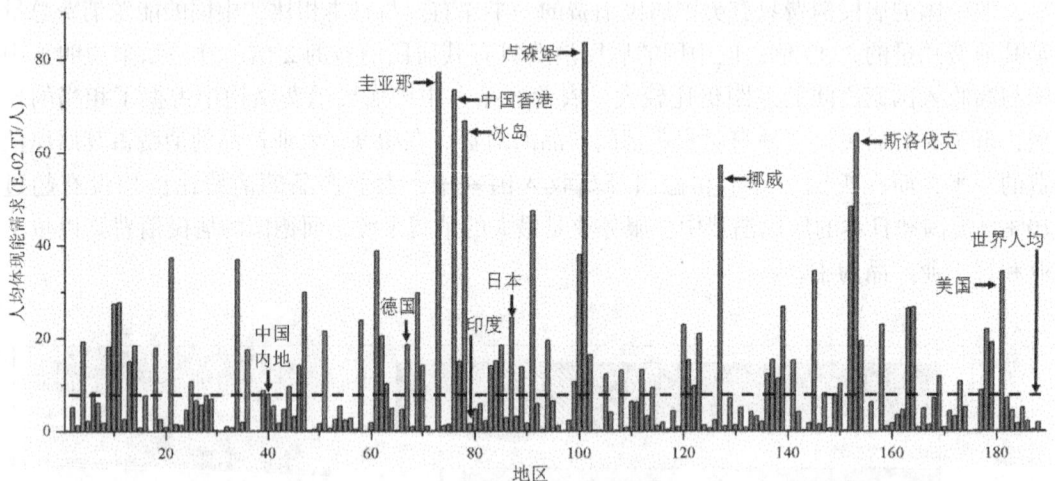

图 3.5　世界各地区的人均能源需求

鉴于居民消费直接反映了当地居民的消费情况，图 3.6 给出了各个国家和地区的居民人均能源消费量，对各国家和地区的居民生活水平进行了对比分析。结果显示，冰岛地区的居民人均能源消费量在所有地区中最大，为 4.02E-01 TJ/人，其次是圭亚那、卢森堡、斯洛伐克和中国香港。相反地，白俄罗斯、索马里、南苏丹、埃塞俄比亚和乍得则是居民人均能源消费量最少的五个地区。世界居民人均能源利用量为 4.24E-02 TJ/人，在图中用虚线表示。在本书研究的 189 个国家和地区中，有 66 个国家和地区超过了世界平均水平，而其他 123 个国家和地区则低于世界平均水平。上文中介绍的五个最大的消费地区中，中国内地和印度的居民人均能源消费量均未能达到世界平均水平，分别只有世界平均水平的 67.80% 和 21.42%。而其他三个高收入国家，包括美国、日本和德国的人均消费量则分别达到世界平均水平的 5.60 倍、3.58 倍和 2.76 倍。中国的人均居民消费量不到美国人均水平的 1/8，更不到中国香港的 1/10。

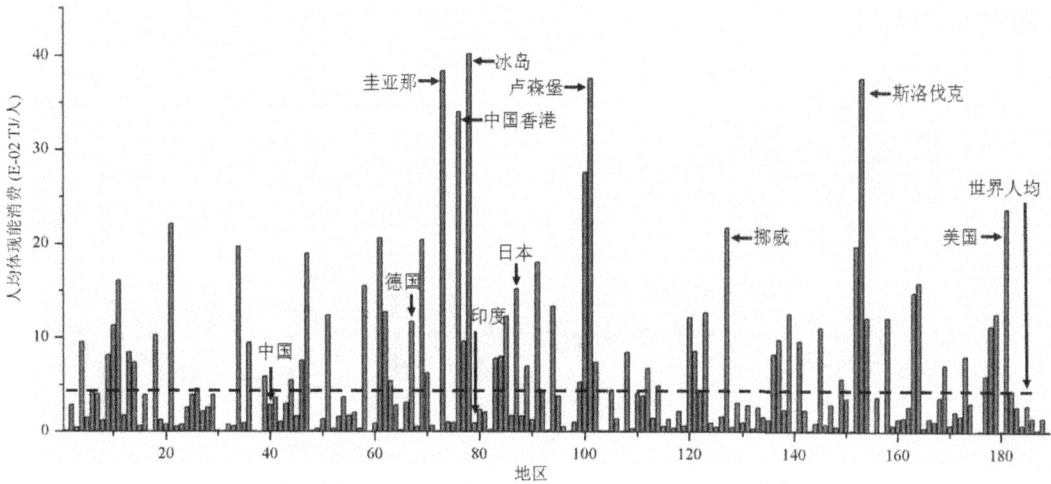

图 3.6 世界各地区的居民人均能源消费

3.4 体现能贸易

3.4.1 各地区贸易概况

由于能源资源在世界范围内的储量分布和消费分布的不平衡和不一致,大量的能源资源在国际市场中被直接或间接地进行贸易。2012 年全球体现能贸易总量(所有地区的体现能进口量总和或者所有地区的体现能出口量总和)达到 4.95E+08 TJ,是当年全球能源开采总量的 92.70%,这说明了体现能贸易对国际市场能源资源的分配有着非常重要的影响。图 3.7 对各国家和地区的体现能贸易情况进行了统计分析。美国是世界上体现能进口量最大的国家,其进口量(6.76E+07 TJ)达到当地体现能消费总量的 62.50%。中国(4.19E+07 TJ)仅次于美国,是世界上进口量第二大地区,其次是日本(4.09E+07 TJ)、德国(3.86E+07 TJ)和韩国(2.63E+07 TJ)。而体现能出口量最大的五个经济体分别是俄罗斯(5.24E+07 TJ)、中国(3.73E+07 TJ)、美国(3.31E+07 TJ)、德国(2.88E+07 TJ)和沙特阿拉伯(2.44E+07 TJ)。

综合进出口数据,2012 年全球体现能净贸易总量(所有净进口地区的体现能净进口量总和或者所有净出口地区的体现能净出口量总和)达到 1.80E+08 TJ,数值大小相当于全球能源开采总量的 1/3。在国家和地区层面,其体现能净进口量在图 3.7 中用菱形符号标出。在这 189 个国家和地区中,130 个国家和地区的体现能净进口量为正值,即为净进口地区,而另外 59 个国家和地区为净出口地区。美国(3.45E+07 TJ)、日本(3.01E+07 TJ)、韩国(1.15E+07 TJ)、德国(9.86E+06 TJ)和意大利(9.56E+06 TJ)是全球最大的五个体现能净进口国,而俄罗斯(-4.65E+07 TJ)、沙特阿拉伯(-2.19E+07 TJ)、卡塔尔(-

53

7.96E+06 TJ）、伊朗（−7.09E+06 TJ）和澳大利亚（−6.93E+06 TJ）则是全球最大的五个体现能净出口国。

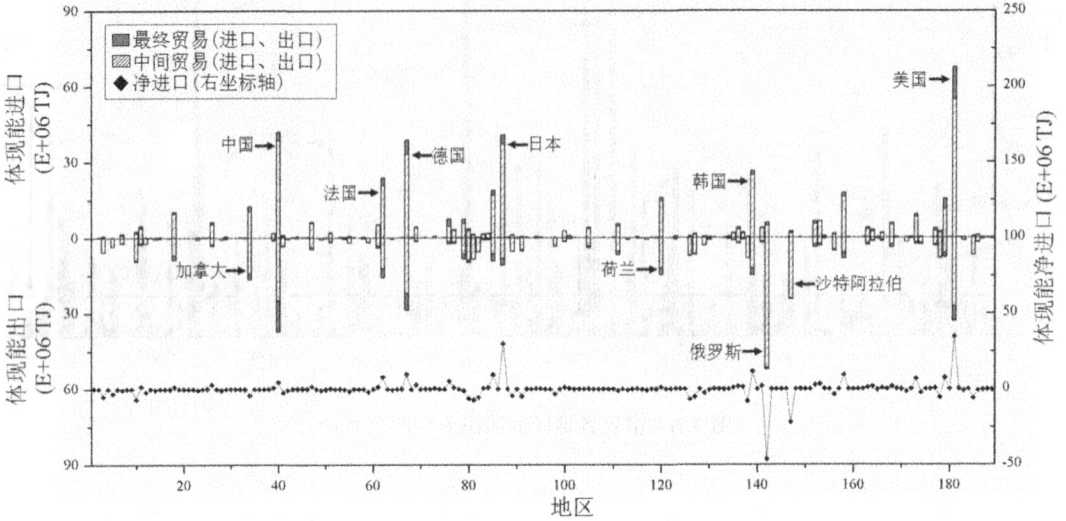

图 3.7 世界各地区贸易中的体现能

根据公式（2.9），进口可分为中间进口和最终进口两类。中间进口是指从国外进口商品和服务用作中间产品来满足本地生产需求，而最终进口则是指从国外进口商品和服务来满足本地最终需求。类似地，出口也可分为中间出口和最终出口两类，中间出口是指向国外出口商品和服务用作中间产品去满足国外地区的生产需求，而最终出口则是指向国外出口商品和服务用于满足国外地区的最终需求。中间进口和中间出口统称为中间贸易，而最终进口和最终出口统称为最终贸易。在国际贸易中，84.87% 的体现能贸易为中间贸易，而 15.13% 为最终贸易。具体到国家和地区层面，80.93% 的美国体现能进口产品和 82.86% 的美国体现能出口产品为中间产品，中间贸易占美国体现能贸易总量的 81.57%，而在俄罗斯的体现能贸易中，96.51% 为中间贸易，剩下的 3.49% 是最终贸易。由此可以看出，中间产品的贸易占据了相当大的市场份额。因此，如果仅对体现在最终商品中的能源利用进行研究，将无法全面地揭示能源贸易规律。

在中间贸易中，美国和俄罗斯分别是最大的进口国和出口国。考虑净贸易情况，日本、美国、中国、韩国和德国是最大的五个中间净进口地区，而俄罗斯、沙特阿拉伯、卡塔尔、伊朗和澳大利亚是最大的五个中间净出口地区，如图 3.8 所示。图中对这十个地区的中间贸易的结构进行了分析。在日本，73.19% 的中间进口是国外资源开采业的产品。由于当地能源资源的严重匮乏，日本需要从国外地区进口大量的能源产品，而资源开采业是经济系统中最主要的能源供应部门，因此资源开采业产品在日本进口产品占了最大的比例。与此同时，日本向国外市场出口的中间产品中的体现能为 8.03E+06 TJ，其中 87.02% 来自国内重工业部门的出口，这主要由于汽车和电子产品是日本出口的主力产品。

同样地，资源开采业和重工业分别主导了美国的中间进口和中间出口市场。但不同的是，资源开采业产品在美国中间出口产品中也占了相当的比例，31.60%的中间出口是能源产品的直接出口，在美国所有出口产品中排在第二位。美国的页岩气革命极大地改善了当地的能源供应问题，也使得美国能源产品逐渐进入国际市场。中国的中间进口以资源开采业产品进口和重工业产品进口为主，所占市场份额分别达到47.08%和42.36%，相差不大。而在中国的中间出口产品中，除重工业产品和资源开采业产品外，轻工业产品也占了一定的出口份额。韩国的中间贸易结构与日本类似，绝大多数进口是能源资源，而绝大多数出口是重工业产品。德国的中间贸易结构较其他国家有些不同，在其出口产品中，其他行业（包括电力供应业、建筑业、运输业、服务业和其他）产品出口量仅次于重工业产品出口，是其市场中的第二大出口产品。相比而言，中间贸易中的五大净出口地区的贸易结构较为单一。在这五个出口市场中，资源开采业产品均为最主要的出口产品，这与当地丰富的矿产资源储量有很大关系。除澳大利亚外，其他四个地区的中间产品出口中，能源资源出口均占90%以上。在俄罗斯、沙特阿拉伯、卡塔尔和伊朗，这一比例分别为98.00%、94.61%、98.52%和94.63%。

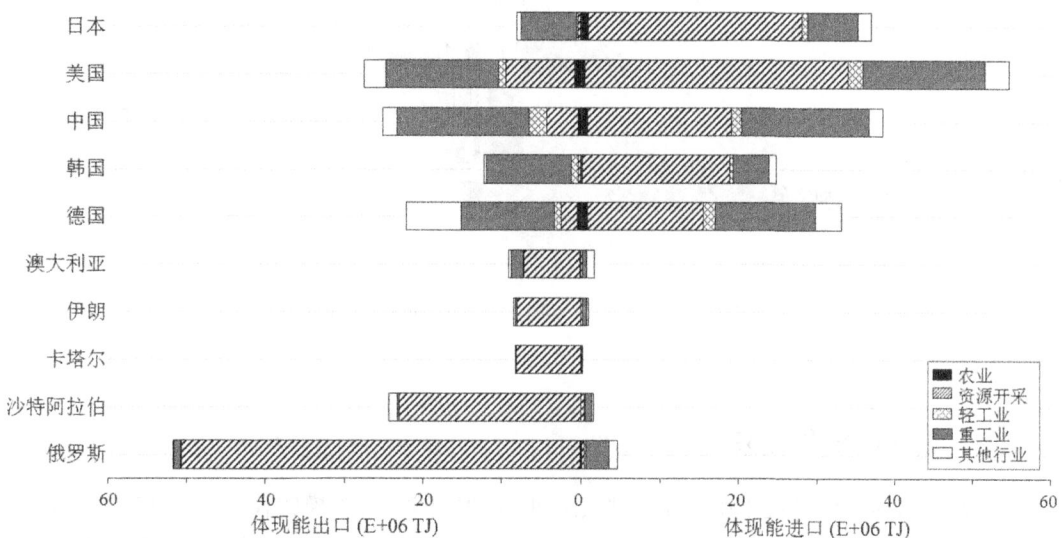

图3.8 中间贸易中主要的净进口和净出口地区

同样地，这里对最终贸易也进行了详细的讨论，得到了与中间贸易大不相同的结果。在最终贸易中，美国和中国分别是最大的进口国和出口国。考虑净贸易情况，美国、英国、中国香港、日本和沙特阿拉伯是最大的五个最终净进口地区，而中国、荷兰、比利时、德国和韩国是最大的五个最终净出口地区，如图3.9所示。图中对这十个地区的最终贸易的结构进行了分析。不同于中间净进口地区的进口市场以资源开采产品为主，最终净进口地区的进口产品中绝大多数为重工业和轻工业产品。在美国，65.42%的最终进口是重工业产品，26.15%是轻工业产品。中国香港是亚洲地区经济高度发达的城市之一，在最终净进口地区中排在第三位。中国香港的经济以服务业为主，制造业大部分转移到了中国内地，因此在其最终进口产品中，制造业产品所占的比例高达 82.78%。沙特阿拉伯在中间贸易中是体现能净出口地区，但在最终贸易中却是体现能净进口地区，重工业产品在其最终进口市场中占了最大份额。相比中间净出口地区单一的出口结构，最终净出口地区的出口产品呈现出多元化的特点。中国的出口产品以重工业产品（56.07%）和轻工业产品（35.45%）为主，而荷兰的出口则主要集中在第三产业（包括服务业和其他，占比 44.41%）。在中间贸易中，中国、德国和韩国均是主要的体现能净进口地区，但这三个地区在最终贸易中却成为主要的体现能净出口地区。

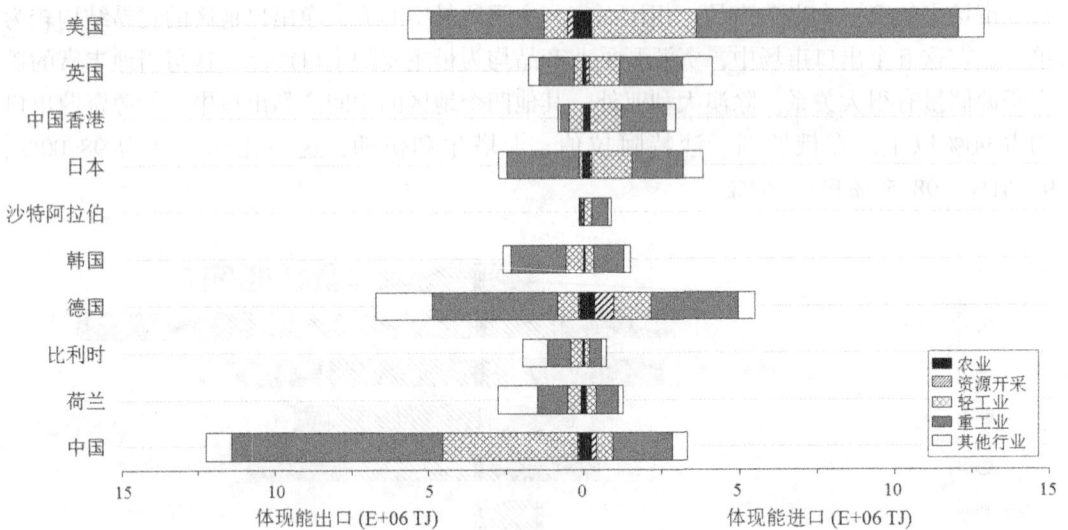

图 3.9　最终贸易中主要的净进口和净出口地区

3.4.2　地区间贸易往来

频繁的国际间贸易往来引起了体现能在世界地区间的大规模转移。图 3.10(a) 展示了主要地区的体现能贸易流。图中世界经济被划分为 20 个主要地区，其中欧盟考虑 27 个成员国，不包括 2013 年入盟的克罗地亚。另外 19 个地区包括欧盟国家以外最大的 18 个体现能出口国（俄罗斯、中国、美国、沙特阿拉伯、加拿大、韩国、日本、印尼、澳大利亚、伊朗、印度、卡塔尔、阿联酋、尼日利亚、委内瑞拉、挪威和墨西哥）和其他所有地区。这 20 个地区在图中排成一个圆，而各个地区所占扇形大小取决于该地区的体现能出口量。地区之间的体现能贸易由圆内连接两地区的曲线表示，曲线两端不同的线宽分别代表了两个相连地区出口到彼此的体现能大小，颜色与出口量较大的地区保持一致。

在地区之间的体现能贸易中，最大的体现能流动是从俄罗斯到欧盟。俄罗斯的体现能出口总量为 5.24E+07 TJ，其中 73.98% 是出口到了欧盟。欧盟作为全球第一大经济体，每年需要从其他地区进口大量的产品，这也使得欧盟的体现能进口量在这 20 个地区中位居第一，体现能进口量达到 1.15E+08 TJ。加拿大是美国最大的出口市场，同时也是美国最大的进口市场。美国出口到加拿大的体现能为 7.95E＋06 TJ，占美国总出口量的24.06%。而美国从加拿大进口的体现能为 1.33E+07 TJ，占美国总进口量的 19.65%。中国作为"世界工厂"，每年需要消耗大量的能源资源来满足本地生产需求。欧盟是"中国制造"产品最大的受益者，其次是美国、日本、韩国和印度。

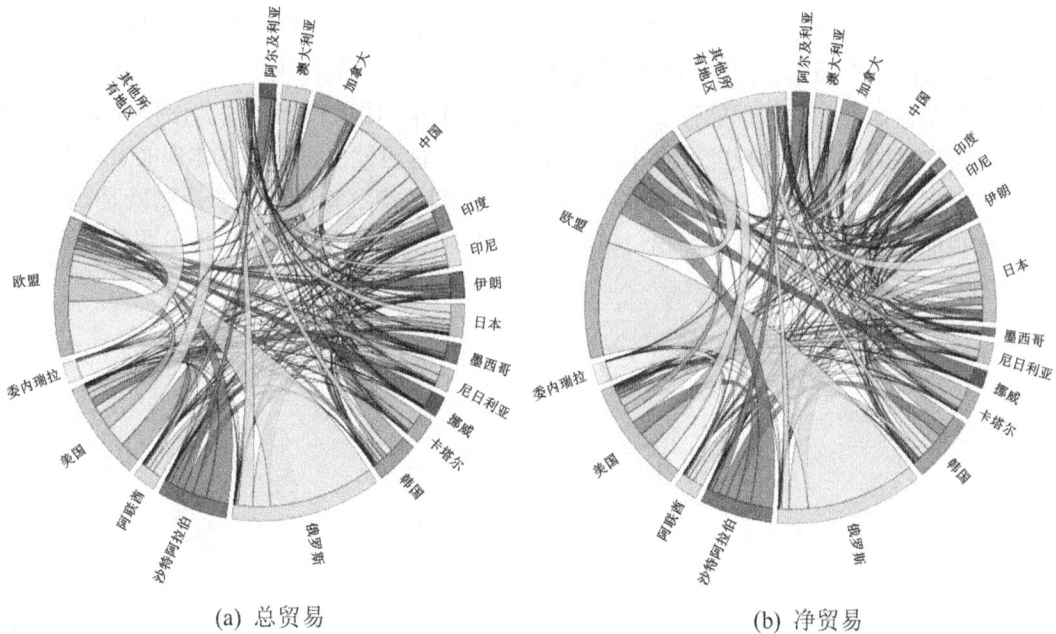

(a) 总贸易　　　　　　　　　　　(b) 净贸易

图 3.10　世界主要地区的贸易往来

　　这 20 个地区的净贸易往来也在图 3.10(b)中进行了展示。图中这 20 个地区仍被画在一个圆上，但各个地区所占扇形大小取决于该地区与其他 19 个地区的净贸易量之和。地区之间的体现能净贸易关系由圆内连接两地区的曲线表示，曲线两端的线宽一致，代表了两个相连地区的体现能净出口量或净进口量，颜色与净出口地区保持一致。可以看出，欧盟在图中对应了圆中最大的扇形，这反映了欧盟体现能贸易的极度不平衡。欧盟的进口体现能是其出口体现能的 2.48 倍，而在欧盟与俄罗斯的双边贸易中，欧盟进口体现能是其出口体现能的 17.30 倍。欧盟在贸易中扮演了一个典型的能源接收者角色，扮演类似角色的还有美国和日本。俄罗斯和沙特阿拉伯则展示了与欧盟完全不同的情况。这两个地区在与其他地区的贸易中均是出口远大于进口，在国际贸易中起到了能源供应者的作用。

　　由于市场中商品的价格与商品的体现能之间没有直接相关性，所以这里介绍的以体现能为单位的国际贸易与以传统货币为单位的国际贸易大不相同。图 3.11 对各国家和地区的体现能贸易平衡和货币贸易平衡进行了对比。图中用球体表示 189 个国家和地区，球体的大小取决于相应的体现能贸易总量。这些国家和地区被划分为四大类，分别位于四个不同的象限：位于第一象限的国家和地区在货币贸易和体现能贸易中均为净进口地区；位于第二象限的国家和地区在货币贸易中是净出口地区，但在体现能贸易中为净进口地区；位于第三象限的国家和地区在货币贸易和体现能贸易中均为净出口地区；位于第四象限的国家和地区在货币贸易中为净进口地区，但在体现能贸易中为净出口地区。美国的体现能贸易总量最大，且在货币贸易和体现能贸易中均扮演了净进口的角色。美国作为一个消费型国家，大量的商品进口使得其贸易逆差达到 9.70 千亿美元，而这一逆差额也体现了美国对国外能源资源的利用。与美国类似的还有英国、中国香港和韩国。德国是世界上最大的贸易顺差国，贸易顺差额达到 6.23 千亿美元，但德国在体现能贸易中是净进口国家。由于当地先进的生产技术，德国商品的体现能强度比其他国家的体现能强度低，例如德国的电气机械制造业产品的体现能强度只有中国大陆的 1/4。因此德国进口和出口同等货币单位的同类产品时，进口体现能要大于其出口体现能，这也就使得德国在体现能贸易中变成净进口地区。与德国类似的还有日本、法国和意大利。第三象限的俄罗斯则既是顺差国，也是体现能净出口国。体现能净出口国的沙特阿拉伯则在货币贸易中出现了贸易逆差，位于第四象限。

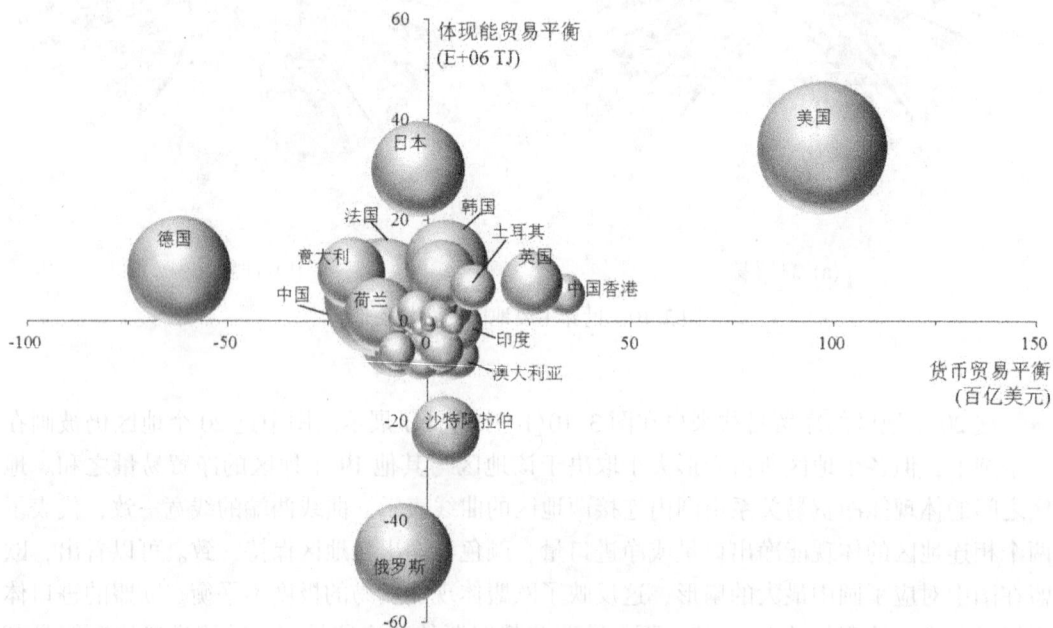

图 3.11　世界各地区的贸易平衡情况

考虑到中间贸易与最终贸易的不同，图 3.12 对世界主要地区在这两类贸易中的贸易往来进行了对比分析。这里世界经济也被划分为 20 个主要地区，其中欧盟考虑 27 个成员国，不包括 2013 年入盟的克罗地亚。在图 3.12(a) 中，另外 19 个地区是欧盟国家以外最大的 18 个中间出口国(俄罗斯、美国、中国、沙特阿拉伯、加拿大、韩国、澳大利亚、印尼、伊朗、卡塔尔、日本、阿联酋、尼日利亚、委内瑞拉、印度、挪威、阿尔及利亚和伊拉克)和其他所有地区；在图 3.12(b) 中，另外 19 个地区是欧盟国家以外最大的 18 个最终出口国(中国、美国、日本、韩国、加拿大、印度、墨西哥、泰国、新加坡、印尼、中国香港、巴西、俄罗斯、马来西亚、土耳其、土库曼斯坦、澳大利亚和中国台湾)和其他所有地区。在这两个和弦图中,各个地区所占扇形的大小分别取决于该地区的中间出口量和最终出口量。地区之间的体现能贸易由圆内连接两地区的曲线表示,曲线两端不同的线宽分别代表了两个相连地区出口到彼此的体现能,颜色与出口量较大的地区保持一致。在中间贸易中,俄罗斯是最大的出口地区,而欧盟是最大的进口地区,在地区之间的中间贸易流中,最大的体现能流动是从俄罗斯出口到欧盟。而在最终贸易中,欧盟和中国是最大的两个出口地区,而美国是最大的进口地区,在图中所有的最终贸易流中,最大的体现能流动是从中国出口到美国。在中间贸易中,加拿大是美国的最大进口和出口市场,而在最终贸易中,中国和欧盟则分别是美国的最大进口和出口市场。俄罗斯在中间贸易和弦图中对应着较大的扇形,而日本则在最终贸易和弦图中的扇形面积较大。这是由于俄罗斯的出口以石油和石油产品为主,而这些产品在经济系统中多是用于中间生产,而非用于最终消费。相比而言,日本的出口则主要集中于最终产品,如电子设备、汽车等。

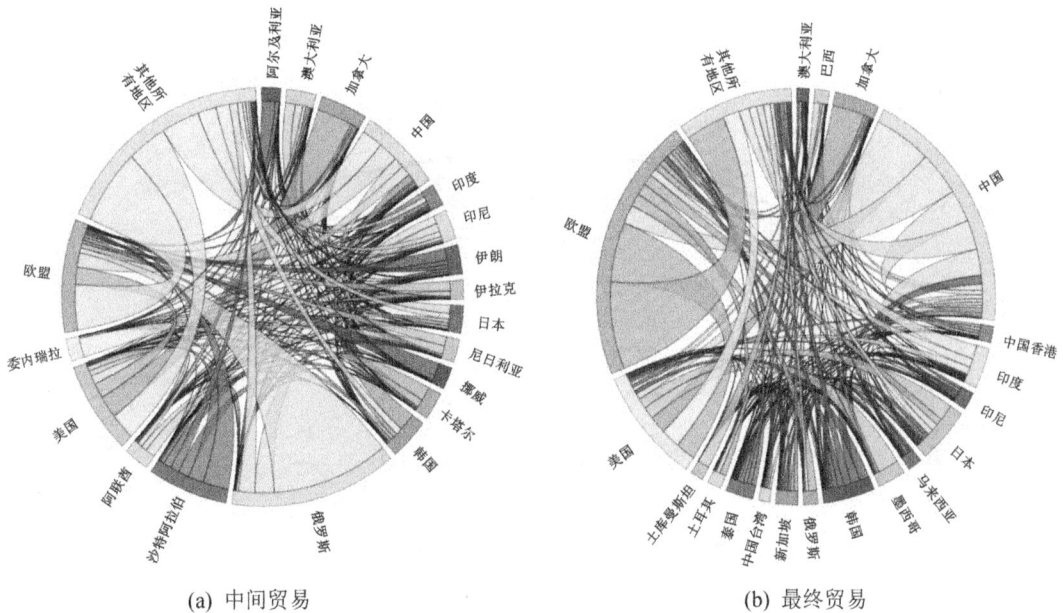

(a) 中间贸易　　　　　　　　　　　(b) 最终贸易

图 3.12　世界主要地区的中间和最终贸易往来

在中间和最终贸易中,世界主要地区之间的净贸易往来分别如图 3.13(a)和(b)所示。图中白色方框中的数字表示箭头两端对应地区之间的净贸易量,箭头线段的线宽与地区间净贸易量的大小有关。在中间贸易中,美国、欧盟和俄罗斯是主要的贸易中心。美国和欧盟扮演了接收者的角色,因为这两个地区的体现能进口量远大于其出口量,而俄罗斯则扮演了供应者的角色。具体来说,美国的中间进口体现能是其中间出口体现能的 2.00倍,而对欧盟这一比值达到 3.19 倍。在美国与其他地区的中间贸易不平衡中,与委内瑞拉之间的中间贸易不平衡量最大。美国中间净进口量为 2.73E+07 TJ，其中 21.65% 的净进口来自委内瑞拉，17.66% 来自沙特阿拉伯，以及 16.45% 来自加拿大。日本和韩国也是两个主要的中间净进口地区，日本最大的净进口来源是俄罗斯，而韩国最大的净进口来源是卡塔尔。

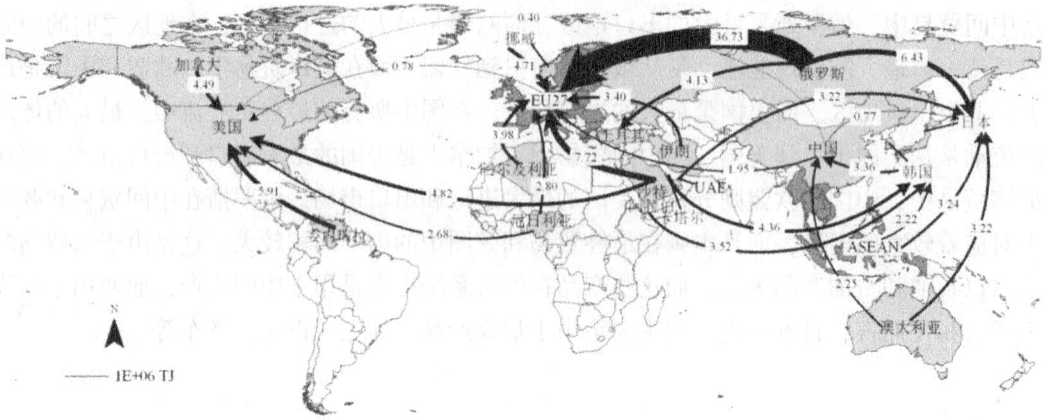

(a) 中间净贸易

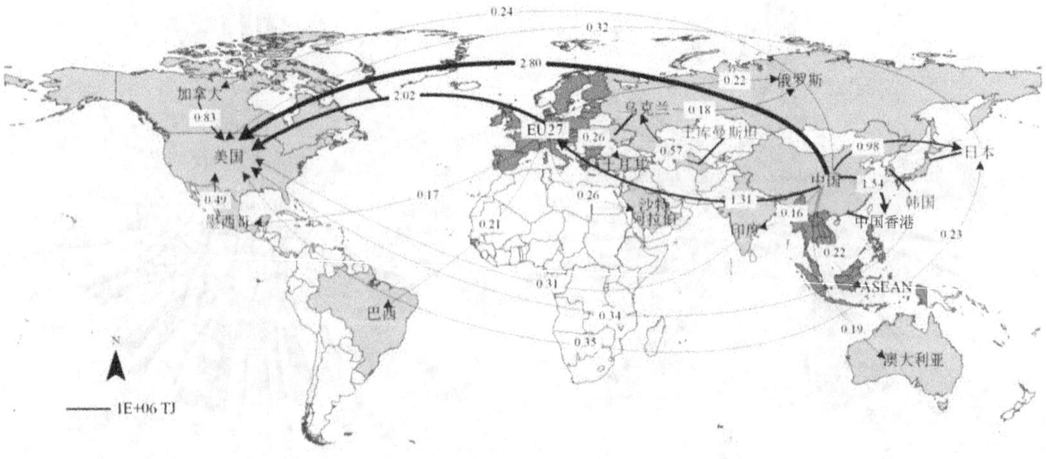

(b) 中间净贸易

图 3.13　世界主要地区的中间和最终净贸易往来

在最终净贸易中，美国仍扮演着接收者的角色，其净进口量为 7.21E+06 TJ，其中 38.83% 是由于其与欧盟之间的贸易非平衡，而 28.02% 是由于其与中国之间贸易非平衡。与中间贸易相比，欧盟、韩国和俄罗斯在最终贸易中的角色发生了变化。欧盟和韩国在最终贸易中是能源供给地区，而俄罗斯在最终贸易中则成为能源接收地区。比较两图可以发现，连接俄罗斯与欧盟之间箭头在两图中的方向正好相反。也就是说，俄罗斯出口大量的产品到欧盟用于欧盟地区的中间生产，但却需要从欧盟进口大量的产品用于当地的最终消费。同样地，在沙特阿拉伯与欧盟之间和在中国与澳大利亚之间，也能发现这一"相反箭头"贸易。

在中间和最终贸易中，世界各个国家和地区的贸易非平衡情况有着很大的不同，因此图3.14对各国家和地区的这两种贸易非平衡进行了对比。图中用球体表示189个国家和地区，球体的体积大小取决于该地区的体现能贸易总量。各国家和地区的中间和最终净进口量分别用来表示该国家和地区的中间和最终贸易非平衡。美国、日本和英国位于第一象限，这些地区在中间贸易和最终贸易中均为净进口国家；俄罗斯、沙特阿拉伯、卡塔尔和伊朗在中间贸易中是净出口国家，但在最终贸易中为净进口国家，因此位于第二象限；加拿大位于第三象限，在中间贸易和最终贸易中均为净出口国家；位于第四象限的中国大陆、德国和韩国，在中间贸易中是净进口国家和地区，但在最终贸易中为净出口国家和地区。

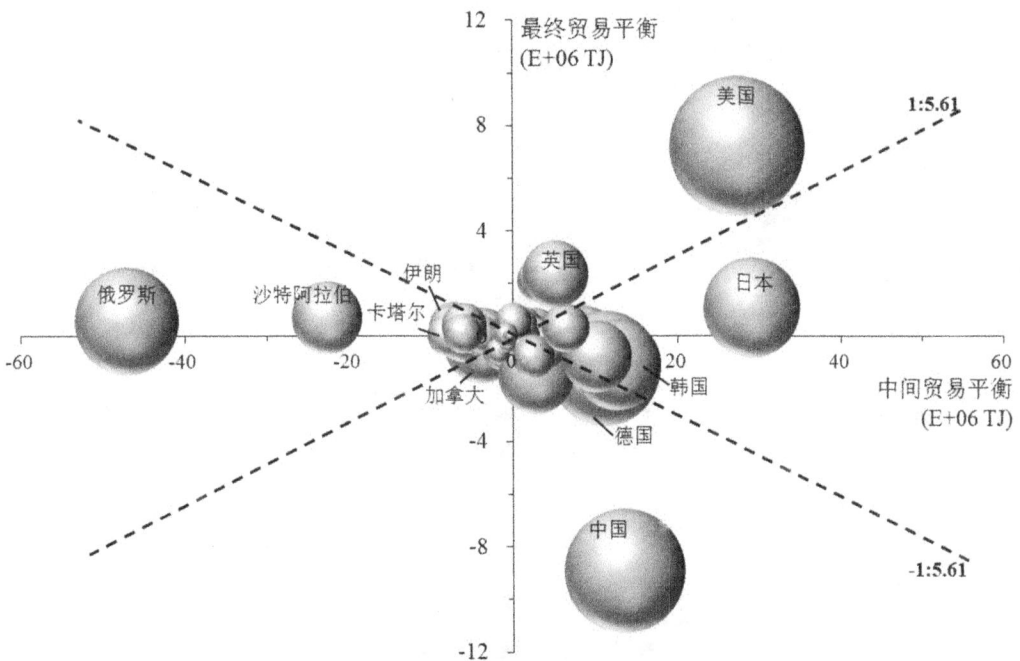

图3.14　世界各地区的中间和最终贸易平衡情况

考虑到整个世界经济，体现能的中间贸易总量是4.20E+08 TJ，而最终贸易总量是7.49E+07 TJ，因此，中间贸易中的能源利用量是最终贸易中能源利用量的5.61倍。图中，斜率分别为1：5.61和−1：5.61的两条虚线用来表示世界经济的一般贸易类型。对位于两虚线之间，且靠近横坐标轴的地区来说，它们的贸易非平衡主要由生产活动驱动。俄罗斯、沙特阿拉伯、加拿大、韩国和日本就是这样的经济体。在国际贸易中，俄罗斯、沙特阿拉伯和加拿大多是出售基础材料或半成品材料给国外地区进行加工生产，韩国和日本则多是购买基础材料或半成品材料进行进一步加工。而对位于两虚线之间，且靠近纵坐标轴的地区来说，比如美国、英国和中国，它们的贸易非平衡则主要由消费活动驱动。在国际贸易中，这些地区的贸易主要集中在成品的购买与出售。各地区展示出了不同的贸易类型，对这一问题的研究将有助于了解各经济体在国际能源市场中的贸易规律。

美国和中国是全球最大的两个贸易体，其体现能贸易量分别占全球体现能贸易总量的10.16%和7.99%。考虑到这两个经济体在国际贸易中的重要地位，图 3.15 和图 3.16 分别

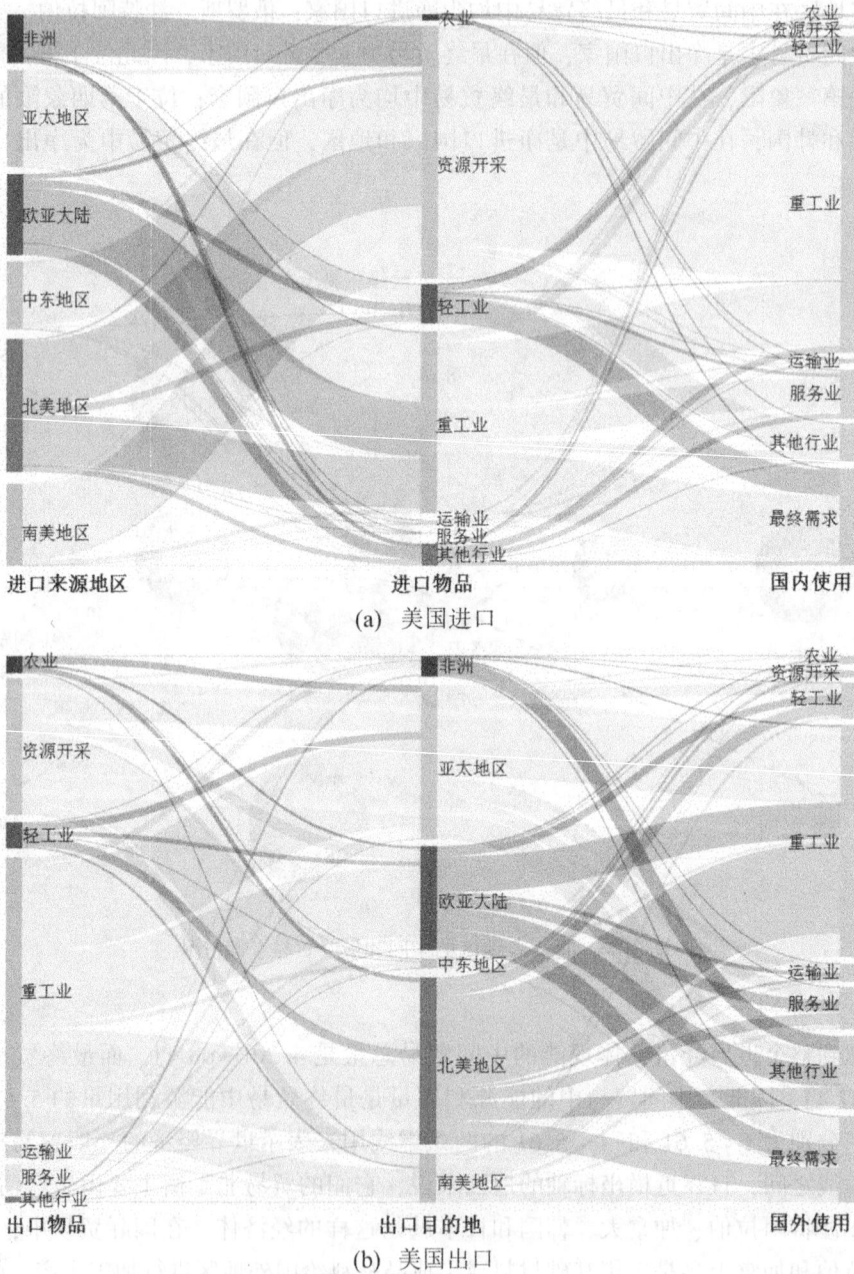

(a) 美国进口

(b) 美国出口

图 3.15　美国的进出口体现能

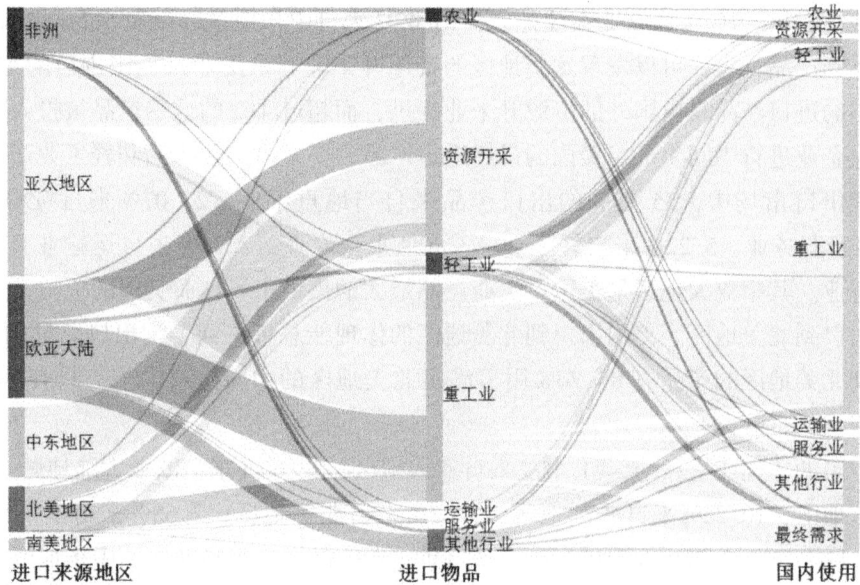

(a) 中国进口

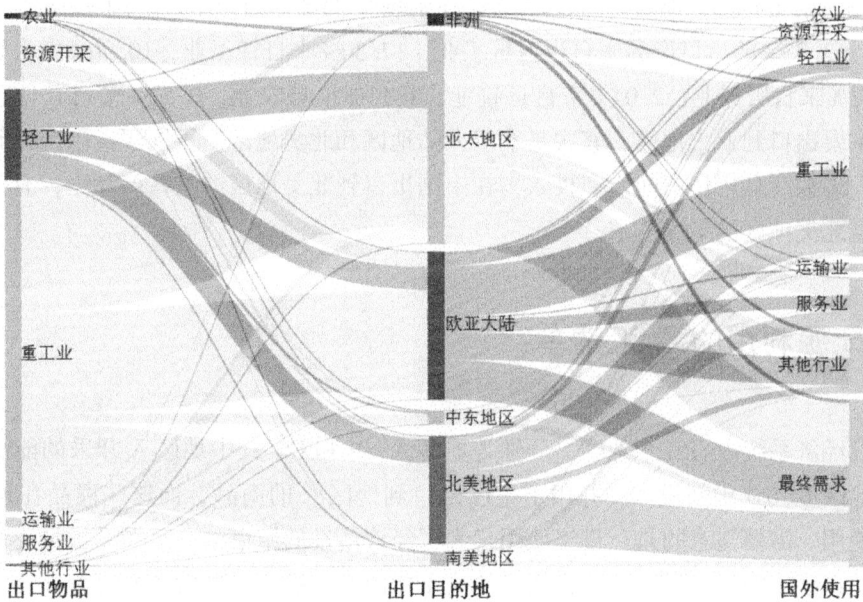

(b) 中国出口

图 3.16　中国的进出口体现能

对其进出口贸易进行了分地区和分部门的详细分析，分析结果有望为地区贸易结构的调整提供理论依据。

　　为方便起见，这里将 189 个地区分为六大地区，参考表 2.5，部门分类则参考表 2.6。

在美国的体现能进口中，26.07%的进口来自北美地区，19.00%来自亚太地区，16.04%来自南美地区，15.91%来自欧亚大陆地区，13.42%来自中东地区，以及9.56%来自非洲地区。具体到产品种类，可以发现这些地区的资源开采业和重工业是美国进口的主要来源。接近一半的进口产品是由国外的资源开采业提供，而超过4/5的这些产品被投入美国当地的重工业企业进行中间生产。美国的最终进口产品主要是重工业产品和轻工业产品。在美国体现能出口市场中，55.13%的出口产品来自当地重工业，27.07%来自资源开采业，5.25%来自服务业，5.22%来自轻工业，3.40%来自农业，2.71%来自运输业，1.22%来自其他行业。其中亚太地区是美国重工业产品最大的出口市场，而美国的资源开采业产品则主要出口到北美地区。美国出口到北美地区的体现能总量占到美国出口总量的1/3，这些出口到北美地区的产品有85.70%用于满足北美地区的中间生产需求，只有14.30%用于最终需求。

在中国的体现能进口中，41.45%来自亚太地区，22.65%来自欧亚大陆地区，13.93%来自中东地区，10.25%来自非洲地区，9.07%来自北美地区，2.65%来自南美地区。来自亚太地区和欧亚大陆地区的进口产品多是重工业产品，而来自非洲和中东地区的进口则以资源开采业产品为主。89.57%的中国重工业产品进口用于国内中间生产，10.43%用于最终消费。相比而言，资源开采产品的最终消费比例却只有0.83%。在中国体现能出口市场中，63.33%的出口产品来自当地重工业，17.80%来自轻工业，10.96%来自资源开采业，4.22%来自服务业，2.04%来自运输业，1.13%来自农业，0.52%来自其他行业。这些产品主要出口到亚太地区，其次是欧亚大陆地区和北美地区。不同于美国出口到北美地区的绝大多数产品用作中间生产投入，在中国出口到北美地区的这些产品中，有一半左右用于满足北美地区的最终需求。

3.5　能源利用的源-汇清单

假设经济系统内有三个地区，分别为地区A、B和C。其中地区A开采的能源资源被出口到地区B用作中间投入，并用于生产出口到地区C的商品，而这些商品在地区C用于最终使用。需要注意的是，最终使用代表了经济活动的结束，一旦商品被最终使用，将不再出现在当年的经济生产中。在假设的这条能源供应链中，尽管能源资源在这三个地区之间被多次直接和间接地贸易，但从供应链的起点(源)和终点(汇)来看，地区A的能源资源最终被地区C使用。也就是说，地区A作为开采地，是这条能源供应链的起点，而地区C作为最终需求地，成为这条供应链的终点。同样地，在庞大的世界经济系统中，众多起点和终点之间的关系更为复杂。为了探究全球能源供应链的起点源和终点汇之间的关系，这里将对世界经济系统内的每条能源利用流的起点和终点进行追踪，编制从源到汇的能源利用清单。

对一个源地区来说，其开采的能源资源可以用于满足当地的最终需求，也可以用于满足国外地区的最终需求。因此，在该地区的总开采量中，当地最终需求所占的比例代表了这个地区作为开采源头对当地能源利用的贡献，定义为源自给率。图 3.17(a)给出了这 189 个国家和地区的源自给率。

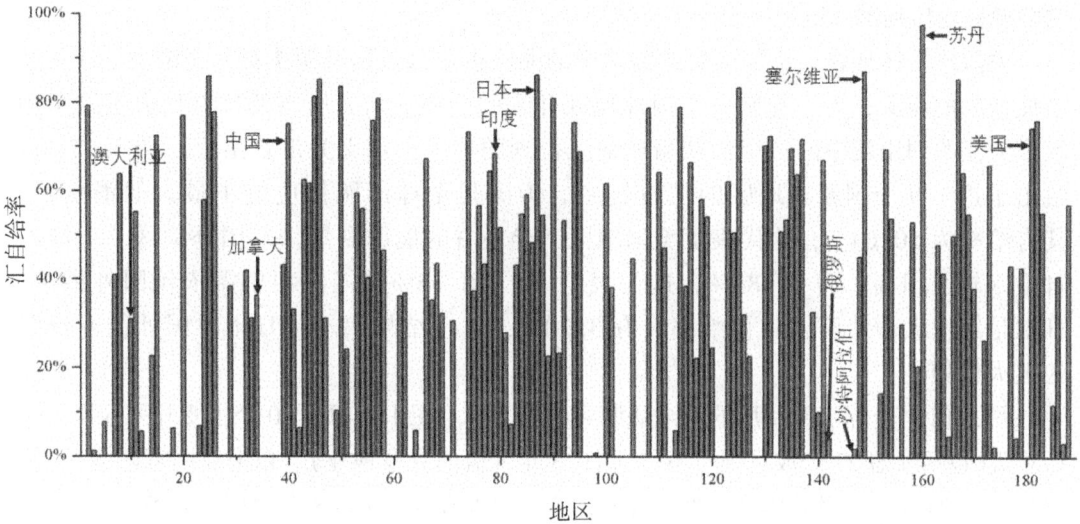

(a) 源自给率

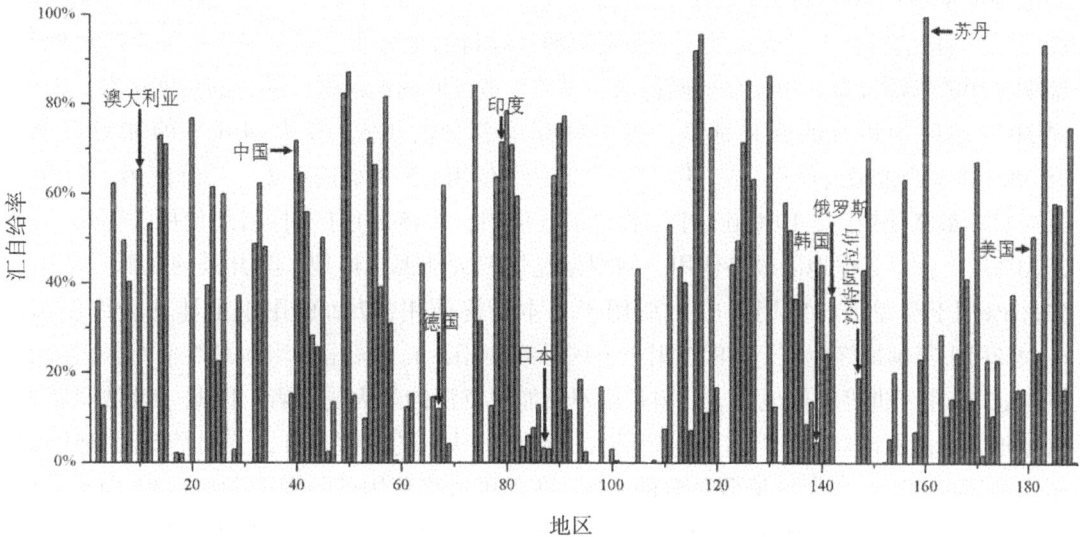

(b) 源自给率

图 3.17　世界各地区的能源自给率

可以看出，苏丹的自给率最大，这与该地区落后的经济和不发达的对外贸易有关。在苏丹地区开采的能源资源中，有 97.74% 用于满足当地的最终需求，而只有 2.26% 用于满足国外地区的最终需求。中国和美国在全球能源供应链中是最大的两个开采源，这两个地区的自给率分别为 75.06% 和 74.38%，说明了在这两个地区开采的能源资源主要被当地地区利用。相比而言，俄罗斯和沙特阿拉伯作为第三大和第四大能源开采源，它们的自给率很低，分别为 4.18% 和 1.82%。这是由于在这两个地区开采的能源资源中，绝大多数的能源被输出到国际市场中用于维持国外地区的经济发展。

　　类似地，体现在一个地区最终需求中的能源也可以根据其源头被分为两类，一类是本地开采的能源，另一类则是在国外地区开采的能源。前者所占的比例代表了这个地区作为能源利用流中的一个汇从当地地区得到的供给，定义为汇自给率。图 3.17(b)给出了这 189 个国家和地区的汇自给率。美国是全球能源供应链中最大的消费汇，其自给率为 50.64%，这代表了美国地区一半左右的能源利用来自国外地区。中国的自给率较美国高，为 71.84%，这代表了中国 28.16% 的能源利用需依赖国外供给。日本是第三大消费汇，其自给率只有 3.20%，这一结果揭示了日本对国外能源资源的极大依赖性。

　　图 3.18 是全球能源利用的一个从源到汇的清单。图中考虑了 50 个主要开采地区，包括欧盟(包括欧盟 27 个成员国，不包括 2013 年入盟的克罗地亚)、东南亚国家联盟(包括东盟十个成员国)以及除这两个经济体外的能源开采量最大的 48 个地区，和 50 个主要消费地区，包括欧盟、东盟以及除这两个经济体外最终需求量最大的 48 个地区。源地区从当地环境系统中开采能源资源，用于满足汇地区的最终需求。因此，这里采用了热点图[157]，表格的行代表了开采地区能源资源的最终目的地分布，列则代表了最终需求地区能源利用的来源分布。单元格的颜色取决于源汇地区间的能源量。从源的角度来看，中国是 50 个地区中最大的开采地区，占全球开采总量的 1/5。在中国开采的能源资源，75.06% 用于当地最终使用，5.35% 用于欧盟最终使用，5.34% 用于美国最终使用，3.18% 用于日本最终使用，2.19% 用于中国香港最终使用，1.15% 用于韩国最终使用，而剩下的 7.73% 用于世界其他地区最终使用。俄罗斯是第三大能源生产地，其开采的能源资源中，52.66% 用于欧盟最终使用，10.11% 用于日本最终使用，7.28% 用于土耳其最终使用，6.64% 用于美国最终使用，4.82% 用于中国最终使用，4.18% 用于当地最终使用，而剩下的 14.31% 用于世界其他地区。欧盟是俄罗斯能源资源的最大受益者，因此一旦俄罗斯大规模地减少能源出口，欧盟将会受到最大的影响。从汇的角度来看，美国是 50 个地区中最大的消费地区，占全球消费总量的 1/5。在美国最终使用的能源资源中，50.64% 来自当地开采，7.01% 来自加拿大，5.08% 来自中国，5.08% 来自沙特阿拉伯，4.53% 来自委内瑞拉，3.22% 来自俄罗斯，而剩下的 24.44% 来自世界其他地区。欧盟是第三大消费地区，仅次于美国和中国。欧盟最终需求中的体现能为 1.01E+08 TJ，其中 27.24% 来自俄罗斯，22.93% 来自欧盟当地，6.35% 来自沙特阿拉伯，5.43% 来自中国，3.46% 来自挪威，3.38% 来自美国，而剩下的 31.21% 来自世界其他地区。

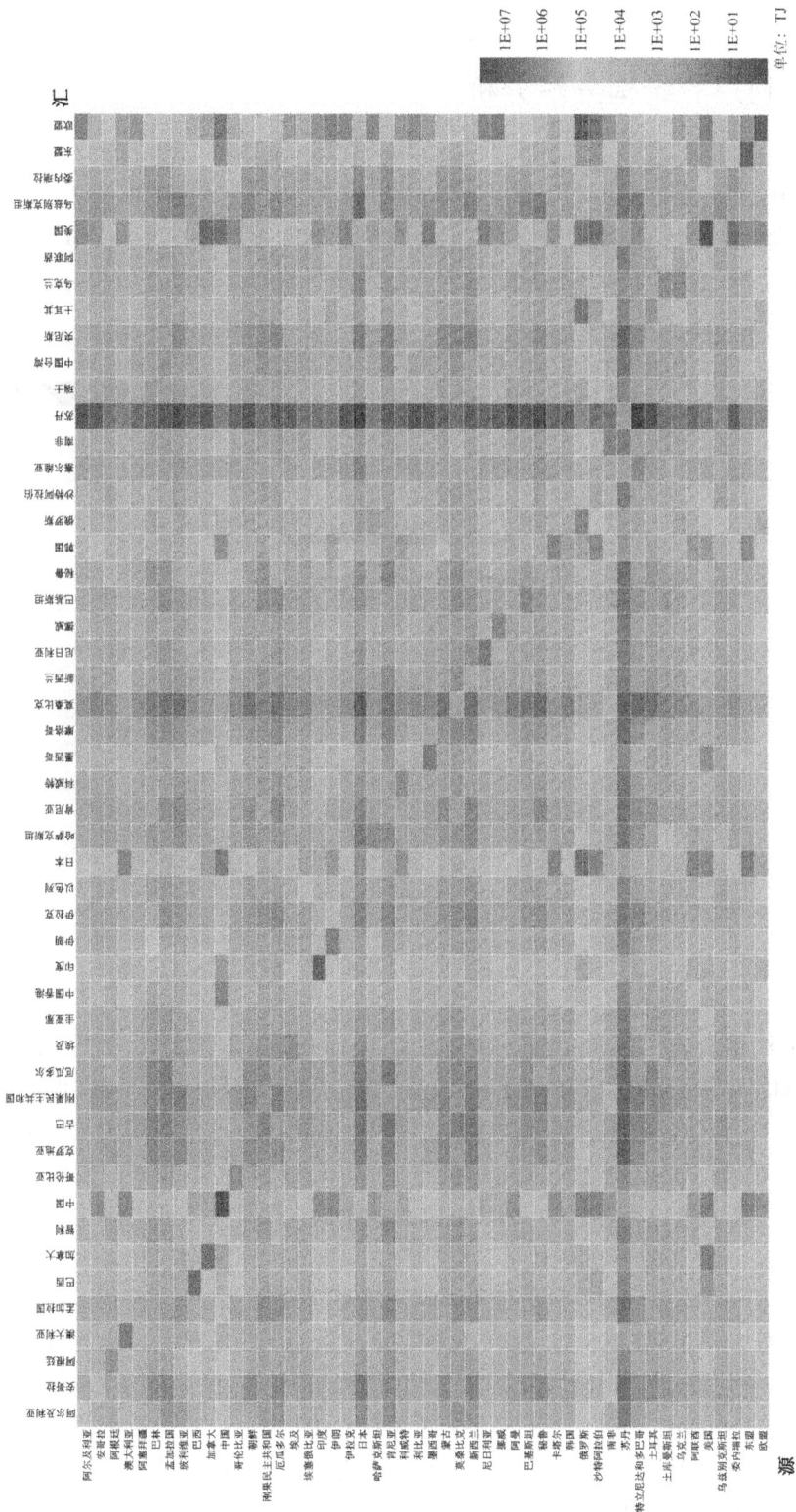

图3.18 世界体现能的源-汇清单

3.6　能源利用的结构分解分析

2002—2012 年，全球能源利用总量从 4. 10E+08 TJ 增长至 5. 34E+08 TJ，增长了近 1/3。为了探究世界能源利用量增长的原因，这里选取 2002 年、2007 年和 2012 年三个年份为样本期，对全球能耗量进行结构分解分析，结果如图 3. 19 所示。

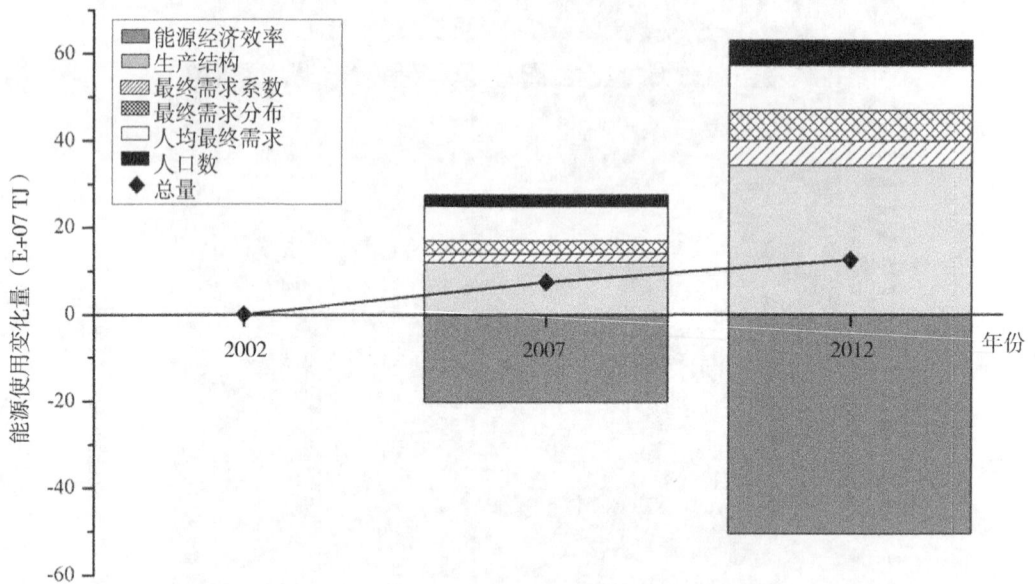

图 3. 19　世界能源利用的变化量(2002—2012 年)

2002—2007 年，全球能源利用总量增加了 7. 41E+07 TJ。其中，由于能源经济效率的变化导致全球能源利用量减少了 2. 01E+08 TJ，而生产结构变动使得全球能源利用量增加了 1. 20E+08 TJ。若综合考虑这两个技术因素，可以看出，全球能源利用量由于技术变动减少了 8. 19E+07 TJ，是全球能耗变化总量的 1. 11 倍。随着生产技术的发展，产品的生产效率也逐渐提高，单位产品的直接能耗量不断降低，因此生产同等经济价值的产品，2007 年的能耗量低于 2002 年的能耗量。但是，由于世界人口的增长和人类生活水平的提高，最终需求对产品的数量和质量也提出了越来越多的要求。由于最终需求的变动导致全球能源利用量增加了 1. 56E+08 TJ，这一增加量不仅抵消了技术革新带来的节能效应，而且使得全球能源利用总量呈现出增长态势。其中，人均最终需求量是四个最终需求影响因素中最大的因素，其变化引起全球能耗增加了 8. 02E+07 TJ，是最终需求变动引起的全球能耗变化总量的 51. 43%，其次是最终需求分布(2. 96E+07 TJ)、人口数(2. 66E+07 TJ)和最终需求系数(1. 96E+07 TJ)。

2007—2012 年，全球能源利用总量增加了 5. 04E+07 TJ，略小于 2002—2007 年的变化量。其中，由于能源经济效率的变化导致全球能源利用量减少了 3.04E+08 TJ，是 2002—2007 年由能源经济效率引起的变化量的 2.53 倍，这反映了近几年技术革新速度之快。生产结构的变动使得全球能源利用量增加了 2.23E+08 TJ。这两个技术因素变动的综合效应引起全球能源利用量降低了 8.12E+07 TJ，是全球能耗变化总量的 1.61 倍。考虑最终需求的变动效应，全球能源利用量由于最终需求的变动增加了 1.32E+08 TJ，是全球能耗变化总量的 2.61 倍。其中，最终需求分布的变化引起全球能耗量增加了 4.07E+07 TJ，最终需求系数的变化引起全球能耗量增加了 3.55E+07 TJ，人口数的变化引起全球能耗量增加了 3.55E+07 TJ，人均最终需求的变化引起全球能耗量增加了 2.39E+07 TJ。

全球能源利用量的变化是世界各地区能源利用量变化的总和，而各地区的能源利用量既可以指位于开采源头的各地区的能源开采量，即直接能源利用量，又可以指位于最终消费汇的各地区的体现能消费量，即直接和间接能源利用量。这里将从两个角度依次对世界主要地区的能源开采量和体现能消费量进行结构分解分析。

表 3.2 和表 3.3 分别列出了世界主要开采地区 2002—2007 年和 2007—2012 年的结构分解结果。需要注意的是，这两个表中的六个影响因素，包括能源经济效率、生产结构、最终需求系数、最终需求分布、人均最终需求和人口数均指全球尺度的变化。比如人口数变化是指全球人口总数的变化，其变动效应表示全球人口总数的变化引起的各个地区直接能源利用量，即能源开采量的变化。2002—2007 年，中国的能源开采量受到了最大的影响，其开采量增加了 2.99E+07 TJ，是 2002 年开采量的 58.62%。在研究的六个影响因素中，除能源经济效率的变动效应是负值外，其他五个因素的变动均引起正效应，即能源利用量的增长效应。最终需求分布是四个最终需求影响因素中影响效应最大的一个因素，其次是人均最终需求和人口数。英国的能源开采量减少了 3.26E+06 TJ，是世界 189 个地区中减幅最大的一个地区。其中，不仅能源经济效率，生产结构的变动效应也呈负值，两者综合效应使得英国的能源开采量共减少了 6.09E+06 TJ。不同于中国，英国的人均最终需求是四个最终需求影响因素中影响效应最大的一个因素，其次是最终需求分布和人口数。

2007—2012 年，中国和美国的能源开采量呈现最大的增长趋势，分别增长了 2.17E+07 TJ 和 5.75E+06 TJ。但美国的能源利用量的增长主要是由技术变化引起的，而中国的能源利用量的增长则主要由于最终需求的变化。相比而言，日本和英国的能源开采量呈现出了最大的下降趋势。

表 3.4 和表 3.5 分别列出了世界主要消费地区 2002—2007 年和 2007—2012 年的结构分解结果。需要注意的是，这两个表中的能源经济效率和生产结构是指全球尺度的变化，但是最终需求系数、最终需求分布、人均最终需求和人口数却是指地区尺度的变化。比如生产结构的变化是指世界经济生产结构的变化，其变动效应表示世界经济生产结构的变化所引起的各地区直接和间接能源利用量，即体现能消费量的变化；而人口数变化是指研究地区的人口数变化，其变动效应表示该地区人口数的变化所引起的该地区体现能消费量的变化。

2002—2007 年，中国的体现能消费量具有最大的变化，其体现能消费量增加了 2.55E+07 TJ，是 2002 年体现能消费量的 57.70%。其中，能源经济效率的变化使得中国的体现

表 3.2　世界主要开采地区 2002—2007 年结构分解分析

（单位：TJ）

地区	技术变动效应		最终需求变动效应					增长率[a]
	能源经济效率	生产结构	最终需求系数	最终需求分布	人均最终需求	人口数	合计	
中国	−2.54E+07	2.23E+07	3.26E+06	1.43E+07	1.16E+07	3.91E+06	2.99E+07	58.62%
俄罗斯	−4.42E+07	3.30E+07	1.69E+06	6.22E+06	8.18E+06	2.71E+06	7.58E+06	18.15%
沙特阿拉伯	−2.02E+06	1.36E+06	−1.45E+06	1.90E+06	3.39E+06	1.13E+06	4.31E+06	25.59%
伊朗	−6.70E+06	5.02E+06	−2.16E+05	2.44E+06	2.05E+06	6.86E+05	3.28E+06	33.14%
印尼	−2.74E+06	1.92E+06	−5.99E+05	1.87E+06	2.04E+06	6.80E+05	3.16E+06	32.03%
印度	−1.07E+07	3.88E+06	9.98E+05	4.51E+06	2.96E+06	9.79E+05	2.64E+06	17.41%
巴西	−5.96E+06	3.10E+06	4.10E+05	2.59E+06	1.38E+06	4.59E+05	1.98E+06	29.38%
科威特	−2.18E+06	2.41E+06	−3.17E+04	4.45E+05	8.46E+05	2.84E+05	1.77E+06	45.52%
尼日利亚	−3.53E+06	1.34E+06	3.11E+05	1.60E+06	1.53E+06	5.09E+05	1.77E+06	23.00%
卡塔尔	4.32E+05	7.74E+05	−4.64E+05	1.57E+05	6.19E+05	2.09E+05	1.73E+06	64.70%
安哥拉	−2.16E+06	2.70E+06	−2.03E+04	4.95E+05	4.91E+05	1.67E+05	1.67E+06	84.03%
哈萨克斯坦	−4.75E+06	3.23E+06	2.48E+05	1.83E+06	7.86E+05	2.64E+05	1.62E+06	44.58%
阿联酋	−2.55E+06	2.78E+06	−8.35E+05	4.20E+05	1.16E+06	3.84E+05	1.35E+06	23.41%
澳大利亚	−6.05E+06	2.69E+06	8.88E+05	1.14E+06	2.00E+06	6.59E+05	1.32E+06	12.72%
阿塞拜疆	−6.06E+05	1.35E+06	6.27E+04	1.34E+05	2.37E+05	8.23E+04	1.26E+06	163.20%
塞尔维亚	−3.76E+05	−1.89E+04	1.44E+03	2.30E+05	8.45E+04	2.75E+04	−5.20E+04	−10.69%

续表

地区	技术变动效应		最终需求变动效应				合计	增长率[a]
	能源经济效率	生产结构	最终需求系数	最终需求分布	人均最终需求	人口数		
丹麦	-5.73E+05	1.43E+05	2.63E+04	8.40E+04	2.00E+05	6.54E+04	-5.39E+04	-4.80%
罗马尼亚	-1.23E+06	9.97E+03	6.02E+04	8.26E+05	2.10E+05	6.88E+04	-5.43E+04	-4.60%
西班牙	-6.54E+05	-1.27E+04	4.46E+04	2.53E+05	2.36E+05	7.71E+04	-5.63E+04	-4.27%
喀麦隆	-2.96E+05	5.94E+04	1.54E+04	4.92E+04	7.51E+04	2.44E+04	-7.22E+04	-16.26%
古巴	-1.04E+05	-4.99E+04	-2.50E+03	1.57E+04	4.79E+04	1.54E+04	-7.76E+04	-26.20%
阿曼	-1.64E+06	7.92E+05	-4.85E+05	6.44E+05	4.34E+05	1.42E+05	-1.10E+05	-4.52%
委内瑞拉	-4.89E+06	3.24E+06	5.00E+03	-4.40E+05	1.43E+06	4.67E+05	-1.89E+05	-2.39%
也门	-7.51E+05	2.12E+05	-1.06E+05	2.41E+05	1.39E+05	4.48E+04	-2.21E+05	-25.77%
日本	-5.88E+05	5.56E+05	1.14E+05	-1.28E+06	7.05E+05	2.30E+05	-2.67E+05	-6.70%
波兰	-2.08E+06	1.69E+05	7.32E+04	7.58E+05	5.76E+05	1.88E+05	-3.20E+05	-9.68%
伊拉克	-3.75E+06	2.01E+06	2.10E+04	3.32E+05	7.80E+05	2.55E+05	-3.50E+05	-7.88%
叙利亚	-1.04E+06	5.73E+04	3.36E+04	1.57E+05	2.23E+05	7.13E+04	-5.03E+05	-34.96%
挪威	-3.85E+06	-1.98E+05	2.11E+05	9.44E+05	1.62E+06	5.29E+05	-7.47E+05	-8.09%
英国	-5.69E+06	-4.02E+05	4.37E+04	6.59E+05	1.61E+06	5.17E+05	-3.26E+06	-31.79%
世界	-2.01E+08	1.20E+08	1.96E+07	2.96E+07	8.02E+07	2.66E+07	7.41E+07	18.08%

a 以2002年各地区的能源开采量为基准

表 3.3　世界主要开采地区 2007—2012 年结构分解分析

（单位：TJ）

地区	技术变动效应		最终需求变动效应			人口数	合计	增长率[a]
	能源经济效率	生产结构	最终需求系数	最终需求分布	人均最终需求			
中国	−2.96E+07	4.00E+06	1.39E+06	3.60E+07	4.29E+06	5.66E+06	2.17E+07	26.81%
美国	5.16E+06	3.20E+06	−2.73E+06	−7.58E+06	3.33E+06	4.37E+06	5.75E+06	8.48%
印尼	−2.79E+06	1.89E+06	6.94E+04	4.14E+06	7.23E+05	9.55E+05	4.99E+06	38.32%
卡塔尔	1.86E+06	8.66E+05	−4.99E+04	4.45E+05	2.90E+05	3.86E+05	3.79E+06	86.30%
印度	−2.61E+06	6.75E+05	2.26E+05	3.26E+06	9.19E+05	1.21E+06	3.67E+06	20.67%
沙特阿拉伯	−3.17E+06	4.21E+06	9.72E+02	−3.97E+05	1.07E+06	1.40E+06	3.11E+06	14.70%
俄罗斯	−1.17E+07	1.16E+07	3.00E+04	−2.52E+06	2.39E+06	3.14E+06	3.03E+06	6.15%
伊拉克	1.08E+06	6.37E+05	1.04E+04	−3.26E+05	2.35E+05	3.11E+05	1.95E+06	47.64%
哥伦比亚	2.35E+05	6.10E+05	2.09E+04	1.84E+05	1.98E+05	2.62E+05	1.51E+06	43.11%
澳大利亚	−2.89E+06	1.71E+06	−2.49E+05	1.51E+05	5.85E+05	7.69E+05	1.44E+06	12.26%
巴西	−3.08E+06	7.45E+05	1.36E+05	2.61E+06	4.43E+05	5.82E+05	1.44E+06	16.48%
哈萨克斯坦	7.19E+05	−4.61E+05	1.35E+05	2.66E+05	2.76E+05	3.64E+05	1.30E+06	24.74%
尼日利亚	−6.57E+05	5.37E+05	5.78E+04	1.96E+05	4.73E+05	6.21E+05	1.23E+06	12.99%
科威特	−1.93E+05	4.53E+05	−3.39E+04	1.37E+05	2.90E+05	3.82E+05	1.04E+06	18.26%
泰国	3.76E+04	9.03E+04	−9.11E+04	2.65E+05	1.28E+05	1.69E+05	6.00E+05	24.52%
委内瑞拉	−1.57E+06	1.29E+06	3.15E+04	−7.51E+05	3.62E+05	4.73E+05	−1.67E+05	−2.16%

续表

地区	技术变动效应		最终需求变动效应				合计	增长率ª
	能源经济效率	生产结构	最终需求系数	最终需求分布	人均最终需求	人口数		
马来西亚	-1.31E+06	7.41E+03	2.56E+04	6.61E+05	1.69E+05	2.21E+05	-2.30E+05	-6.24%
以色列	-3.31E+05	3.43E+03	1.61E+03	2.36E+04	1.32E+04	1.68E+04	-2.72E+05	-67.26%
阿根廷	-1.55E+06	1.09E+05	1.83E+04	8.02E+05	1.49E+05	1.95E+05	-2.81E+05	-8.55%
丹麦	-2.93E+05	-3.91E+04	5.39E+04	-1.47E+05	4.35E+04	5.64E+04	-3.25E+05	-30.43%
叙利亚	-5.92E+05	1.69E+05	2.50E+03	-4.69E+04	3.59E+04	4.63E+04	-3.85E+05	-41.16%
挪威	-8.91E+05	1.46E+05	1.37E+05	-7.51E+05	3.91E+05	5.11E+05	-4.57E+05	-5.39%
德国	-4.13E+05	-2.25E+05	8.60E+03	-5.33E+05	2.55E+05	3.33E+05	-5.75E+05	-10.16%
利比亚	2.17E+06	-2.82E+06	-3.93E+04	-4.50E+05	1.78E+05	2.32E+05	-7.28E+05	-17.78%
苏丹	-2.41E+08	2.02E+08	3.65E+07	1.72E+06	4.95E+04	6.36E+04	-7.34E+05	-53.07%
阿尔及利亚	-1.36E+06	5.82E+05	-2.31E+04	-6.54E+05	2.88E+05	3.75E+05	-7.98E+05	-12.35%
墨西哥	-7.75E+05	6.63E+04	-7.47E+03	-1.43E+06	4.34E+05	5.67E+05	-1.14E+06	-11.74%
伊朗	-6.67E+06	2.03E+06	2.37E+05	1.54E+06	5.90E+05	7.71E+05	-1.50E+06	-11.36%
英国	-1.37E+06	-5.68E+05	-1.07E+05	-8.78E+05	2.81E+05	3.64E+05	-2.28E+06	-32.57%
日本	-3.23E+06	9.78E+04	5.31E+03	2.85E+05	1.20E+05	1.53E+05	-2.56E+06	-68.86%
世界	-3.04E+08	2.23E+08	3.55E+07	4.07E+07	2.39E+07	3.14E+07	5.04E+07	10.41%

a 以 2007 年各地区的能源开采量为基准

73

（单位：TJ）

表 3.4　世界主要消费地区 2002—2007 年结构分解分析

地区	技术变动效应		最终需求变动效应				合计	增长率[a]
	能源经济效率	生产结构	最终需求系数	最终需求分布	人均最终需求	人口数		
中国	−2.34E+07	1.61E+07	−3.73E+05	1.22E+06	3.02E+07	1.64E+06	2.55E+07	57.70%
美国	−3.34E+07	3.73E+07	2.71E+06	−4.25E+06	−3.66E+05	5.08E+06	7.08E+06	6.73%
印度	−8.78E+06	2.89E+06	6.00E+05	−3.65E+04	8.11E+06	1.05E+06	3.83E+06	29.08%
西班牙	−6.51E+06	2.99E+06	5.32E+05	7.62E+04	4.95E+06	9.58E+05	2.99E+06	29.53%
土耳其	−4.25E+06	2.37E+06	3.16E+05	−2.22E+05	3.88E+06	3.58E+05	2.45E+06	57.14%
巴西	−5.70E+06	1.42E+06	2.03E+05	−3.09E+05	6.04E+06	5.58E+05	2.21E+06	26.69%
乌克兰	−4.66E+06	2.34E+06	7.52E+05	6.55E+04	3.63E+06	−1.07E+05	2.01E+06	101.37%
加拿大	−3.45E+06	8.90E+05	8.22E+04	5.74E+04	3.79E+06	5.04E+05	1.87E+06	20.53%
印尼	−2.28E+06	2.99E+05	4.66E+05	−3.04E+05	3.50E+06	4.61E+05	1.72E+06	26.72%
俄罗斯	−3.59E+06	8.31E+05	−3.22E+04	−3.17E+04	4.46E+06	−8.79E+04	1.55E+06	48.86%
意大利	−6.64E+06	4.37E+06	2.79E+05	6.36E+04	3.00E+06	4.59E+05	1.53E+06	13.54%
中国香港	−1.73E+06	1.78E+06	3.45E+05	4.94E+04	8.63E+05	1.10E+05	1.41E+06	41.26%
罗马尼亚	−2.53E+06	8.39E+05	2.68E+04	−5.35E+03	2.91E+06	−3.11E+04	1.20E+06	59.35%
泰国	−1.32E+06	5.82E+05	1.17E+04	1.39E+04	1.65E+06	1.66E+05	1.11E+06	39.66%
澳大利亚	−2.83E+06	−2.16E+06	−3.08E+04	3.66E+05	3.42E+06	3.85E+05	1.10E+06	22.05%
圭亚那	−2.11E+05	4.49E+04	−1.08E+04	3.78E+03	1.66E+05	3.77E+03	−3.09E+03	−0.56%

地区	技术变动效应		最终需求变动效应				合计	增长率[a]
	能源经济效率	生产结构	最终需求系数	最终需求分布	人均最终需求	人口数		
乍得	-3.87E+03	-7.46E+03	-1.78E+02	-2.62E+02	5.87E+03	1.97E+03	-3.93E+03	-28.27%
玻利维亚	-2.65E+04	7.62E+03	-2.21E+04	2.20E+04	6.89E+02	1.01E+04	-8.22E+03	-7.49%
塞尔维亚	-3.76E+05	8.36E+03	5.09E+03	1.29E+04	3.47E+03	-7.50E+03	-9.68E+03	-2.04%
也门	-6.58E+04	-1.75E+02	1.66E+03	1.73E+03	3.88E+04	1.40E+04	-9.82E+03	-9.72%
乌兹别克斯坦	-7.49E+05	-2.33E+05	3.26E+04	-1.47E+04	8.73E+05	8.04E+04	-1.06E+04	-0.80%
古巴	-1.49E+05	1.45E+04	8.19E+03	4.22E+02	1.07E+05	2.05E+03	-1.64E+04	-4.59%
津巴布韦	-4.69E+04	1.67E+04	1.27E+03	5.03E+03	6.58E+03	-5.53E+02	-1.78E+04	-16.21%
喀麦隆	-9.57E+04	1.26E+03	6.88E+02	1.40E+03	5.24E+04	1.84E+04	-2.16E+04	-12.78%
伊拉克	-3.25E+05	-1.75E+03	-4.78E+04	-3.15E+05	5.91E+05	5.95E+04	-3.86E+04	-7.88%
荷兰	-1.89E+06	3.29E+05	1.80E+05	-5.17E+04	1.30E+06	5.77E+04	-7.92E+04	-1.95%
土库曼斯坦	-2.72E+05	-7.40E+04	-7.33E+03	-2.89E+03	1.72E+05	2.16E+04	-1.62E+05	-42.73%
墨西哥	-1.61E+06	4.68E+05	1.39E+05	1.11E+05	2.25E+05	4.30E+05	-2.41E+05	-2.85%
中国台湾	-5.06E+05	3.04E+05	3.03E+04	1.78E+04	-6.13E+05	3.48E+04	-7.32E+05	-34.35%
日本	-1.33E+07	1.57E+07	1.68E+06	8.97E+04	-6.11E+06	8.04E+04	-1.85E+06	-5.69%
世界	-2.01E+08	1.20E+08	1.96E+07	-8.89E+06	1.27E+08	1.82E+07	7.41E+07	18.08%

a 以 2002 年各地区最终需求中的体现能量为基准

表 3.5　世界主要消费地区 2007—2012 年结构分解分析

(单位:TJ)

地区	技术变动效应		最终需求变动效应				合计	增长率[a]
	能源经济效率	生产结构	最终需求系数	最终需求分布	人均最终需求	人口数		
中国	-2.49E+07	3.91E+06	-2.11E+05	5.93E+05	5.62E+07	2.17E+06	3.77E+07	54.19%
印尼	-1.96E+06	2.86E+05	-4.25E+04	3.84E+05	4.14E+06	9.37E+05	3.74E+06	45.91%
印度	-2.86E+06	3.71E+05	6.94E+04	-5.21E+04	4.18E+06	1.77E+06	3.48E+06	20.44%
巴西	-2.92E+06	3.27E+05	5.25E+04	-8.06E+04	4.77E+06	5.19E+05	2.67E+06	25.40%
加拿大	-3.61E+05	6.80E+05	1.00E+05	-7.91E+02	8.12E+05	6.25E+05	1.86E+06	16.88%
韩国	-1.11E+06	2.17E+06	7.23E+04	1.19E+05	7.71E+04	3.95E+05	1.72E+06	14.73%
土耳其	-1.26E+06	1.53E+06	2.03E+05	-2.36E+05	8.57E+05	9.92E+04	1.19E+06	17.62%
俄罗斯	-1.01E+06	4.21E+05	-8.16E+04	-1.29E+04	1.83E+06	4.09E+04	1.19E+06	25.24%
尼日利亚	-7.62E+05	3.84E+05	5.70E+04	-1.75E+05	9.76E+05	4.70E+05	9.50E+05	31.01%
泰国	-4.34E+05	3.27E+05	4.58E+04	-4.09E+04	9.66E+05	-1.26E+04	8.52E+05	21.78%
哥伦比亚	-1.48E+05	9.83E+04	3.31E+04	-3.95E+04	7.22E+05	1.56E+05	8.23E+05	47.01%
日本	-6.31E+06	2.84E+05	-4.37E+04	-2.94E+05	7.09E+06	-5.07E+04	6.79E+05	2.22%
沙特阿拉伯	-2.08E+05	2.05E+05	1.13E+05	1.40E+05	2.20E+05	3.12E+05	5.97E+05	34.43%
越南	-1.72E+06	5.13E+04	-8.08E+04	-3.65E+04	4.41E+05	7.37E+04	4.47E+05	28.78%
伊朗	-1.80E+06	-2.52E+05	2.28E+05	3.13E+05	1.63E+06	3.20E+05	4.41E+05	10.63%
荷兰	-3.97E+05	3.64E+05	8.52E+04	-3.17E+04	-2.71E+05	8.81E+04	-1.63E+05	-4.07%

续表

地区	技术变动效应		最终需求变动效应				合计	增长率[a]
	能源经济效率	生产结构	最终需求系数	最终需求分布	人均最终需求	人口数		
比利时	-2.20E+05	8.55E+04	1.64E+04	-1.35E+04	-9.44E+04	9.58E+04	-1.63E+05	-7.59%
丹麦	-2.02E+05	1.03E+05	1.23E+04	-1.87E+04	-1.01E+05	3.05E+04	-1.77E+05	-12.80%
罗马尼亚	-4.17E+05	4.14E+05	8.22E+03	-5.58E+03	4.58E+04	-2.25E+05	-1.79E+05	-5.54%
匈牙利	-2.16E+05	3.10E+05	5.12E+03	7.87E+03	-2.66E+05	-2.15E+04	-1.81E+05	-10.82%
中国台湾	-6.75E+04	-4.24E+02	1.48E+03	3.48E+02	-2.12E+05	1.46E+04	-2.64E+05	-18.86%
葡萄牙	-1.77E+05	9.80E+04	-1.20E+04	7.66E+03	-2.11E+05	-1.57E+04	-3.10E+05	-16.09%
德国	-1.70E+06	1.41E+06	4.65E+05	-1.74E+05	-1.39E+05	-3.43E+05	-4.84E+05	-3.14%
墨西哥	-6.55E+05	4.30E+05	1.29E+05	-4.93E+05	-1.12E+06	1.10E+06	-6.09E+05	-7.41%
希腊	-7.19E+05	6.11E+05	2.77E+05	-3.75E+05	-8.46E+05	-3.45E+04	-1.09E+06	-24.75%
法国	-1.50E+06	1.13E+06	-2.40E+03	-2.38E+04	-1.67E+06	8.21E+05	-1.25E+06	-8.44%
意大利	-1.05E+06	5.61E+05	7.91E+04	-1.28E+05	-1.33E+06	3.30E+04	-1.84E+06	-14.33%
英国	-1.83E+06	1.46E+06	3.18E+05	-8.14E+03	-2.84E+06	5.84E+05	-2.31E+06	-15.92%
西班牙	-8.30E+05	2.40E+05	1.38E+04	-1.93E+05	-2.08E+06	4.95E+05	-2.36E+06	-17.98%
美国	-2.60E+06	7.08E+06	-2.42E+06	-6.83E+03	-1.07E+07	4.49E+06	-4.20E+06	-3.74%
世界	-3.04E+08	2.23E+08	3.55E+07	-9.70E+05	7.50E+07	2.20E+07	5.04E+07	10.41%

a 以2007年各地区最终需求中的体现能量为基准

能消费量减少了 2.34E+07 TJ，表示全球能源利用效率的提高使得各类产品的体现能强度会相应减小，因此，若中国的最终需求的产品不发生变化，那么体现在最终需求中的能源利用量将会减少。最终需求系数的变化同样使得中国的体现能消费量呈现下降趋势，表示中国最终需求产品结构的变化所引起的节能效应。日本的体现能消费量减少了 1.85E+06 TJ，是世界 189 个地区中减幅最大的一个地区。

2007—2012 年，中国的体现能消费量仍表现出最大的增长趋势，增长了 3.77E+07 TJ，比 2002—2007 年增长量高 50% 左右。美国的体现能消费量在 2002—2007 年呈现增长趋势，但在 2007—2012 年却呈现出下降趋势。与美国变化趋势类似的还有西班牙和意大利。相比而言，日本在 2002—2007 年间呈现下降趋势，但在 2007—2012 年间却呈现出增长趋势。

第 4 章　中国能源利用①

---

① 由于内地(大陆)与香港、澳门、台湾地区是相对独立的统计区域，所以这一章中所涉及的中国均指中国内地(大陆)，不包括港澳台的统计数据。若有例外，将会在文中进行说明。

4.1 直接能源开采

表 4.1 列出了 2012 年中国能源资源的开采情况。2012 年中国直接能源开采量为
9.58E+07 TJ，其中原煤所占比例最大，为 76.70%。可以看出，这一比例远远大于世界能
源消费结构中煤炭所占的比例(30.15%)。由于煤炭价格低廉且分布广泛，煤炭在中国能
源市场中长期占据着主导地位。中国是一个煤炭生产大国，煤炭生产量占全球生产总量的
45.65%。但由于煤炭是最不清洁的能源资源，温室气体排放、雾霾、酸雨、地下水污染
等环境问题均与煤炭的燃烧有关，中国的能源发展面临着严峻的挑战。中国原油和天然气
的开采量分别为 7.42E+06 TJ 和 3.69E+06 TJ，分别占国内能源开采总量的 7.75% 和
3.85%。生物质、水能、核能和其他可再生能源等非化石能源合计 1.12E+07 TJ，占中国
开采总量的 11.69%。

表 4.1　2012 年中国能源资源开采情况　　　　　　（单位：TJ）

化石能源			非化石能源				总量
原油	原煤	天然气	生物质	水能	核能	其他可再生能源	
7.42E+06	7.35E+07	3.69E+06	6.29E+06	3.19E+06	1.10E+06	6.24E+05	9.58E+07

4.2 各部门的体现能强度

基于多尺度系统投入产出分析法，这一章对中国经济系统内的能源利用进行了模拟核
算，采用境外地区对应部门的平均体现能强度作为进口商品的体现能强度，由第三章中计
算得到的全球 4914 个生产性单元的体现能强度作为基础数据。这里需扩展境外地区的 26
个部门，从而与中国 139 个部门一一对应，详细的部门对应方法已整理至附录 C。第三章
中中国经济被划分为 26 个部门，计算结果精度较低，因此，这一章中采用了中华人民共
和国国家统计局最新发布的 139 个部门的投入产出表，旨在对中国经济系统内的能源利用
进行更详细的核算分析。根据第二章中介绍的计算方法，可以得到中国 139 个产业部门的
平均体现能强度，如图 4.1 所示，具体结果列在附录 D 中。结果显示，139 个部门的体现
能强度大小不一，部门6(煤炭采选产品)的体现能强度最大，而部门119(房地产)的体现
能强度最小，前者是后者的 95 倍多。一个部门的体现能强度代表了这个部门在经济系统
中生产单位产品时，直接或间接向环境系统索取的能源资源的数量，因此，部门的体现能
强度越大，代表这个部门所需的能源资源越多，产生的环境压力也越大。

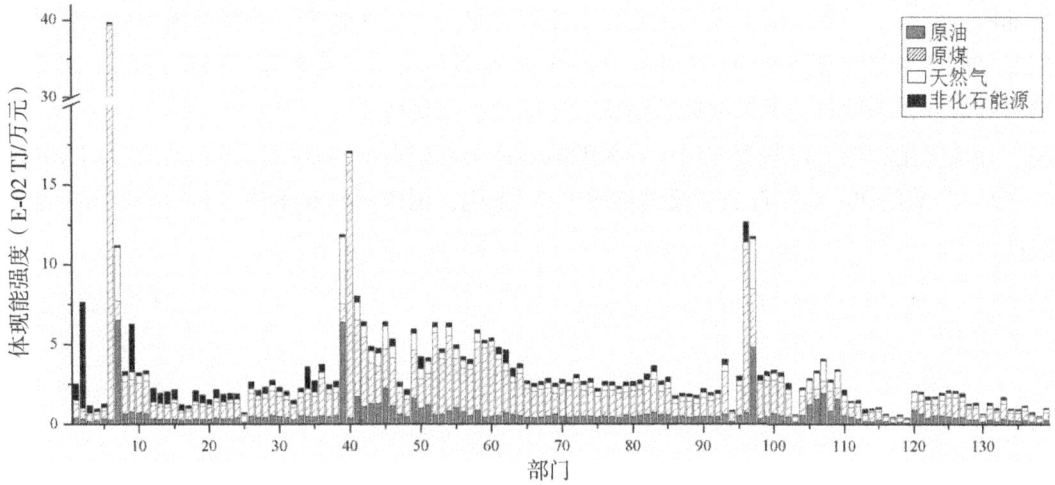

图 4.1 中国各部门体现能强度

部门6(煤炭采选产品)的体现能强度为3.97E-01 TJ/万元人民币,表示这个部门每产生1万元人民币的经济产值,需要环境系统向其投入3.97E-01 TJ的能源资源,这个部门也是这139个部门中对环境资源影响最大的部门,其次是部门40(炼焦产品)、部门96(电力、热力生产和供应)和部门39(精炼石油和核燃料加工品)。但这四个体现能强度最大的部门在能源供应链中扮演着不同的角色。部门6(煤炭采选产品)和部门96(电力、热力生产和供应)是能源资源开采部门,直接从环境系统中开采能源资源,并直接对环境产生影响。相比而言,部门40(炼焦产品)和部门39(精炼石油和核燃料加工品)是下游加工部门,它们需从国内其他地区的部门或国外部门购买能源资源,因此对环境的影响是间接通过其他部门传递的。根据公式(2.22),部门的体现能强度主要由三种经济行为引起。第一种是直接开发开采,也就是部门的直接能源投入。139个部门中只有7个部门有直接投入,分别为生物质的开采部门1(农产品)、部门2(林产品)和部门3(畜牧产品),煤炭的开采部门6(煤炭采选产品),石油和天然气的开采部门7(石油和天然气开采产品),核燃料的开采部门9(有色金属矿采选产品),水能和其他可再生能源的开发部门96(电力、热力生产和供应)。第二种是从国外进口,即体现在进口产品中的能源。139个部门均有进口,包括能源产品或非能源产品进口。第三种是国内贸易,即体现在国内部门间贸易产品中的能源。图4.2对各部门体现能强度的三种影响因素的影响百分比进行了分析,其中直接开采和国外贸易两种影响因素在图中已画出,为方便起见,不足100%的部分表示国内贸易的影响。可以看出,部门6(煤炭采选产品)的体现能强度的81.52%是由该部门的直接开采行为引起,但对部门40(炼焦产品)和部门39(精炼石油和核燃料加工品),国内贸易和国外贸易分别是其体现能强度的最大影响因素。部门40(炼焦产品)体现能强度的97.60%是由国内贸易引起,而部门39(精炼石油和核燃料加工品)体现能强度的59.64%

是由国外贸易引起。部门 96(电力、热力生产和供应)是水能和其他可再生能源的直接开发部门,但由于可再生能源发电量在电力生产总量中占很小比例,直接开采引起的体现能强度只占这个部门总强度的 6.18%。在产业结构调整中,只有根据不同部门的不同的环境影响来源,来针对性地采取调整措施,才能达到最优效果。对部门 6(煤炭采选产品)来说,开采优化和煤价控制等方法可以帮助减缓这个部门造成的环境压力;而对部门 40(炼焦产品)和部门 39(精炼石油和核燃料加工品)来说,国内贸易和国外贸易的调整需要给予关注。

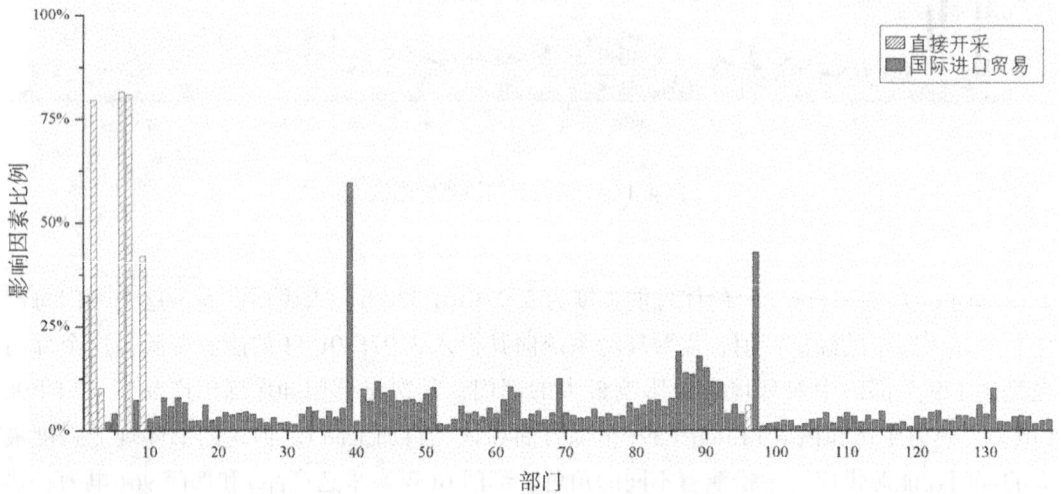

图 4.2　中国各部门体现能强度的影响因素

图 4.1 中对各部门的能源结构也进行了展示。中国的能源结构以煤为主,这也使得各个部门的体现能强度中,煤炭均占据了较大的比例。在这 139 个部门中,部门 2(林产品)的体现非化石能源(生物质、水能、核能和其他可再生能源)比例最大,86.48%的能源需求来自非化石能源。这也说明部门 2(林产品)的经济生产活动对环境中的非化石能源的依赖性最大,而对化石能源的依赖性最小。部门 7(石油和天然气开采产品)、部门 6(煤炭采选产品)和部门 39(精炼石油和核燃料加工品)分别表现出对原油、原煤和天然气的最大依赖性。

虽然一些部门并未直接从环境系统中开采或利用能源,但借助国内或国外贸易,这些部门仍可以占有大量能源资源的利用权力并产生环境污染。例如在直接核算中,通常认为第三产业部门是零能耗或零排放的部门,但是从体现的观点来看,有相当大的能源消费量隐藏在这些部门的供应链中。正是如此,已有很多学术研究开始对工厂、建筑等开展全生命周期分析[71]。而本研究中得到的 2012 年 139 个部门的体现能强度数据库有望为此类研究提供数据支持。

4.3 最终需求中的体现能

  根据统计数据，中国的最终需求一共划分为五种类型，包括农村居民消费、城镇居民消费、政府消费、固定资本形成总额和存货增加。2012 年中国的最终需求共计 52.01 万亿元人民币，其中固定资本形成占 45.71%，其次是城镇居民消费(29.48%)、政府消费(14.07%)、农村居民消费(8.69%)和存货增加(2.05%)。图 4.3 对这五类最终需求的货币和体现能分布进行了对比。在中国经济中，体现在最终需求中的能源利用量总计 1.14E+08 TJ，等于当地直接能源开采量与体现在净进口中的能源利用量之和。图中显示，体现在固定资本形成中的能源利用量为 6.46E+07 TJ，占最终需求总量的 56.63%，在五类最终需求中位居第一，比居民消费总量(农村和城镇居民消费之和)多 76%，这也反映了目前中国的需求结构中消费率偏低。中国作为最大的发展中国家，仍处在工业化和城镇化进程之中，也因此需要消耗大量能源用于国内基础设施建设。固定资本形成总额在体现能分析中占最终总需求的比例大于其在货币分析中的比例，这与投入的商品有很大关系。固定资本形成消耗的商品多是建筑材料，主要来自体现能强度较高的部门 99(房屋建筑)和部门 100(土木工程建筑)。居民消费中投入的商品多是来自体现能强度较低的部门 119(房地产)和部门 103(批发和零售)。居民消费包括城镇居民消费和农村居民消费两类，其中体现在城镇居民消费中的能源利用量为 2.85E+07 TJ，是体现在农村居民消费中的能源利用量的 3.45 倍。若考虑人均体现能利用情况，农村地区的人均水平仅有城镇地区的 1/3，这一结果反映了两地区生活水平的悬殊差距。

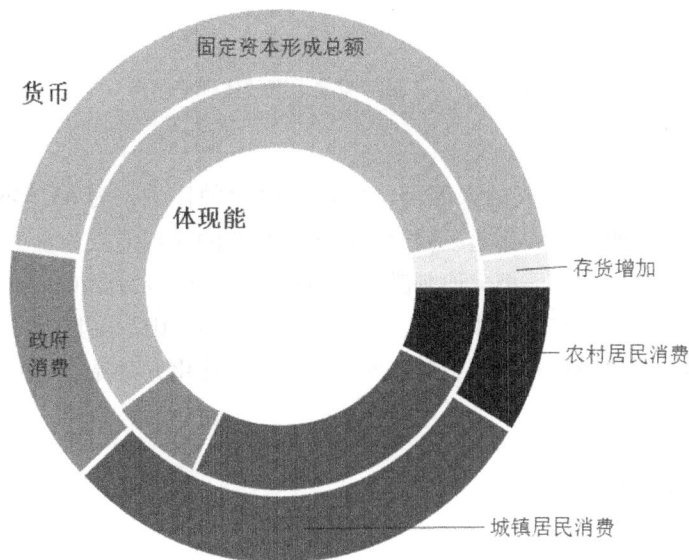

图 4.3　中国五种最终需求类型的比例

根据公式(2.23)，体现在最终需求中的能源有两个来源：一个是由国内部门提供，即国内生产；另一个是由国外部门提供，即国外进口。总体来说，最终需求中的体现能的绝大多数来自国内生产部门，如图 4.4 所示。固定资本形成总额中，国内生产和国外进口分别提供了 98.30% 和 1.70% 的能源利用；城镇居民消费中，国内生产和国外进口分别提供了 96.94% 和 3.06% 的能源利用；政府消费中，国内生产和国外进口分别提供了 99.51% 和 0.49% 的能源利用；农村居民消费中，国内生产和国外进口分别提供了 96.62% 和 3.38% 的能源利用；存货增加中，国内生产和国外进口分别提供了 87.65% 和 12.35% 的能源利用。图中对这五类最终需求中体现能的来源部门也进行了分析，其中为方便起见，139 个部门被划分为七大类，详见表 2.7。

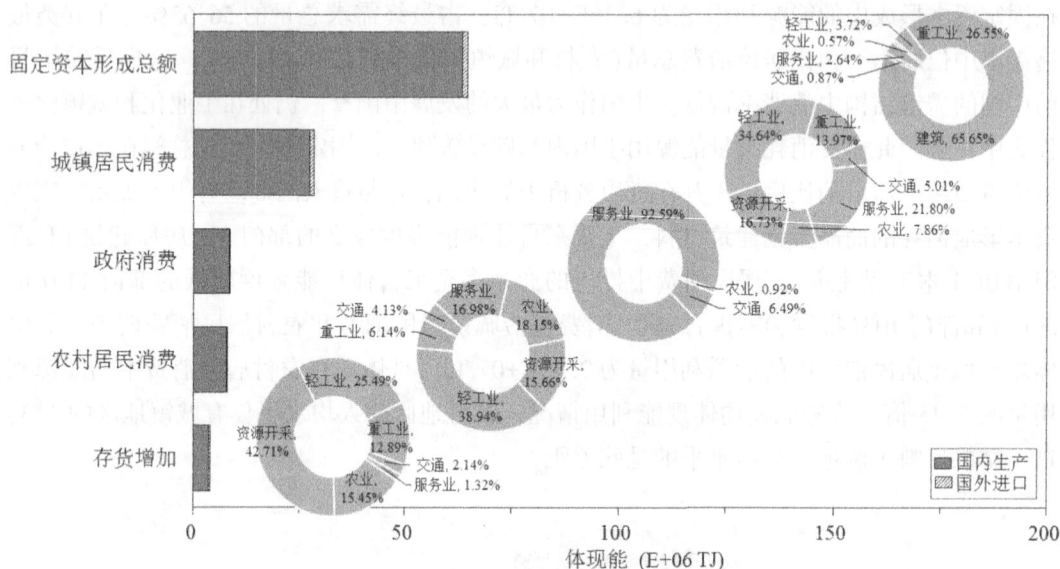

图 4.4　中国各最终需求类型的体现能结构

建筑行业在固定资本形成的来源部门中占了最大的比例，为 65.65%，其次是重工业、轻工业、农业、服务业和交通运输业。资源开采业的体现能投入量为 0，因此未出现在图中。国内房价的不断上涨极大地刺激了房地产行业和建筑行业的发展。城镇居民的消费主要集中在轻工业产品和服务业产品，而农村居民的消费则主要集中在轻工业产品和农业产品。不同的消费结构对各地区和各消费类型的能源优化方案提出了不同的要求。

4.4　体现能贸易

图 4.5 给出了中国 139 个产业部门贸易中的体现能情况。体现在中国总进口中的能源利用量为 5.42E+07 TJ，其中 90.20% 的进口用于中间生产，而剩下的 9.80% 的进口用于

最终使用。部门 7(石油和天然气开采产品)是所有部门中最大的体现能进口部门,进口量为 2.91E+07 TJ,占中国体现能总进口量的一半以上。中国是一个贫油国家,大部分石油需求需要通过进口来满足。随着中国工业化进程的不断发展,对石油的需求量也越来越大,因此石油在中国进口市场中占据了很大的比例。部门 90(电子元器件)是第二大进口部门,其次是部门 41(基础化学原料)、部门 45(合成材料)和部门 39(精炼石油和核燃料加工品),均为第二产业部门。第三产业部门的进口量普遍较少,例如部门 124(科技推广和应用服务)的进口量甚至为 0。

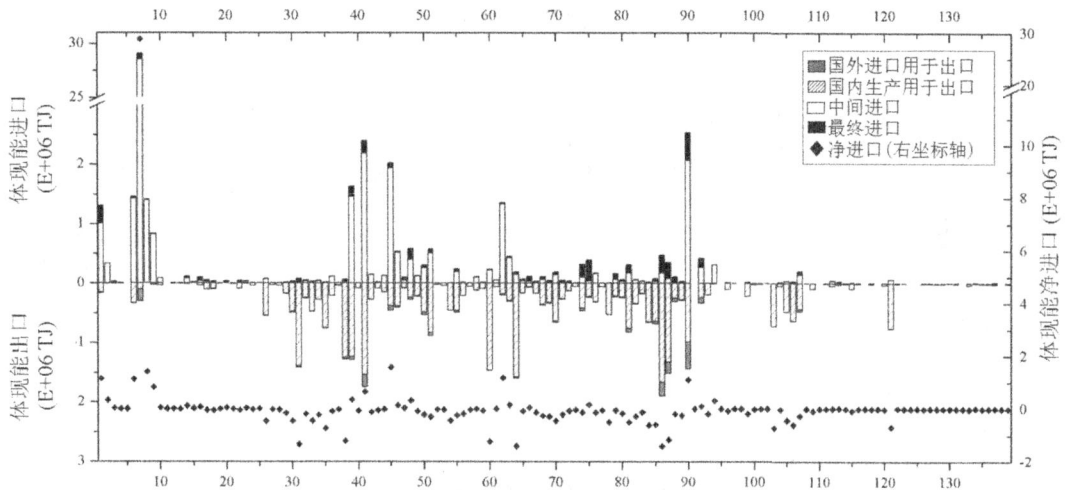

图 4.5 中国各部门贸易中的体现能

体现在中国总出口中的体现能为 3.59E+07 TJ,其中 93.00% 的出口是国内部门产品的出口,即本土化出口,而剩下的 7.00% 是再出口或复出口,即国外的产品进口到中国后再直接出口。部门 86(计算机)是所有部门中最大的体现能出口部门,出口量为 1.90E+06 TJ,占中国体现能总出口量的 5.28%,其次是部门 41(基础化学原料)、部门 64(金属制品)、部门 87(通信设备)和部门 60(钢压延产品),均为第二产业部门。除部门 121(商务服务)以外,其他第三产业部门的出口量均比较小。

综合进出口数据可以得到,中国是一个体现能净进口国,这与上一章中得到的中国净贸易情况一致。中国的体现能净进口总量为 1.83E+07 TJ,各个部门的体现能净进口量在图中用菱形符号标出。在这 139 个部门中,37 个部门的体现能净进口量为正值,即为净进口部门,90 个部门为净出口部门,而另外 12 个部门的进出口量和净进口量均为 0。部门 7(石油和天然气开采产品,净进口量为 2.88E+07 TJ)、部门 45(合成材料,净进口量为 1.56E+06 TJ)、部门 8(黑色金属矿采选产品,净进口量为 1.41E+06 TJ)、部门 62(有色金属及其合金和铸件,净进口量为 1.16E+06 TJ)和部门 1(农产品,净进口量为 1.14E+06 TJ)是最大的五个体现能净进口部门,而部门 86(计算机,净出口量为 1.42E+06 TJ)、部门 64(金属制品,净出口量为 1.41E+06 TJ)、部门 31(纺织服装服饰,净进口量为

1. 34E+06 TJ)、部门 60(钢压延产品，净出口量为 1. 24E+06 TJ)和部门 38(文教、工美、体育和娱乐用品，净出口量为 1. 21E+06 TJ)则是最大的五个体现能净出口部门。

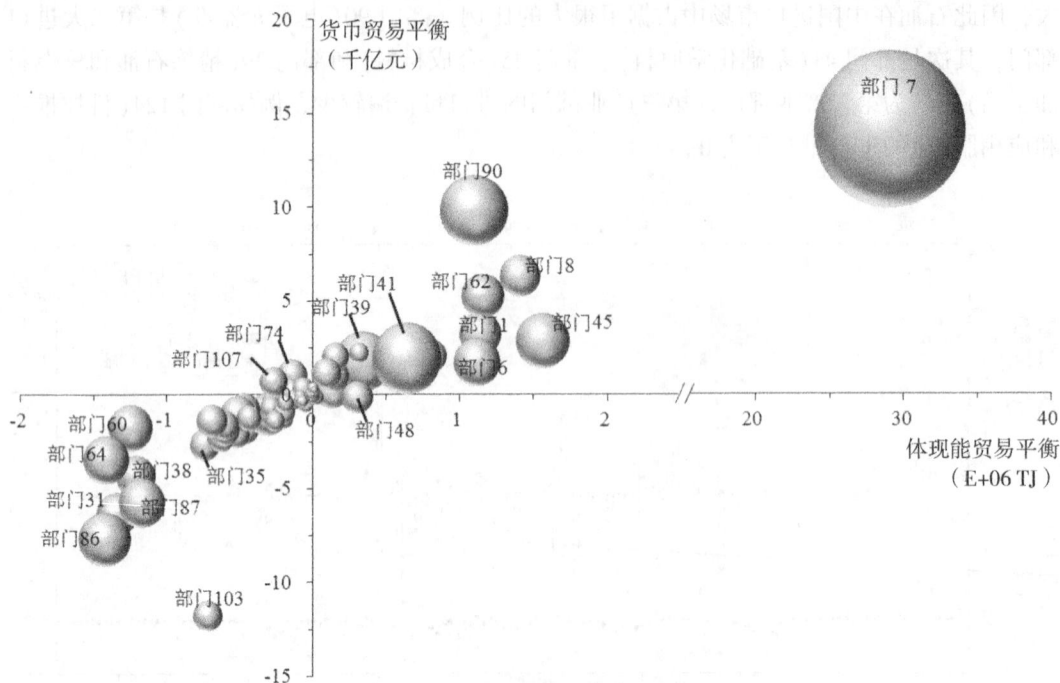

图 4. 6　中国各部门的贸易平衡情况

　　由于市场中商品的价格与商品的体现能之间没有直接相关性，因此，这里介绍的以体现能为单位的贸易会不同于以传统货币为单位的贸易。图 4. 6 对各产业部门的体现能贸易平衡和货币贸易平衡进行了对比。图中将 139 个部门用球体表示，球体体积的大小取决于该部门的体现能贸易总量。这些部门分为四大类，分别位于四个不同的象限。位于第一象限的部门在货币贸易和体现能贸易中均为净进口部门；位于第二象限的部门在货币贸易中是净进口部门，但在体现能贸易中为净出口部门；位于第三象限的部门在货币贸易和体现能贸易中均为净出口部门；位于第四象限的部门在货币贸易中是净出口地区，但在体现能贸易中为净进口部门。

　　大多数部门位于第一和第三象限中，这说明货币贸易平衡与体现能贸易平衡的符号一致，也揭示了这两种贸易之间存在一定的相关性。部门 7(石油和天然气开采产品)的体现能贸易总量最大，且在货币贸易和体现能贸易中均扮演了净进口的角色，位于第一象限。国内石油需要大量进口的现状使得部门 7(石油和天然气开采产品)的贸易逆差达到 1. 41 万亿元人民币，而这一逆差额也体现了该部门对国外能源资源的大量利用。与部门 7(石油和天然气开采产品)类似的还有部门 90(电子元器件)、部门 45(合成材料)、部门 41(基础化学原料)和部门 39(精炼石油和核燃料加工品)。位于第三象限的部门 31(纺织服装服饰)在货币贸易和体现能贸易中均扮演了净出口的角色。纺织品是中国主要的出口产品，中国的纺织服装服饰出口规模为 6.90 千亿元人民币，贸易顺差额为 6.37 千亿元人民币，这一顺差额也体现了大量的国内能源利用通过该部门出口到了境外地区。同样位于第三象限的还有部门 86（计算机）、部门 60（钢压延产品）、部门 64（金属制品）和部门 103（批发和零售）。少数部门位于第二和第四象限，典型的代表有部门 107（航空运输）和部门 48（医药制品）。部门 107（航空运输）是一个贸易逆差部门，却是体现能净出口部门，这是由于该部门在国内的体现能强度要远大于国外平均体现能强度，而体现能强度的不同又是由国内外不同的生产技术引起的。部门 48（医药制品）是一个贸易顺差部门，却是体现能净进口部门，这是由于该部门在国外的平均体现能强度大于国内体现能强度。

4.5　能源利用的源-汇清单

中国的能源安全问题比较突出。在已发布的"十三五"规划中，发展和构建安全、清洁、高效和低碳的能源体系被确定为国家的首要任务[14]。这一小节将采用体现能的观点对中国的能源问题进行体现分析。对中国能源利用的开采源和最终使用汇，进行一一追踪，并根据源和汇在能源供应链中的关系建立从源到汇的能源利用清单，如图 4.7 所示。中国的能源消费结构以化石能源为主，而化石能源中更是以煤为主。图中对中国各类能源资源的利用进行了展示，体现在中国最终使用中的能源，有 54.08% 为煤炭，这与传统的直接核算结果有些不同。在直接核算中不考虑体现在进口中的能源利用，因此煤炭在中国能源消费结构中的比例可达 68.5%[146]，高于体现能核算中的比例，这与国内外不同的能源结构有关。在中国以外的世界其他地区的能源消费结构中，煤炭平均占比 19.55%，远远小于其在中国能源消费结构中的比例，因此当考虑体现在进口商品中的能源利用时，煤炭比例将会降低。用于中国最终使用的煤炭中，有 90.59% 是由国内部门 6（煤炭采选产品）开采，而 9.51% 则是从国外地区进口。原油是中国第二大化石能源，体现在中国最终使用中的原油利用量为 3.20E+07 TJ，占中国体现能总利用量的 21.32%。在这些原油中，只有 23.22% 是由国内地区开采提供，而 76.78% 则需从国外进口。中国的天然气同样也需大量进口，体现在中国最终使用中的天然气，有 82.57% 是从国外进口。原油和天然气的安全问题成为能源问题中最为关键的一个课题。

从源的角度看，在中国地区开采的能源资源为国内能源，这些能源资源可以用于国内最终需求，也可以用于出口。对国内能源资源的最终使用，即最终目的地分布的研究可以帮助理解国内能源的去向问题。总体来说，中国开采的能源资源有 78.29% 用于满足国内的最终需求，而 21.71% 则用于出口。具体到各类能源资源则会有不同的结果。中国是煤炭第一生产和消费地区，这里假设国内所有煤炭的开采工作均是由部门 6（煤炭采选产品）负责。由图可知，50.51% 的国内煤炭用于固定资本形成，21.54% 用于出口，15.85% 用于城镇居民消费，4.49% 用于农村居民消费，4.74% 用于政府消费以及 2.41% 用于存货增加。原油和天然气的开采工作是由部门 7（石油和天然气开采产品）负责。中国原油和天然气的开采量合计为 1.11E+07 TJ，其中 34.74% 用于固定资本形成，24.48% 用于出口，

23.55%用于城镇居民消费，8.23%用于政府消费，5.25%用于农村居民消费，3.77%用于存货增加。

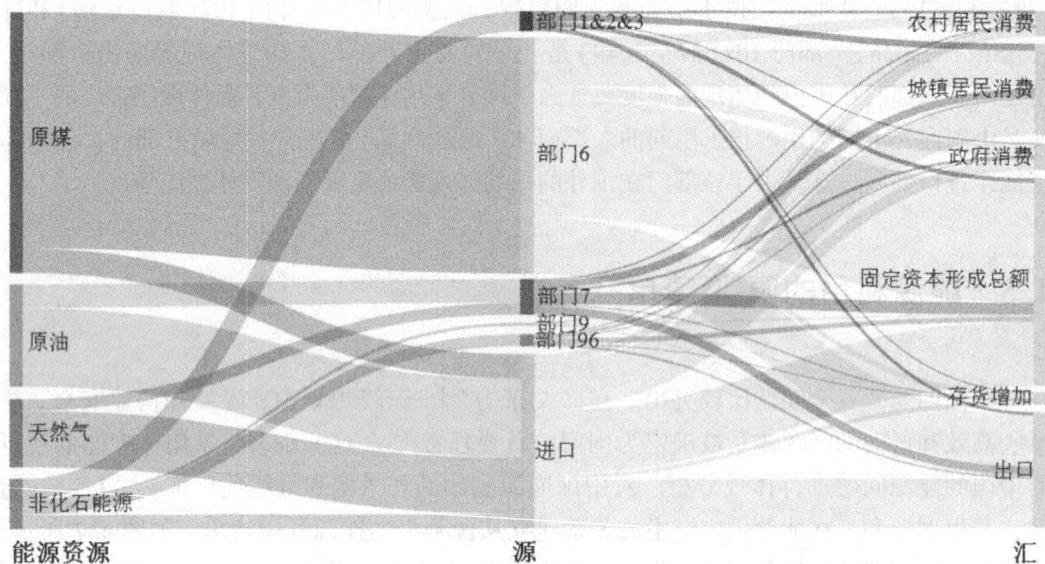

图 4.7　中国体现能的源-汇清单

　　从汇的角度看，体现在中国最终使用中的能源资源，既可以来自国内开采，也可来自国外进口。对最终使用中的能源的开采地分布的研究可以帮助理解国内能源来源问题。总体来说，中国最终使用的能源中，63.87%是由国内地区开采，而 36.13%则进口自国外地区。具体到各最终使用类型结果又会有些不同。固定资本形成是中国最大的一种最终使用类型，在其需求的能源中，63.46%是国内开采的化石能源，5.73%是国内开采的非化石能源以及 30.81%进口自国外地区的能源。居民消费(包括农村居民消费和城镇居民消费)需求的能源中，50.32%是国内开采的化石能源，11.81%是国内开采的非化石能源以及37.87%进口自国外地区的能源。政府消费对能源进口的依赖性最大，42.74%的能源利用是进口能源利用。在体现能出口中，国内开采的能源资源占到 57.86%。

4.6　能源利用的结构分解分析

　　2002—2012 年，中国直接能源利用量从 5.11E+07 TJ 增长至 9.58E+07 TJ，体现在最终需求中的能源利用量也增长了 6.49E+07 TJ。为了探究中国能源利用量增长的驱动因素，这里选取 2002 年、2007 年和 2012 年三个年份为样本期，采用 42 部门规格投入产出表(表 2.8)，对中国最终需求中的体现能进行结构分解分析，如图 4.8 所示。

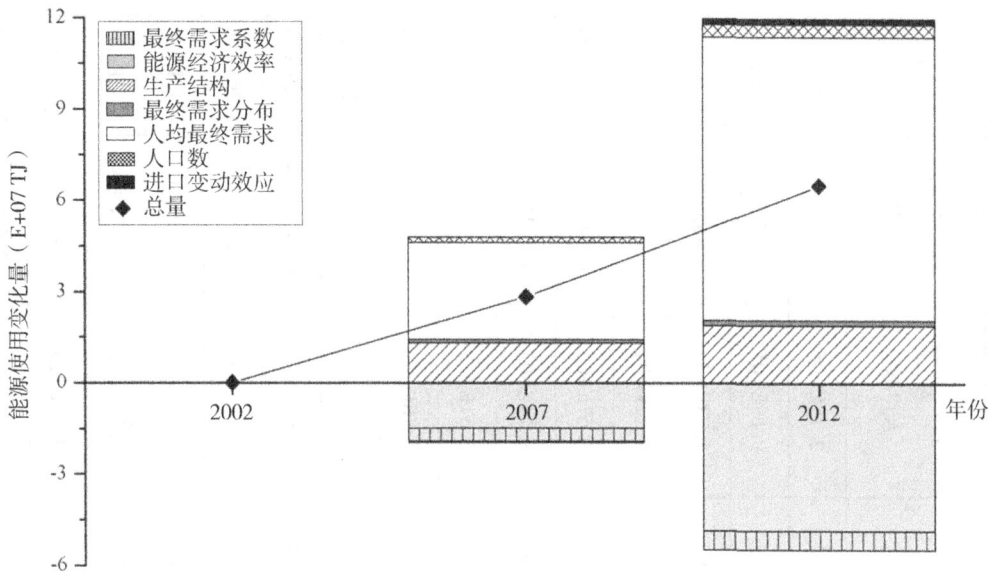

图 4.8 中国能源利用的变化量(2002—2012 年)

2002—2007 年，中国能源利用总量增长了 2.82E+07 TJ。其中人均最终能源需求量的变化对中国能源利用总量的影响最大，其变化引起中国能耗量增加了 3.18E+07 TJ，是中国能耗变化总量的 1.13 倍。中国经济的快速增长为本地居民的生活带来了很多变化，与 2002 年相比，2007 年的人均最终能源需求量增长了 51.23%，反映了这 5 年时间里中国地区居民生活水平的极大改善。但上一章中的研究结果指出，中国的人均体现能消费水平与发达国家的人均水平仍有很大差距，甚至不到美国人均水平的 1/4。因此可以预测，目前的发展模式下，中国的能源利用量仍将持续增长。能源经济效率的提高、最终需求系数的变动和进口贸易的变动均使得中国能源利用总量有所减少。但是其他四个影响因素的变化均使得中国的能耗量有所增长，增长量之和达到 4.79E+07 TJ，不仅抵消了能源经济效率提高、最终需求系数变动和进口贸易变动带来的节能效应，还使得中国能源利用总量呈现出增长态势。

2007—2012 年，中国能源利用总量增加了 3.67E+07 TJ，是 2002—2007 年变化量的 1.30 倍。由于本地能源经济效率的变化，中国能源利用量减少了 3.36 E+07 TJ，是 2002—2007 年能源经济效率引起的变化量的 2.25 倍。生产结构的变动使得中国能源利用量增加了 5.70E+06 TJ。这两个技术因素变动的综合效应为中国能源利用带来了 2.79E+07 TJ 的节能效应。考虑本地产品最终需求的变动效应，中国能源利用量由于本地产品最终需求的变动增加了 6.21E+07 TJ，是中国能耗变化总量的 1.69 倍。其中，人均最终需求的变化引起中国能耗增加了 6.13E+07 TJ，最终需求系数的变化引起中国能耗减少了 2.12E+06 TJ，人口数的变化引起中国能耗增加了 2.31E+06 TJ，最终需求分布的变化引起中国能耗增加了 6.26E+05 TJ。值得注意的是，进口变动引起中国能耗量增加了 2.51E+06 TJ，是 2002—2007 年进口变动引起变化量的 5.31 倍，反映了经济全球化为中国带来的变化越来越显著。

中国能源利用量的变化是国内各部门能源利用量变化的总和。表 4.2 和表 4.3 分别列

表 4.2　中国分部门能源利用 2002—2007 年结构分解分析

（单位：TJ）

部门	技术变动效应		最终需求变动效应				进口变动效应	合计
	能源经济效率	生产结构	最终需求系数	最终需求分布	人均最终需求	人口数		
1	-2.18E+06	-3.29E+05	-1.67E+06	-6.43E+05	4.13E+06	2.15E+05	3.51E+04	-4.52E+05
2	-6.92E+06	6.94E+06	-3.28E+06	1.12E+06	1.73E+07	9.69E+05	-6.82E+03	1.61E+07
3	-4.79E+06	2.06E+06	1.99E+05	1.83E+05	3.21E+06	1.73E+05	2.46E+04	1.06E+06
4	-1.20E+05	1.69E+05	2.84E+04	4.12E+04	2.05E+05	1.22E+04	6.77E+04	4.03E+05
5	0.00E+00	6.95E+03	-4.00E+03	5.22E+03	2.67E+04	1.57E+03	6.24E+03	4.27E+04
6	0.00E+00	6.80E+04	3.24E+04	-2.24E+04	1.37E+05	8.24E+03	1.03E+05	3.26E+05
7	0.00E+00	2.42E+04	-9.38E+03	-8.01E+03	6.53E+04	3.51E+03	-7.74E+04	-1.87E+03
8	0.00E+00	2.14E+04	1.92E+04	-5.04E+03	4.45E+04	2.46E+03	-5.39E+04	2.87E+04
9	0.00E+00	5.56E+01	7.92E+03	3.10E+03	3.69E+04	2.05E+03	-1.89E+04	3.11E+04
10	0.00E+00	6.04E+03	-7.00E+03	-3.61E+03	7.30E+04	4.07E+03	-1.45E+04	5.80E+04
11	0.00E+00	2.16E+06	1.88E+05	1.30E+05	2.54E+06	1.51E+05	-3.78E+05	4.79E+06
12	0.00E+00	3.63E+05	2.75E+04	-1.08E+02	8.61E+05	4.97E+04	-1.50E+05	1.15E+06
13	0.00E+00	1.50E+05	-2.06E+04	2.28E+04	1.19E+05	7.29E+03	-1.67E+04	2.62E+05
14	0.00E+00	3.90E+05	6.01E+04	1.04E+05	5.39E+05	3.36E+04	2.91E+05	1.42E+06
15	0.00E+00	1.73E+04	9.15E+02	1.28E+04	7.68E+04	4.21E+03	-7.55E+04	3.65E+04

续表

部门	技术变动效应		最终需求变动效应				进口变动效应	合计
	能源经济效率	生产结构	最终需求系数	最终需求分布	人均最终需求	人口数		
16	0.00E+00	2.14E+04	1.51E+04	2.93E+04	1.19E+05	6.65E+03	-7.29E+04	1.19E+05
17	0.00E+00	1.69E+04	1.26E+04	1.87E+04	7.63E+04	4.29E+03	3.18E+04	1.61E+05
18	0.00E+00	2.89E+04	7.98E+04	2.28E+04	1.47E+05	8.48E+03	7.59E+03	2.94E+05
19	0.00E+00	7.65E+04	7.70E+04	1.57E+04	1.26E+05	7.32E+03	-5.39E+04	2.48E+05
20	0.00E+00	2.23E+04	-7.71E+04	2.86E+04	1.90E+05	1.06E+04	7.17E+03	1.82E+05
21	0.00E+00	1.05E+04	8.74E+03	3.02E+03	2.72E+04	1.59E+03	5.29E+04	1.04E+05
22	0.00E+00	1.09E+03	1.26E+04	1.13E+03	2.35E+04	1.35E+03	-3.09E+03	3.66E+04
23	0.00E+00	3.11E+03	1.96E+02	5.25E+02	4.66E+03	3.34E+02	1.52E+04	2.40E+04
24	—	—	—	—	—	—	—	—
25	-9.10E+05	9.01E+05	3.65E+04	1.78E+04	7.43E+05	4.22E+04	4.44E+03	8.36E+05
26	0.00E+00	3.22E+04	3.37E+03	-2.56E+03	8.72E+04	6.04E+03	2.65E+05	3.91E+05
27	0.00E+00	-9.45E+02	3.51E+02	-1.41E+02	3.15E+03	1.76E+02	4.33E+01	2.64E+03
28	0.00E+00	-1.92E+04	-8.22E+04	1.24E+05	3.75E+05	2.00E+04	-3.39E+05	7.88E+04
29	0.00E+00	-3.25E+04	7.65E+03	5.76E+02	4.79E+04	2.37E+03	-6.92E+04	-4.32E+04
30	0.00E+00	4.41E+03	-2.80E+03	2.07E+03	1.21E+05	6.77E+03	-1.51E+04	1.16E+05

续表

部门	技术变动效应		最终需求变动效应				进口变动效应	合计
	能源经济效率	生产结构	最终需求系数	最终需求分布	人均最终需求	人口数		
31	0.00E+00	4.87E+03	-3.70E+03	-3.87E+03	3.39E+04	1.99E+03	3.75E+04	7.08E+04
32	0.00E+00	-2.74E+04	1.33E+04	1.63E+03	3.49E+04	1.78E+03	-3.27E+04	-8.39E+03
33	0.00E+00	5.39E+02	3.91E+03	-8.68E+02	1.30E+04	6.99E+02	-1.53E+04	2.03E+03
34	0.00E+00	-1.33E+03	1.55E+03	-1.66E+03	1.18E+04	6.74E+02	3.24E+03	1.43E+04
35	0.00E+00	-3.63E+03	4.29E+03	-1.06E+03	3.45E+04	1.92E+03	7.82E+02	3.68E+04
36	0.00E+00	8.95E+03	-1.71E+04	-1.36E+03	2.13E+04	1.22E+03	2.42E+04	3.72E+04
37	0.00E+00	6.98E+02	6.87E+03	-1.40E+03	8.65E+03	4.90E+02	-6.16E+03	9.15E+03
38	0.00E+00	1.24E+04	-5.39E+03	-5.59E+03	4.12E+04	2.31E+03	-1.43E+04	3.07E+04
39	0.00E+00	1.69E+03	1.36E+03	-6.02E+03	2.65E+04	1.52E+03	9.00E+03	3.41E+04
40	0.00E+00	6.59E+03	8.47E+04	-2.50E+04	1.33E+05	7.59E+03	-5.17E+04	1.55E+05
41	0.00E+00	2.01E+03	-1.68E+03	-1.44E+03	9.00E+03	5.03E+02	2.84E+03	1.12E+04
42	0.00E+00	3.59E+02	-1.15E+04	-8.21E+03	3.21E+04	1.75E+03	2.92E+03	1.74E+04
合计	-1.49E+07	1.31E+07	-4.26E+06	1.15E+06	3.18E+07	1.78E+06	-4.73E+05	2.82E+07

表 4.3　中国分部门能源利用 2007—2012 年结构分解分析

（单位:TJ）

部门	技术变动效应		最终需求变动效应				进口变动效应	合计
	能源经济效率	生产结构	最终需求系数	最终需求分布	人均最终需求	人口数		
1	−5.73E+06	−1.42E+05	8.76E+04	−3.81E+05	4.78E+06	1.65E+05	1.78E+05	−1.04E+06
2	−2.87E+07	1.14E+07	−2.42E+06	6.39E+05	3.28E+07	1.22E+06	9.20E+04	1.50E+07
3	1.56E+05	−3.75E+06	3.23E+05	5.03E+04	5.06E+06	1.88E+05	2.67E+05	2.30E+06
4	−7.90E+04	9.39E+04	−5.70E+04	3.00E+04	5.42E+05	2.12E+04	−8.03E+04	4.71E+05
5	0.00E+00	−1.59E+04	−5.57E+03	3.31E+03	4.92E+04	1.67E+03	−5.34E+04	−2.06E+04
6	0.00E+00	3.08E+04	3.10E+04	−2.58E+04	3.67E+05	1.42E+04	−1.28E+04	4.04E+05
7	0.00E+00	2.00E+04	−1.84E+04	−4.42E+03	1.05E+05	3.92E+03	−5.17E+04	5.40E+04
8	0.00E+00	−1.18E+04	−1.30E+04	−3.55E+03	7.29E+04	2.62E+03	−1.57E+04	3.15E+04
9	0.00E+00	−1.04E+04	−1.54E+04	2.30E+03	6.50E+04	2.38E+03	−2.13E+04	2.26E+04
10	0.00E+00	−3.84E+04	2.20E+04	−2.96E+03	1.34E+05	4.98E+03	−5.09E+04	6.88E+04
11	0.00E+00	−1.25E+06	3.07E+05	9.64E+04	7.95E+06	3.26E+05	3.81E+06	1.12E+07
12	0.00E+00	1.72E+05	−5.65E+04	−1.40E+04	1.88E+06	7.10E+04	−8.52E+05	1.20E+06
13	0.00E+00	−1.48E+04	−3.27E+04	2.56E+04	3.24E+05	1.24E+04	−9.40E+04	2.20E+05
14	0.00E+00	−1.62E+05	−1.39E+05	9.88E+04	1.63E+06	6.31E+04	−1.29E+05	1.36E+06
15	0.00E+00	−5.38E+03	−6.74E+03	7.48E+03	1.52E+05	5.94E+03	−3.39E+03	1.50E+05

续表

部门	技术变动效应		最终需求变动效应				进口变动效应	合计
	能源经济效率	生产结构	最终需求系数	最终需求分布	人均最终需求	人口数		
16	0.00E+00	−2.53E+04	−7.18E+04	1.61E+04	2.18E+05	8.07E+03	−7.89E+03	1.37E+05
17	0.00E+00	−6.14E+04	5.58E+04	1.17E+04	1.63E+05	6.33E+03	1.55E+04	1.91E+05
18	0.00E+00	−7.58E+04	7.64E+04	1.44E+04	3.26E+05	1.24E+04	5.66E+04	4.10E+05
19	0.00E+00	−2.60E+04	−3.40E+04	1.19E+04	2.77E+05	1.04E+04	−8.85E+04	1.51E+05
20	0.00E+00	2.11E+04	−8.62E+04	9.94E+03	3.55E+05	1.34E+04	−2.11E+04	2.92E+05
21	0.00E+00	−2.13E+04	−1.41E+04	1.63E+03	5.23E+04	1.83E+03	−5.52E+04	−3.48E+04
22	0.00E+00	−2.61E+04	−5.28E+04	1.02E+02	3.50E+04	1.10E+03	−6.39E+03	−4.90E+04
23	0.00E+00	−1.51E+04	−8.01E+02	7.59E+02	1.50E+04	5.04E+02	−6.85E+03	−6.53E+03
24	—	—	—	—	—	—	—	—
25	6.94E+05	−6.02E+05	−2.54E+05	1.76E+04	1.80E+06	7.18E+04	3.19E+05	2.04E+06
26	0.00E+00	7.18E+04	2.80E+05	−1.05E+04	5.12E+05	2.20E+04	1.11E+05	9.86E+05
27	0.00E+00	−2.69E+03	2.27E+02	−1.21E+02	5.12E+03	1.80E+02	−3.15E+03	−4.25E+02
28	0.00E+00	2.94E+04	−5.84E+04	5.88E+04	6.12E+05	2.35E+04	−2.26E+05	4.39E+05
29	0.00E+00	1.57E+04	−4.44E+03	−6.64E+02	4.04E+04	1.40E+03	−6.24E+04	−9.91E+03
30	0.00E+00	−2.35E+04	4.11E+03	1.48E+03	2.27E+05	8.44E+03	−8.15E+04	1.36E+05

续表

部门	技术变动效应		最终需求变动效应				进口变动效应	合计
	能源经济效率	生产结构	最终需求系数	最终需求分布	人均最终需求	人口数		
31	0.00E+00	-2.07E+04	-1.68E+03	-2.75E+03	6.65E+04	2.35E+03	-2.25E+04	2.13E+04
32	0.00E+00	1.17E+03	2.12E+04	2.64E+02	5.50E+04	2.23E+03	1.30E+02	8.00E+04
33	0.00E+00	1.77E+04	1.33E+03	-3.21E+02	2.47E+04	9.85E+02	-1.51E+04	2.93E+04
34	0.00E+00	4.26E+03	7.83E+03	-5.56E+02	1.85E+04	6.07E+02	-4.35E+04	-1.28E+04
35	0.00E+00	7.24E+04	-7.02E+03	-9.41E+02	7.98E+04	3.22E+03	-5.30E+04	9.44E+04
36	0.00E+00	5.59E+04	3.93E+04	7.55E+02	7.64E+04	3.35E+03	-1.99E+04	1.56E+05
37	0.00E+00	7.87E+02	1.12E+04	-9.34E+02	2.00E+04	7.92E+02	-1.31E+04	3.17E+04
38	0.00E+00	-5.21E+03	-3.90E+03	-2.93E+03	6.94E+04	2.47E+03	-6.05E+04	-6.55E+02
39	0.00E+00	-3.37E+03	-1.15E+04	-3.36E+03	4.49E+04	1.53E+03	-3.97E+04	-1.15E+04
40	0.00E+00	-2.45E+04	-2.80E+04	-1.38E+04	2.52E+05	9.16E+03	-1.37E+05	5.76E+04
41	0.00E+00	-3.06E+03	2.99E+03	-6.19E+02	1.47E+04	5.16E+02	1.17E+04	2.62E+04
42	0.00E+00	2.08E+03	-5.85E+02	-3.08E+03	5.23E+04	1.92E+03	-3.61E+04	1.65E+04
合计	-3.36E+07	5.70E+06	-2.12E+06	6.26E+05	6.13E+07	2.31E+06	2.51E+06	3.67E+07

出了各部门 2002—2007 年和 2007—2012 年的结构分解结果。由于数据有限，部门 24（金属制品、机械和设备修理服务）未作考虑。可以看出，能源经济效率的变动效应只出现在五个能源直接开采部门，包括部门 1（农林牧渔产品和服务）、部门 2（煤炭采选产品）、部门 3（石油和天然气开采产品）、部门 4（金属矿采选产品）和部门 25（电力、热力的生产和供应），这主要是由于这里定义的能源利用为能源资源的经济利用，即能源开采，而非能源的技术利用，即能源燃烧或转换。2002—2007 年，部门 2（煤炭采选产品）的能源利用量变化最大，增加了 1.61E+07 TJ，占这一时期中国能源利用增加总量的 57.03%。各部门的能源经济效率变动效应均为负值，表示效率的提高产生的节能效应，其中煤炭部门的节能效应最大，这与中国以煤为主的能源结构有很大关系。在所有部门中，只有部门 1（农林牧渔产品和服务）、部门 29（批发和零售）、部门 32（信息传输、软件和信息技术服务）和部门 7（纺织品）的能源利用量呈下降趋势。这四个部门的能源利用量分别减少了 4.52E+05 TJ、4.32E+04 TJ、8.39E+03 TJ 和 1.87E+03 TJ，是 2002 年相应部门能源利用总量的 6.54%、4.93%、3.58% 和 0.52%。其中，最终需求系数变动对部门 1（农林牧渔产品和服务）的能源利用减幅起到关键作用，但对其他三个部门来说，进口变动效应是能源利用量减少的主要原因。

　　2007—2012 年，部门 2（煤炭采选产品）仍是变化最大的部门，其利用量增加了 1.50E+07 TJ，占这一时期中国增加总量的 41.01%，其次是部门 11（石油、炼焦产品和核燃料加工品）和部门 3（石油和天然气开采产品）。结合这一章第一节中对部门体现能强度的讨论结果，可以看出，这三个部门均为高强度部门。在考虑的七个影响因素中，人均最终需求变动对这三个部门的能源利用影响最大。在所有部门中，有十个部门的能源利用量呈下降趋势，其中部门 1（农林牧渔产品和服务）和部门 29（批发和零售）是仅有的两个在这 10 年间能源利用量持续下降的部门。

第 5 章　北京能源利用

5.1　直接能源开采

北京地区能源的储藏量十分有限，因此直接开采量较少，同时北京作为首都，是中国政治、经济、文化的中心，采矿产业在该地区的发展也因此受到影响。表 5.1 列出了 2012 年北京能源资源的开采情况，包括一种化石能源和三种非化石能源。2012 年北京直接能源开采量为 1.64E+05 TJ，其中原煤的比例最大，为 88.41%。生物质、水能和其他可再生能源等非化石能源合计 1.88E+04 TJ，占北京开采总量的 11.59%。

表 5.1　2012 年北京地区能源资源开采情况　　　　　（单位：TJ）

化石能源	非化石能源			总量
原煤	生物质	水能	其他可再生能源	
1.45E+05	1.05E+04	1.58E+03	6.69E+03	1.64E+05

5.2　各部门的体现能强度

基于多尺度系统投入产出分析法，这一章对北京经济体内的能源利用进行了模拟核算。其中进口商品的体现能强度采用境外地区对应部门的平均体现能强度，省外调入商品的体现能强度采用中国对应部门的平均体现能强度，分别由第三章和第四章中计算得到的世界和中国部门的体现能强度作为基础数据。需要注意的是，中国的平均强度，而非北京市之外的其他国内地区的平均强度，被用来核算北京的体现能调入量，这主要是受到数据可得性的限制。但由于北京市的 GDP 只占全国 GDP 总量的 3.31%[149]，因此这一近似处理对计算结果的影响不大。由于北京经济投入产出表采用的是 42 部门分类标准，为了与北京产业部门相对应，这里将对世界经济的 26 个部门进行扩展延伸，对中国经济的 139 个部门进行合并整理，详细的部门对应方法可查看附录 E。根据第二章中介绍的计算方法，可以得到北京 42 个产业部门的平均体现能强度，如图 5.1 所示，具体结果列在附录 F。根据体现能强度的定义，一个部门的体现能强度越大，这个部门在经济系统中生产单位商品时需从环境系统中得到的能源资源支持就越多，包括直接（通过直接开采获得）和间接（通过部门间贸易获得）支持。部门的体现能强度量化评价了部门的总能源资源需求和环境压力，较大的体现能强度代表了较多的能源资源需求，也因此会产生较大的环境压力。从图中可以看出，42 个部门的体现能强度大小不一，部门 2(煤炭采选产品)的体现能强度最大，而部门 33(金融)的体现能强度最小，前者是后者的 64 倍多。

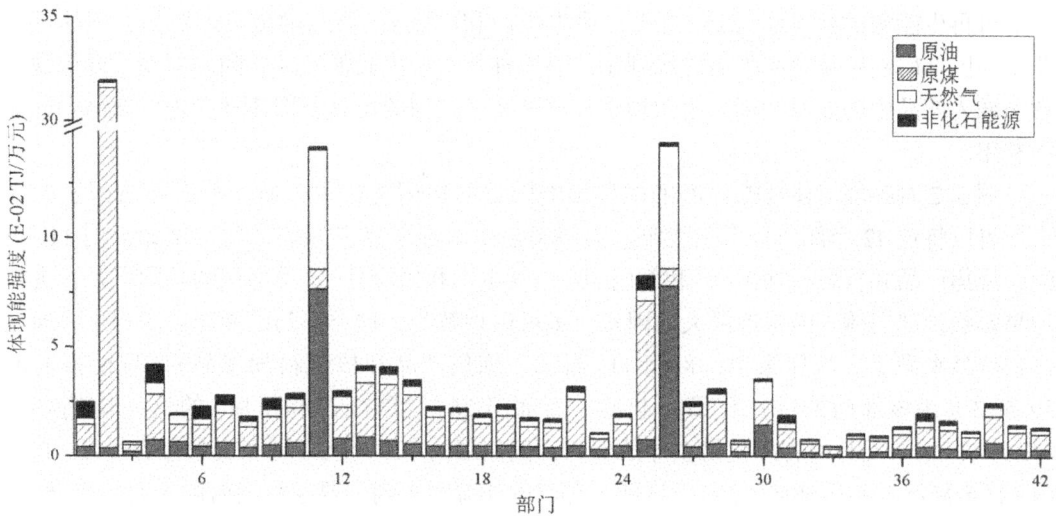

图 5.1　北京各部门体现能强度

　　部门 2(煤炭采选产品)的体现能强度为 3.20E-01 TJ/万元人民币，表示这个部门每产生 1 万元人民币的经济产值，需要环境系统向其投入 3.20E-01 TJ 的能源资源。这个部门也是这 42 个经济部门中对环境资源影响最大的部门，其次是部门 26(燃气生产和供应，1.43E-01 TJ/万元人民币)、部门 11(石油、炼焦产品和核燃料加工品，1.42E-01 TJ/万元人民币)、部门 25(电力、热力的生产和供应，8.27E-02 TJ/万元人民币)和部门 4(金属矿采选产品，4.19E-02 TJ/万元人民币)。这 5 个部门中，部门 2(煤炭采选产品)和部门 25(电力、热力的生产和供应)对环境资源既有直接影响，也有间接影响，而其他 3 个部门则只对环境资源有间接影响。

　　在这 42 个部门中，原煤在部门能源结构中占主导地位的有 39 个部门，这与中国以煤为主的能源消费结构有关。但是，在部门 11(石油、炼焦产品和核燃料加工品)和部门 26(燃气生产和供应)中，原油所占比例均超过 50%，这与部门生产的商品有关。由于石油是交通运输行业消耗的最主要能源，因此在部门 30(交通运输、仓储和邮政)中，原油较原煤所占比例大 36.25%。在这 42 个部门中，化石能源(包括原油，原煤和天然气)在部门 2(煤炭采选产品)体现能强度中的比例最大，为 99.55%。具体到各类化石能源，部门 26(燃气生产和供应)、部门 2(煤炭采选产品)和部门 26(燃气生产和供应)的体现能强度中，原油、原煤和天然气所占比例分别达到最大。相比而言，部门 1(农林牧渔产品和服务)的体现能强度中，非化石能源(包括生物质、水能、核能和其他可再生能源)所占比例最大，这一结果说明了部门 1(农林牧渔产品和服务)的经济生产活动对环境系统中的非化石能源的依赖性最大，而对化石能源的依赖性最小。

　　根据公式(2.41)，部门的体现能强度主要由四种经济行为引起。第一种是直接开发开采，也就是部门的直接能源利用。北京的 42 个部门中有 3 个部门有直接投入，分别为生物质的开采部门 1(农林牧渔产品和服务)，煤炭的开采部门 2(煤炭采选产品)，水能和其他可再生能源的开发部门 25(电力、热力生产和供应)。第二种是本地贸易，即体现在北京地区部门间贸易商品中的能源利用。第三种是与国内其他地区之间的贸易，即体现在省外调入商品中的能源利用。第四种是与国外地区之间的贸易，即体现在进口商品中的能源利用。

图 5.2 对各部门体现能强度的四种影响因素的比例进行了分析。根据影响因素的大小，可以将这 42 个部门分为三大类。第一类是由国际贸易主导的部门，例如部门 11(石油、炼焦产品和核燃料加工品)和部门 26(燃气生产和供应)。这类部门的共同点是，进口均是影响该部门体现能强度最大的因素，也可以理解为，这类部门的能源需求均主要通过进口商品来满足。具体来说，部门 11(石油、炼焦产品和核燃料加工品)体现能强度的 89.56%是由该部门的进口贸易引起的，而部门 26(燃气生产和供应)的这一比例高达 94.40%。第二类是由省际贸易主导的部门，例如部门 10(造纸印刷和文教体育用品)和部门 14(金属冶炼和压延加工品)。这两个部门的能源需求则主要通过国内调入商品来满足，其中国内调入体现能比例分别达到 75.31%和 77.37%。第三类是由省内贸易主导的部门，典型的代表有部门 33(金融)和部门 42(公共管理、社会保障和社会组织)。这两个部门的能源需求主要是通过购买北京市内其他部门的商品来满足，其中本地购买的体现能比例分别达到 64.17%和 61.50%。此外，直接开采对前面提到的三个开采部门有影响，但是由于北京地区能源的直接开发开采量较小，因此在三个开采部门中，直接开采引起的体现能强度占部门总强度的比例均比较小。特别地，在部门 25(电力、热力生产和供应)中，由水能和其他可再生能源的直接开发行为引起的体现能强度仅占该部门总强度的 0.29%。这一分类结果可以帮助理解各个产业部门的能源需求来源，为建立针对性的产业结构调整方案提供理论依据。

在不同经济体中，生产技术和能效水平的差异使得同类部门或同种商品的体现能强度会有很大差异。图 5.3 对世界、中国和北京三个经济体内的部门体现能强度进行了对比分

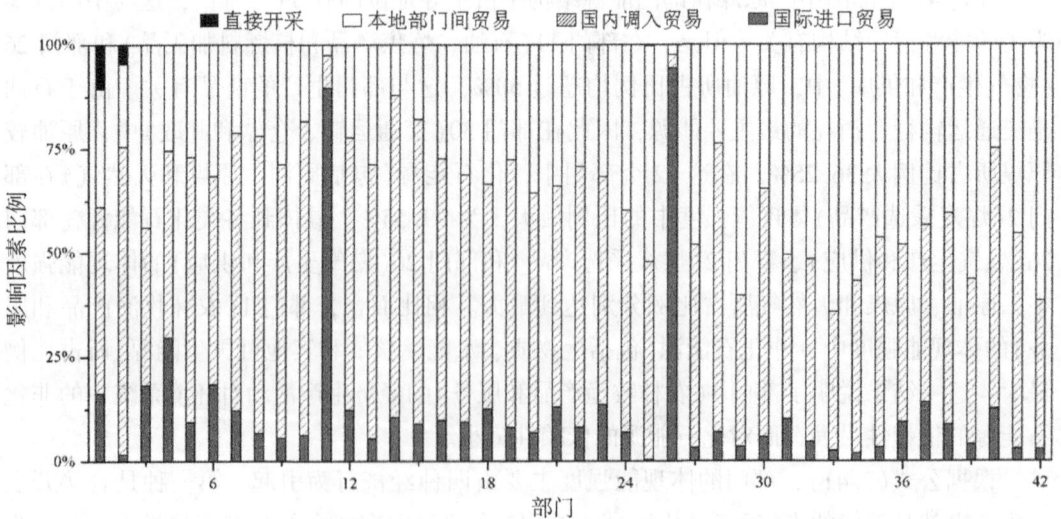

图 5.2　北京各部门体现能强度的影响因素

析。总体来看，北京部门的体现能强度要比中国部门的强度低，但却比世界部门的强度高。体现能强度的大小与经济体的产业结构、生产力水平和节能科技水平等有很大关系，中国平均、北京平均和世界平均，三个强度依次从大到小，正是代表了经济发展的三个阶段，发展中、中等发达和发达。

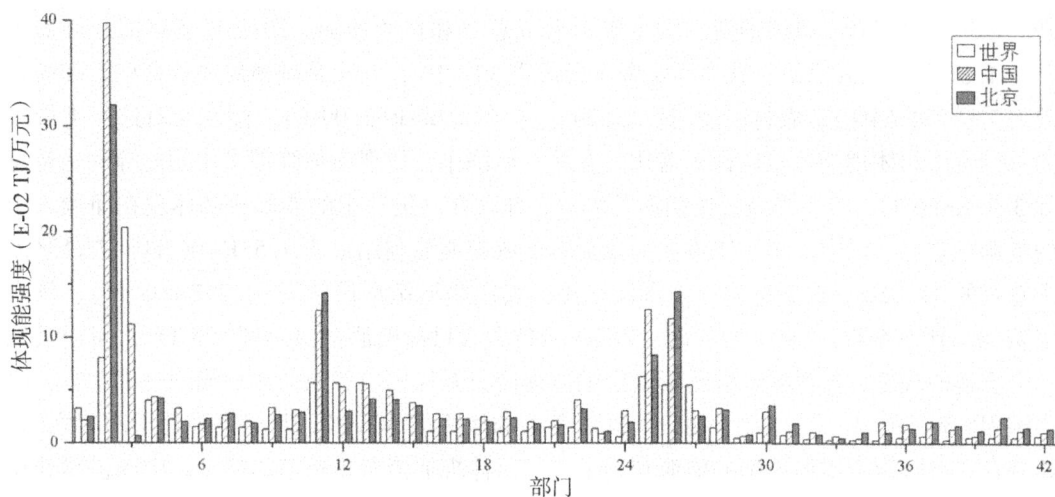

图5.3 世界、中国和北京各部门体现能强度比较

　　北京作为中国的首都，在各方面的发展均优于国内其他城市，并且受到了先进技术和有利资源的青睐，代表着国内发达城市的水平。在研究的这42个部门中，有27个北京部门的体现能强度低于中国平均水平。其中，北京部门35(租赁和商务服务)、部门12(化学产品)和部门24(金属制品、机械和设备修理服务)的体现能强度分别是9.76E-03 TJ/万元人民币、2.99E-02 TJ/万元人民币和1.93E-02 TJ/万元人民币，比中国相应部门的体现能强度小52.31%、43.25%和35.49%。服务行业在北京得到了高度发展，这与该行业较小的体现能强度和较少的环境影响有很大关系。这里的结果也说明了服务行业在北京的发展对中国总体来说是有节能效果的。试想服务行业若被转移到体现能强度较大的国内其他地区进行发展，对环境资源的消耗势必会增长。

　　从全球角度来看，北京与国际发达城市之间的差距仍比较明显。在研究的这42个部门中，有35个北京部门的体现能强度高于世界平均水平。其中，北京部门38(居民服务、修理和其他服务)、部门40(卫生和社会工作)、部门30(交通运输、仓储和邮政)和部门34(房地产)的体现能强度分别是1.65E-02 TJ/万元人民币、2.45E-02 TJ/万元人民币、3.56E-02 TJ/万元人民币和1.06E-02 TJ/万元人民币，是世界相应部门体现能强度6.03倍、4.81倍、3.81倍和3.64倍。近几年，物流和房地产行业在北京的发展速度强劲，市场规模也在不断扩大。但是从体现能的角度来看，北京这两个行业对环境、资源等的影响要比世界平均水平大很多，仍存在着很大的节能空间，因此这两个行业的发展需引起当地有关部门的关注。

5.3　最终需求中的体现能

　　根据国家统计局统计数据,北京的最终需求一共被划分为五种类型,包括农村居民消费、城镇居民消费、政府消费、固定资本形成总额和存货增加。2012 年北京的最终需求共计 1.81 万亿元人民币,其中固定资本形成占 38.93%,其次是城镇居民消费(32.05%)、政府消费(24.64%)、农村居民消费(2.29%)和存货增加(2.09%)。图 5.4 对这五类最终需求的货币和体现能分布进行了对比。在北京经济中,体现在最终需求中的能源利用量总计 3.86E+06 TJ,等于当地直接能源开采量、体现在净进口中的能源量和体现在净调入中的能源量之和。图中显示,体现在固定资本形成中能源利用量为 1.53E+06 TJ,占最终需求总量的 39.62%,在五类需求中占据首位,其次是城镇居民消费(1.29E+06 TJ)、政府消费(6.84E+05 TJ)、存货增加(2.12E+05 TJ)和农村居民消费(1.45E+05 TJ)。可以发现一个有趣的现象,世界固定资本形成中的体现能只有居民消费中的体现能的一半左右,而中国固定资本形成中的体现能接近居民消费中的体现能的两倍。北京正好处于两者之间,体现在北京固定资本形成中的能源利用量与居民体现能消费总量基本持平。中国仍然处在工业化进程中,其经济发展主要由投资主导,投资已成为中国经济增长的主要拉动力。但是多数发达工业化国家的成功经验指出,内需才是保持经济长期稳定发展的关键,因此对中国来说,扩大居民消费需求,实现从投资主导向消费主导的过渡对国内经济的发展至关重要。

　　北京居民体现能消费量占最终需求中体现能总量的 37.19%,比中国平均水平大15.47%。北京居民的人均体现能消费量为 6.94E-02 TJ/人,比中国人均消费水平多 1.56

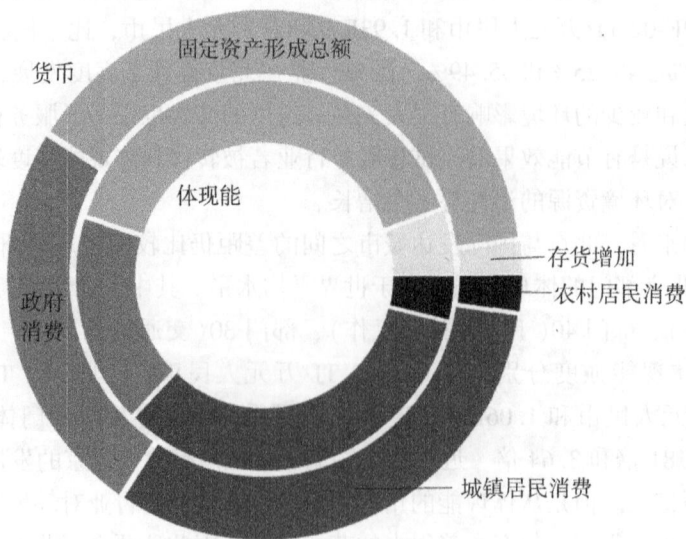

图 5.4　北京五种最终需求类型的比例

倍。北京城镇和农村居民的人均体现能消费量分别为 7.24E-02 TJ/人和 5.06E-02 TJ/人，是中国人均消费水平的 2.83 倍和 1.98 倍。人均体现能消费量与当地居民的生活水平有关，因此可以看出，北京城镇地区和农村地区的居民生活水平差异也明显小于国内平均水平。

根据公式(2.42)，体现在北京最终需求中的能源主要有三个来源，一个是由北京本地部门提供，即本地生产；另一个是由国内其他地区部门提供，即国内调入；最后一个是由国外部门提供，即国外进口。如图 5.5 所示，最终需求中的体现能绝大多数来自本地生产和国内调入，国外进口只占不到 5%。固定资本形成总额中，本地生产、国内调入和国外进口分别提供了 92.98%、5.60% 和 1.42% 的能源利用量；城镇居民消费中，本地生产、国内调入和国外进口分别提供了 46.07%、45.32% 和 8.61% 的能源利用量；政府消费中，本地生产、国内调入和国外进口分别提供了 94.60%、2.37% 和 3.02% 的能源利用量；存货增加中，本地生产、国内调入和国外进口分别提供了 22.09%、67.45% 和 10.46% 的能源利用量，农村居民消费中，本地生产、国内调入和国外进口分别提供了 40.17%、54.42% 和 5.40% 的能源利用量。与第四章中得到的中国最终需求的来源情况相比可以发现，北京城镇居民消费中，进口商品所占比例要比中国城镇居民消费中进口商品的平均比例大 1.81 倍。这五类最终需求的分部门体现能结构也在图中进行了展示。为方便起见，42 个部门被划分为七大类，详见表 2.8。

建筑行业为固定资本形成提供了最大的支持，占所有部门的 75.10%，其次是服务业、重工业、轻工业、交通运输业和农业，其中资源开采业的体现能投入量为 0，因此未出现在图中。建筑业能在固定资本形成中占据如此大的比例，不仅与北京庞大的房地产市

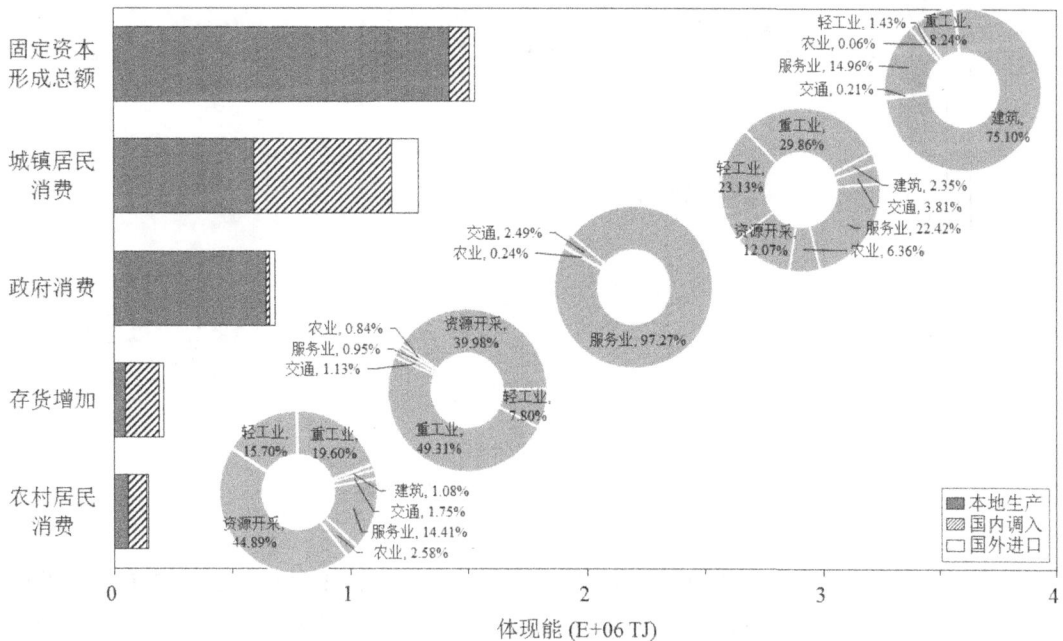

图 5.5 北京各最终需求类型的体现能结构

场有关，也与建筑中大量的水泥、钢铁等高能耗商品的消耗有关。城镇居民的消费主要集中在重工业、轻工业和服务业产品，而农村居民的消费则主要集中在资源开采业产品。对来源地区和部门结构的研究可以帮助理解各经济体和各产业部门为本地消费提供的资源支持，为本地能源消费的优化提供理论依据。

5.4　体现能贸易

图 5.6 给出了北京 42 个产业部门贸易中的体现能情况。这里考虑的北京贸易主要分为两类，一类是与国内省外地区的调入和调出贸易，另一类是与国外地区的进出口贸易。总体来看，体现在北京总贸易中的体现能为 1.10E+08 TJ，是北京最终需求中体现能的 28.56 倍，由此可知，贸易在北京经济中扮演了极其重要的角色。其中部门 3(石油和天然气开采产品)、部门 2(煤炭采选产品)、部门 11(石油、炼焦产品和核燃料加工品)、部门 14(金属冶炼和压延加工品)和部门 12(化学产品)是最大的五个贸易部门，分别占北京总贸易量的 38.82%、21.34%、10.01%、7.35% 和 4.59%。这五个部门均为第二产业部门。而第一和第三产业部门的贸易量普遍较少，例如，部门 38(居民服务、修理和其他服务)和部门 40(卫生和社会工作)的进口量和出口量均为 0。

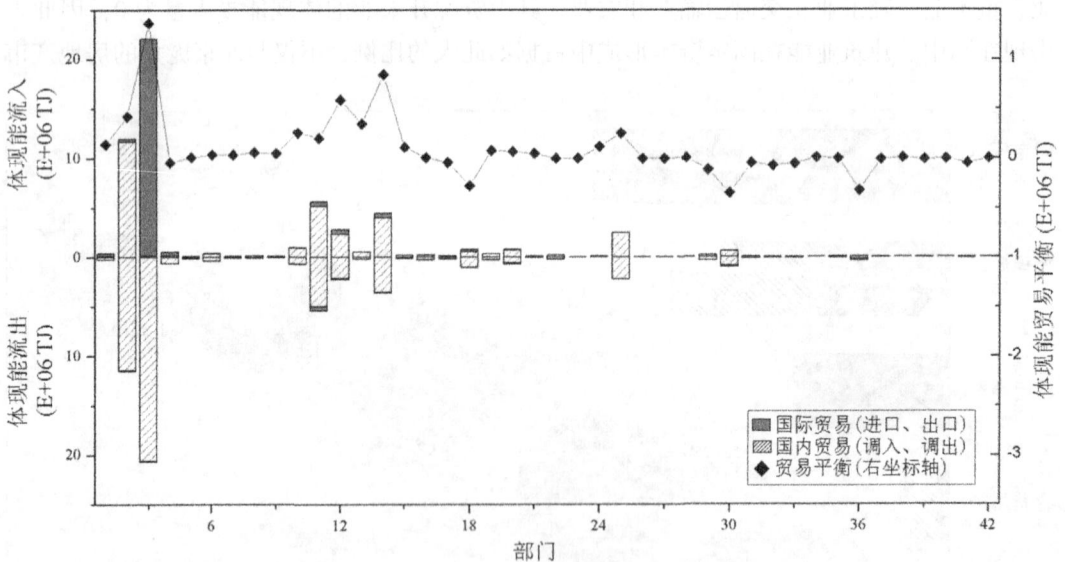

图 5.6　北京各部门贸易中的体现能

体现在北京总调入和总进口中的体现能分别为 3.18E+07 TJ 和 2.52E+07 TJ。在部门 2(煤炭采选产品)的流入(调入与进口之和)贸易中，调入贸易占据主导地位，体现能调入量占总流入量的 97.80%，进口量只占 2.20%。相比而言，在部门 3(石油和天然气开采产品)的流入贸易中，进口贸易占据主导地位，体现能进口量占总流入量的99.32%，调入量只占0.68%。体现在北京总调出和总出口中的体现能分别为5.14E+07 TJ 和 1.91E+06 TJ，调出贸易是出口贸易的26.86倍。北京绝大多数的部门流出(调出与出口之和)贸易中，调出贸易占据主导地位，例如部门3(石油和天然气开采产品)是最大的调出部门，体现能调出量占总流出量的99.49%，出口量只占0.51%。但有两个例外，部门35(租赁和商务服务)和部门36(科学研究和技术服务)的体现能出口量均大于其体现能调出量。在这两个部门的体现能流出贸易中，出口分别占了69.63%和50.40%。

综合国内外贸易数据可以得到，北京是一个体现能净流入地区，净流入量为3.70E+06 TJ。图中已将各个部门的体现能净流入量用菱形符号标出，用以表示各个部门的贸易平衡。在这42个部门中，26个部门的体现能净流入量为正值，即为净流入部门，而剩下的16个部门为净流出地区。部门3(石油和天然气开采产品，净流入量为1.37E+06 TJ)、部门14(金属冶炼和压延加工品，净流入量为8.46E+05 TJ)、部门12(化学产品，净流入量为5.91E+06 TJ)、部门2(煤炭采选产品，净流入量为4.23E+05 TJ)和部门13(非金属矿物制品，净流入量为3.51E+05 TJ)是最大的五个体现能净流入部门，这五个部门均为第二产业部门。由于第二产业部门一般是高能耗高污染的部门，而北京地区对此类产业部门的监管力度较大，限制了此类商品的本地生产，因此需从周边地区(河北等地)或者从国外地区进口此类商品。部门30(交通运输、仓储和邮政，净流出量为3.49E+05 TJ)、部门36(科学研究和技术服务，净流出量为3.25E+05 TJ)、部门18(交通运输设备，净流出量为2.75E+05 TJ)、部门29(批发和零售，净流出量为1.11E+05 TJ)和部门32(信息传输、软件和信息技术服务，净流出量为7.30E+04 TJ)则是最大的五个体现能净流出部门，这五个部门多是第三产业部门。第三产业部门低能耗低污染的特点使得其在北京地区的发展得到了当地政府的支持，因此会出现调出和出口现象。

类似于货币价格是商品在经济系统中的一个重要属性，体现能是商品在生态环境中的一个重要属性，也可以理解为是商品的生态价格。一般来说，商品的货币价格主要是由其有用性和稀缺性决定，是社会必要劳动时间的体现，而商品的生态价格则主要取决于生产工艺，是环境资源利用量的体现。图5.7对各个产业部门的体现能总贸易(包括国内和国际贸易)平衡和货币总贸易平衡进行了对比。图中用球体表示42个部门，球体的体积大小取决于该部门的体现能贸易总量。这些部门共分为四大类，分别位于四个不同的象限。位于第一象限的部门在货币贸易和体现能贸易中均为净流入部门；位于第二象限的部门在货币贸易中是净流入部门，但在体现能贸易中为净流出部门；位于第三象限的部门在货币贸易和体现能贸易中均为净流出部门；位于第四象限的部门在货币贸易中是净流出地区，但在体现能贸易中为净流入部门。

大多数部门位于第一和第三象限中，这说明货币贸易平衡与体现能贸易平衡的符号一致，也揭示了这两种贸易之间存在一定的相关性。部门3(石油和天然气开采产品)的体现能贸易总量最大，且在货币贸易和体现能贸易中均扮演了净流入的角色，位于第一象限。前面已经指出，部门3(石油和天然气开采产品)的进口和调出是其主要贸易类型，这与国

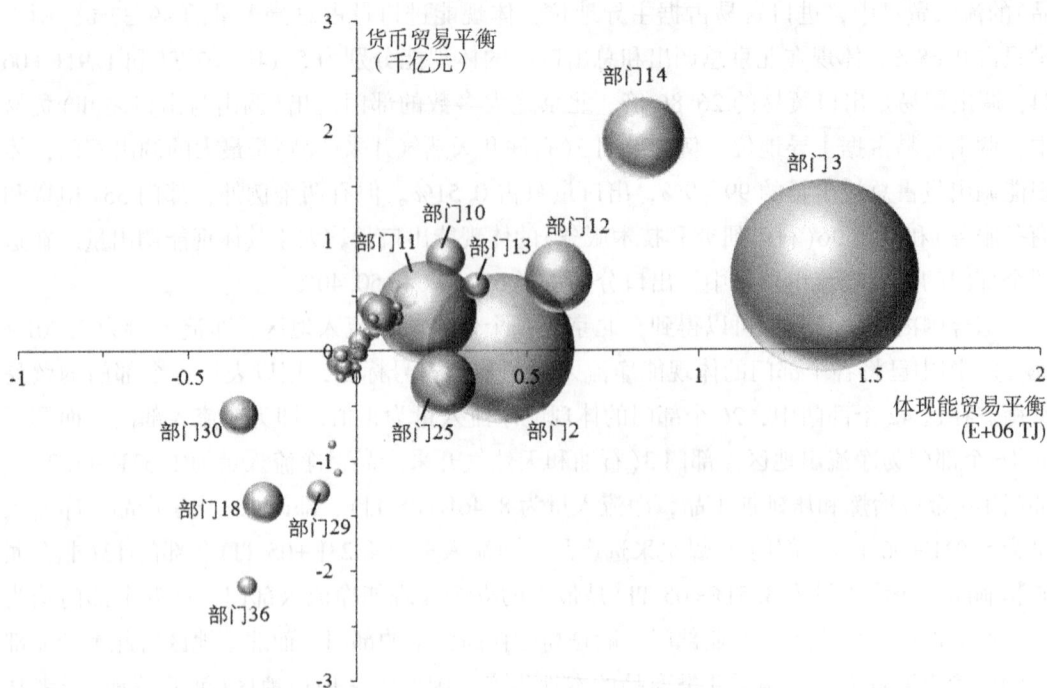

图 5.7　北京各部门的贸易平衡情况

内目前采用的"法人经营地"统计原则有关。与"在地统计"不同,"法人经营地"统计要求各法人单位按照经营地向经营地政府统计机构报送统计数据。国内大型的石油和天然气生产商的总部一般位于北京,石油和天然气的进出口均由总部公司负责报关,因此这些商品的进出口均被统计为北京地区的进出口贸易中。因此在北京 2012 年投入产出表中,石油和天然气的进口总额为 1.08 万亿人民币,占中国石油和天然气总进口量的 75.52%。这也同时解释了为何北京的石油和天然气产业部门会有较大的调出贸易量。部门 2(煤炭采选产品)是第二大贸易部门,也位于第一象限。由前面的分析可知,部门 2(煤炭采选产品)的调入和调出是其主要贸易类型。这主要由于国内大型的煤炭采选企业的总部也位于北京,因此这些企业需从北京市外的其他地区购买煤炭,进行加工生产后再输出到其他省份利用。但即使煤炭加工生产活动并未发生在北京,统计时仍将其归为北京的生产活动,主要考虑到地方子公司的资产和负债统计数据不完整,无法进行产业活动单位统计,因此按照法人单位进行统计。位于第一象限的还有部门 10(造纸印刷和文教体育用品)、部门 11(石油、炼焦产品和核燃料加工品)、部门 12(化学产品)和部门 14(金属冶炼和压延加工品)。而位于第三象限的部门 18(交通运输设备)、部门 29(批发和零售)、部门 30(交通运输、仓储和邮政)和部门 36(科学研究和技术服务)则在货币贸易和体现能贸易中均扮演了净流出的角色。少数部门位于第二和第四象限,典型的代表有部门 26(燃气生产和供应)和部门 25(电力、热力的生产和供应)。部门 26(燃气生产和供应)是一个贸易逆差部门,但却是体现能净流出部门,而部门 25(电力、热力的生产和供应)则是一个贸易顺差部门和体现能净流入部门。

图 5.8 给出了北京 42 个产业部门国内贸易中的体现能情况。体现在北京总调入中的体现能为 3.18E+07 TJ，其中 26.87%的调入用于中间生产，而 73.13%的调入用于最终使用。部门 2(煤炭采选产品)是最大的调入部门，调入量为 1.17E+07 TJ，占北京调入总量的 36.79%。在最大的 5 个调入部门中，部门 2(煤炭采选产品)、部门 11(石油、炼焦产品和核燃料加工品)、部门 14(金属冶炼和压延加工品)和部门 12(化学产品)4 个部门的中间调入量均分别小于部门的最终调入量，而部门 25(电力、热力的生产和供应)的中间调入量则达到最终调入量的 1.32 倍。体现在中国总调出中的体现能为 5.14E+07 TJ，其中 14.29%的调出是由北京本地部门产品的调出，即本地生产用于调出，而 41.57%是国内其他地区部门产品调入到北京后再直接调出，即调入用于调出，剩下的 44.14%是国外产品进口到北京后再调出到国内其他地区，即进口用于调出。部门 3(石油和天然气开采产品)是所有部门中最大的调出部门，共调出体现能 2.06E+07 TJ，占北京调出总量的 40.13%，其次是部门 2(煤炭采选产品)、部门 11(石油、炼焦产品和核燃料加工品)、部门 14(金属冶炼和压延加工品)和部门 25(电力、热力的生产和供应)。

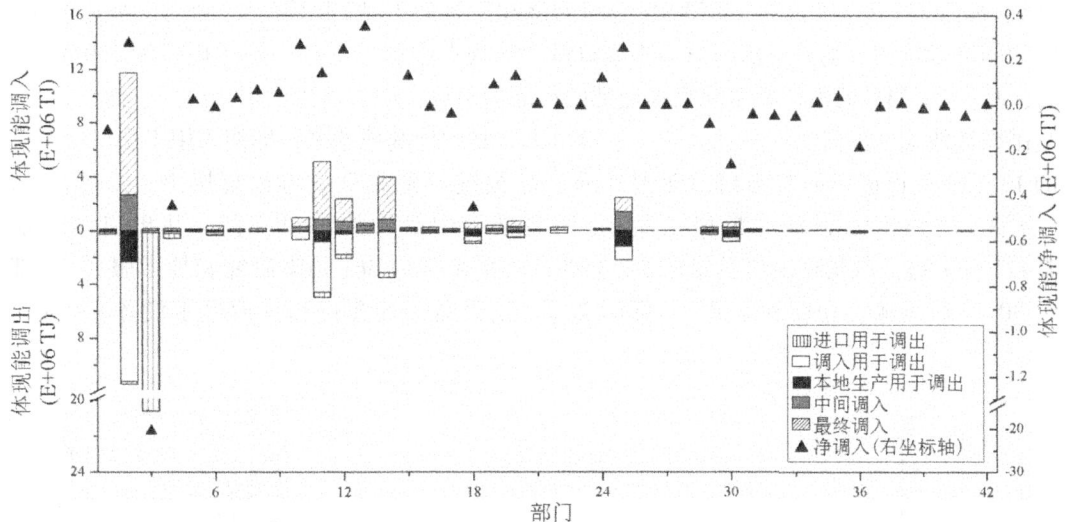

图 5.8　北京各部门国内贸易中的体现能

综合调入和调出数据可以得到，北京是一个体现能净调出地区，其中部门 3(石油和天然气开采产品)是最大的体现能净调出部门，这与前面提到的统计口径有很大关系。石油和天然气开采部门的体现能强度比较高，而国内相关企业一般经由北京总部报关，这使得统计得到的北京地区的石油和天然气进口额和调出额会远大于北京地区的实际进口额和调出额。北京的体现能净调出量为 1.96E+07 TJ，而仅部门 3(石油和天然气开采产品)一个部门的体现能净调出量达到 2.05E+07 TJ。因此，若不考虑部门 3(石油和天然气开采产品)的贸易，北京地区是一个体现能净调入地区。图中的菱形符号表示各个部门的体现能净调入量，即各个部门的国内贸易平衡量。在这 42 个部门中，22 个部门的体现能净调入量为正值，即为净调入部门，而另外 20 个部门为净调出地区。部门 14(金属冶炼和压延加工品，净调入量为 4.31E+05 TJ)、部门 13(非金属矿物制品，净调入量为 3.48E+05 TJ)、部门 2(煤炭采选产品，净调入量为 2.75E+05 TJ)、部门 10(造纸印刷和文教体育用品，净调入量为 2.68E+05 TJ)和部门 25(电力、热力的生产和供应，净调入量为 2.54E+05 TJ)是最大的五个体现能净调入部门，而部门 3(石油和天然气开采产品，净调出量为 2.05E+07 TJ)、部门 18(交通运输设备，净调出量为 4.50E+05 TJ)、部门 4(金属矿采选产品，净调出量为 4.45E+05 TJ)、部门 30(交通运输、仓储和邮政，净调出量为 2.62E+05 TJ)和部门 36(科学研究和技术服务，净调出量为 1.86E+05 TJ)则是最大的五个体现能净调出部门。

图 5.9 给出了北京 42 个产业部门国际贸易中的体现能情况。体现在北京总进口中的体现能为 2.52E+07 TJ，其中 8.35%的进口用于中间生产，而 91.65%的进口用于最终使用。部门 3(石油和天然气开采产品)是最大的进口部门，进口量为 2.19E+07 TJ，占北京进口总量的 87.01%。在最大的五个进口部门中，除部门 3(石油和天然气开采产品)的最终进口量大于中间进口量外，其他四个部门，包括部门 11(石油、炼焦产品和核燃料加工品)、部门 12(化学产品)、部门 14(金属冶炼和压延加工品)和部门 4(金属矿采选产品)的中间进口量均分别大于部门的最终进口量。体现在中国总出口中的体现能为 1.91E+06 TJ，其中 36.21%的出口是由北京本地部门产品的出口，即本地生产用于出口，而 50.66%是国内其他地区部门的产品调入到北京后再出口到国外其他地区，即调入用于出口，剩下的 13.13%是再进口或复出口，即国外的产品被进口到北京后再被直接出口。部门 11(石油、炼焦产品和核燃料加工品)是所有部门中最大的出口部门，共出口体现能 4.47E+05 TJ，占北京出口总量的 23.39%，其次是部门 36(科学研究和技术服务)、部门 30(交通运输、仓储和邮政)、部门 20(通信设备、计算机和其他电子设备)和部门

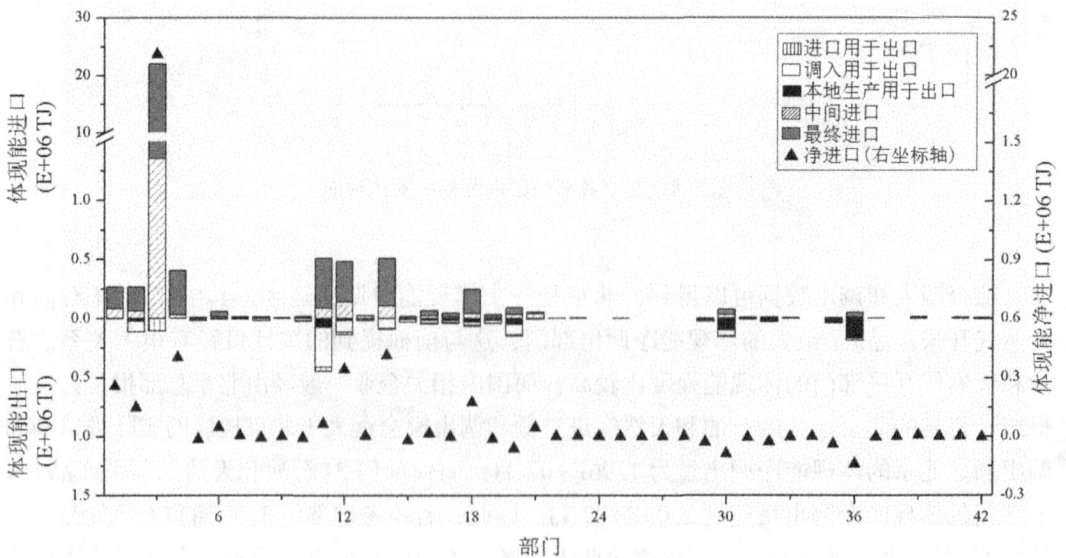

图 5.9 北京各部门国际贸易中的体现能

12(化学产品)。

综合进出口数据可以得到，北京是一个体现能净进口地区，体现能净进口量为2.33E+07 TJ。图中的菱形符号表示各个部门的体现能净进口量，即各个部门的国际贸易平衡量。在这42个部门中，有16个部门的体现能净进口量为正值，即为净进口部门，19个部门为净出口地区，而剩下的7个部门的体现能进出口量和净进口量均为0。部门3(石油和天然气开采产品，净进口量为2.18E+07 TJ)、部门14(金属冶炼和压延加工品，净进口量为4.14E+05 TJ)、部门4(金属矿采选产品，净进口量为4.04E+05 TJ)、部门12(化学产品，净进口量为3.44E+05 TJ)和部门1(农林牧渔产品和服务，净进口量为2.57E+05 TJ)是最大的五个体现能净进口部门，而部门36(科学研究和技术服务，净出口量为1.39E+05 TJ)、部门30(交通运输、仓储和邮政，净出口量为8.78E+04 TJ)、部门20(通信设备、计算机和其他电子设备，净出口量为6.22E+04 TJ)、部门35(租赁和商务服务，净出口量为3.80E+04 TJ)和部门29(批发和零售，净出口量为2.99E+04 TJ)则是最大的五个体现能净出口部门。

5.5 能源利用的源-汇清单

与中国的能源利用源-汇清单的编制类似，这一小节将对北京能源利用的开采源和最终使用汇，进行一一追踪，根据源和汇在能源供应链中的关系建立从源到汇的能源利用清单。如图5.10所示，北京体现能利用的来源主要有三个：一是本地开采，占0.29%；二是国内省外调入，占55.59%；三是国外进口，占44.12%。北京的原煤利用量共计2.39E+07 TJ，占北京能源利用总量的41.88%。可以看出，原煤的三个来源中，调入是最大的来源，其次是进口和本地开采，分别占92.42%、6.97%和0.61%。北京的原油利用量共计1.81E+07 TJ，占北京能源利用总量的31.69%。由于本地原油开采量为0，原油主要来自进口和调入，分别占72.99%和27.01%。北京的天然气利用量共计1.27E+07 TJ，占北京能源利用总量的22.15%。同样地，天然气也只有两个来源，进口量和调入量分别占74.78%和25.22%。北京的非化石能源利用量共计2.45E+06 TJ，占北京能源利用总量的4.28%。非化石能源的三个来源中，调入是最大的来源，其次是进口和本地开采，分别占64.01%、35.22%和0.77%。体现能的消费汇有五个：一是居民消费，包括城镇和农村居民消费，占2.51%；二是政府消费，占1.20%；三是资本形成总额，包括固定资本形成和存货增加，占3.05%；四是调出，占89.89%；五是出口，占3.35%。

从源的角度看，在北京地区开采的能源资源为本地能源，这些能源资源既可以用于本地最终需求(包括居民消费、政府消费和资本形成总额)，也可以用于调出和出口。对本地能源资源的最终使用，即最终目的地分布的研究可以帮助理解本地能源去向问题。总体来说，北京开采的能源资源有4.29%用于满足本地的最终需求，94.44%用于调出，1.27%用于出口。对于调入的体现能资源，有10.06%用于满足本地的最终需求，85.26%用于调出，4.68%用于出口。对于进口的体现能资源，有2.62%用于满足本地的最终需

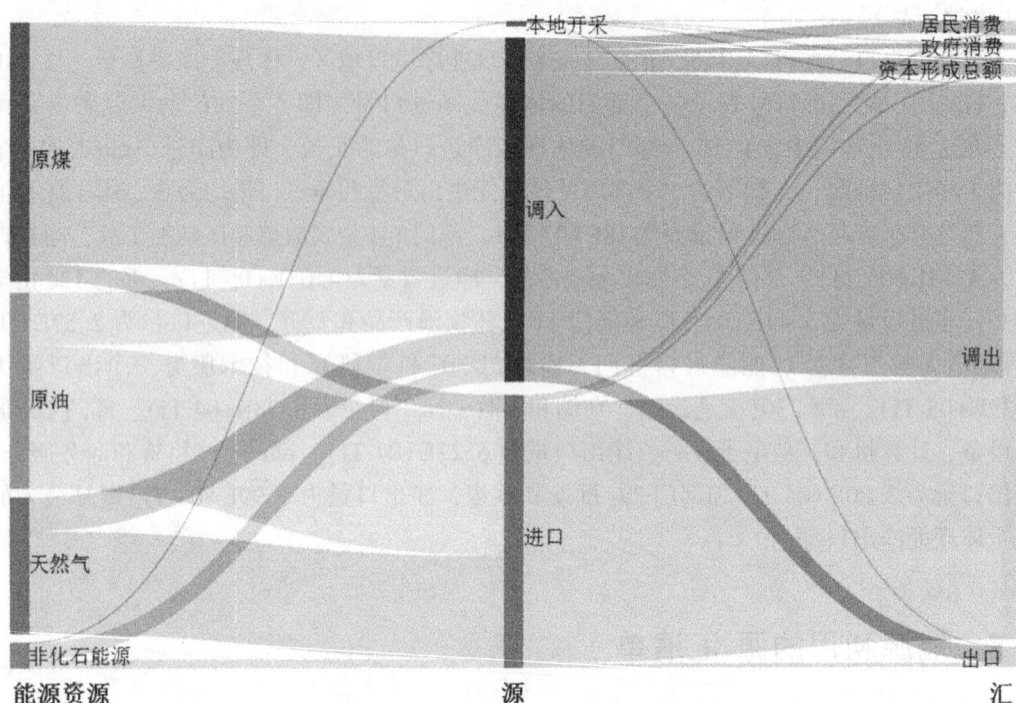

图 5.10　北京体现能的源-汇清单

求，95.70%用于调出，1.68%用于出口。

　　从汇的角度看，体现在北京最终使用中的能源资源，既可以来自本地开采，也可来自省外调入，还可以来自国外进口。对最终使用中的能源开采地分布的研究可以帮助理解本地能源来源问题。调出是北京最大的一种最终使用类型，在其需求的能源中，0.30%是本地开采的能源资源，52.73%是调入自国内其他地区的能源资源，以及46.97%是进口自国外地区的能源资源。本地最终需求的能源中，0.18%是本地开采的能源资源，82.74%是调入自国内其他地区的能源资源，以及17.08%是进口自国外地区的能源资源。出口的能源中，0.11%是本地开采的能源资源，77.73%是调入自国内其他地区的能源资源，以及22.16%是进口自国外地区的能源资源。

5.6　能源利用的结构分解分析

　　2002—2012 年，北京直接能源开采量从 2.14E+05 TJ 减少至 1.64E+05 TJ，但是体现在北京最终需求中的能源利用量却增加了 1.96E+06 TJ，年均增长率为 7.62%。为了探究北京能耗量快速增长的原因，这里选取 2002 年、2007 年和 2012 年 3 个年份为样本期，采用 42 部门规格投入产出表（表 2.8），对北京最终需求中的体现能进行结构分解分析，如图 5.11 所示。

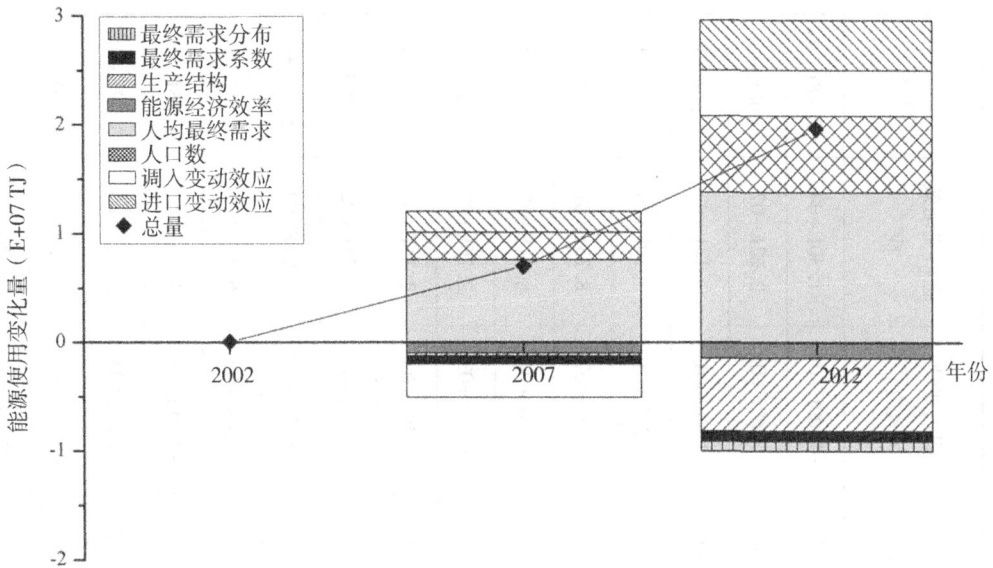

图 5.11　北京能源利用的变化量(2002—2012 年)

　　2002—2007 年,北京能源利用总量增加了 6.99E+05 TJ。在研究的这八个影响因素中,有三个影响因素的变动效应为负值,也就是说,人均最终需求、人口数和进口贸易的变动使得北京的能耗量有所增加。其中,人均最终能源需求量的变化对北京能源利用总量的影响最大,引起北京能耗增加了 7.62E+05 TJ,是北京能耗变化总量的 1.09 倍。其次是北京人口变动效应。与 2002 年相比,2007 年北京人口数增加了 17.76%,这也使得北京能耗量增长了 13.64%。进口变动主要归咎于中间产品进口变动和最终产品进口变动,其综合效应使得北京能耗量增长了 1.97E+05 TJ。而其他五个因素,包括能源经济效率、生产结构、最终需求系数、最终使用分布和调入贸易,均使得北京的能耗量呈现下降趋势,降幅分别为 9.89E+04 TJ、2.51E+04 TJ、6.84E+04 TJ、6.15E+03 TJ 和 3.07E+05 TJ。

　　2007—2012 年,北京能源利用总量增加了 1.26E+06 TJ,是 2002—2007 年变化量的两倍左右。调入贸易的变化对北京能源利用总量的影响最大,其引起北京能耗量增加了 7.29E+05 TJ,是北京这段时期能耗变化总量的 57.90%。由于本地能源经济效率的变化,北京能源利用量减少了 4.41E+04 TJ,而生产结构的变动也使得北京能源利用量减少了 6.48E+05 TJ,这两个技术因素变动的综合效应为北京能源利用带来了 6.92E+05 TJ 的节能效应。但是,由于人口增长以及人均消费水平的提高,本地产品最终需求量的增加使得北京能耗量增长了 9.63E+05 TJ。

　　北京能源利用量的变化是本地各部门能源利用量变化的总和。表 5.2 和表 5.3 分别列出了各部门 2002—2007 年和 2007—2012 年的结构分解结果。其中,由于数据有限,部门 24(金属制品、机械和设备修理服务)未作考虑。由于这里研究的能源资源的利用是指经济系统内能源资源的利用,即能源资源开采,因此,能源经济效率的变动效应只出现在三

（单位：TJ）

表 5.2　北京分部门能源利用 2002—2007 年结构分解分析

部门	技术变动效应		最终需求变动效应				调入变动效应	进口变动效应	合计
	能源经济效率	生产结构	最终需求系数	最终需求分布	人均最终需求	人口数			
1	-1.09E+04	1.18E+03	-4.27E+04	-3.18E+03	2.54E+04	7.27E+03	-1.09E+04	1.30E+04	-2.08E+04
2	-8.80E+04	-5.92E+04	2.83E+04	-3.02E+03	1.07E+05	3.27E+04	-7.67E+02	2.22E+02	1.68E+04
3	0.00E+00	4.93E+02	1.10E+02	-1.06E+01	3.70E+02	1.71E+02	-1.94E+03	1.14E+03	3.30E+02
4	0.00E+00	7.94E+02	1.66E+01	-1.30E+01	3.03E+02	9.96E+01	8.25E+01	2.19E+03	3.47E+03
5	0.00E+00	1.08E+02	-7.21E+01	-7.21E+00	1.89E+02	6.29E+01	1.01E+02	8.23E+01	4.64E+02
6	0.00E+00	-1.62E+03	-3.18E+03	-4.79E+03	1.49E+04	4.89E+03	1.99E+04	8.21E+03	3.83E+04
7	0.00E+00	-2.41E+03	1.78E+03	-5.46E+02	1.92E+03	6.06E+02	8.11E+03	2.76E+02	9.73E+03
8	0.00E+00	1.15E+01	-5.23E+02	-7.88E+02	2.63E+03	8.90E+02	6.78E+03	2.35E+03	1.14E+04
9	0.00E+00	9.37E+02	-2.20E+03	-2.44E+02	3.12E+03	9.89E+02	-8.23E+03	5.51E+02	-5.07E+03
10	0.00E+00	-3.08E+03	-3.25E+03	1.09E+02	6.72E+03	2.15E+03	-8.73E+03	5.91E+02	-5.48E+03
11	0.00E+00	-1.10E+05	1.04E+04	-3.03E+03	6.81E+04	2.05E+04	1.40E+02	6.39E+04	5.01E+04
12	0.00E+00	1.72E+03	-8.43E+03	-2.06E+03	3.42E+04	1.10E+04	-3.08E+04	1.30E+04	1.86E+04
13	0.00E+00	-1.25E+04	3.64E+03	-1.08E+03	2.38E+04	7.87E+03	9.27E+03	6.67E+03	3.77E+04
14	0.00E+00	3.77E+04	-1.56E+04	-1.67E+03	4.31E+04	1.44E+04	-2.46E+04	1.93E+02	5.35E+04
15	0.00E+00	-3.51E+02	-1.58E+03	-4.42E+02	9.99E+03	3.36E+03	-7.06E+02	3.87E+03	1.42E+04

续表

部门	技术变动效应		最终需求变动效应				调入变动效应	进口变动效应	合计
	能源经济效率	生产结构	最终需求系数	最终需求分布	人均最终需求	人口数			
16	0.00E+00	4.30E+03	-1.02E+04	-2.61E+02	1.23E+04	3.83E+03	-4.42E+04	2.34E+03	-3.19E+04
17	0.00E+00	3.36E+03	-5.74E+03	-1.61E+02	7.85E+03	2.45E+03	-2.99E+04	1.67E+03	-2.05E+04
18	0.00E+00	1.93E+03	-1.56E+04	-2.07E+03	1.52E+04	4.59E+03	-1.73E+04	2.51E+03	-1.07E+04
19	0.00E+00	4.86E+03	-2.28E+03	-6.05E+02	7.99E+03	2.78E+03	5.35E+03	4.32E+03	2.24E+04
20	0.00E+00	5.32E+03	-1.47E+04	-1.27E+04	1.65E+04	5.66E+03	1.62E+04	-4.50E+03	2.32E+04
21	0.00E+00	-7.00E+02	-2.56E+02	9.70E+01	2.37E+03	7.89E+02	-2.15E+03	1.89E+03	2.04E+03
22	0.00E+00	3.50E+02	-1.54E+03	-3.93E+02	1.69E+03	5.45E+02	-2.12E+03	3.87E+02	-1.07E+03
23	0.00E+00	-4.67E+02	1.87E+01	-2.60E-01	3.18E+01	1.47E+01	5.60E+02	5.66E+02	7.23E+02
24	—	—	—	—	—	—	—	—	—
25	-5.77E+01	1.28E+05	1.20E+04	-5.97E+02	3.41E+04	1.17E+04	-1.65E+05	8.11E+02	2.13E+04
26	0.00E+00	3.88E+02	-6.89E+02	-6.14E+02	2.39E+03	5.89E+02	-1.05E+04	8.02E+00	-8.45E+03
27	0.00E+00	-2.89E+03	-7.14E+02	-2.43E+02	3.02E+03	8.28E+02	-4.76E+03	4.36E+02	-4.32E+03
28	0.00E+00	1.38E+03	-4.31E+04	-5.02E+03	1.36E+05	4.63E+04	1.99E+05	2.34E+04	3.58E+05
29	0.00E+00	5.88E+03	3.31E+03	-1.65E+02	2.38E+03	9.73E+02	4.92E+03	8.09E+02	1.81E+04
30	0.00E+00	-2.96E+02	-6.04E+03	-4.89E+02	1.74E+04	6.16E+03	9.25E+03	4.42E+03	3.04E+04

续表

部门	技术变动效应		最终需求变动效应				调入变动效应	进口变动效应	合计
	能源经济效率	生产结构	最终需求系数	最终需求分布	人均最终需求	人口数			
31	0.00E+00	1.24E+03	-4.70E+02	-7.18E+02	9.42E+03	2.97E+03	-1.41E+04	2.31E+03	7.07E+02
32	0.00E+00	-3.80E+03	9.18E+03	-4.55E+02	1.22E+04	4.33E+03	-3.35E+03	4.39E+03	2.25E+04
33	0.00E+00	-9.21E+03	4.05E+03	-9.21E+02	6.28E+03	1.90E+03	-5.12E+03	9.52E+02	-2.06E+03
34	0.00E+00	-5.07E+03	1.24E+04	-8.85E+02	1.03E+04	3.29E+03	-1.71E+04	8.41E+02	3.78E+03
35	0.00E+00	-5.46E+03	7.96E+02	-3.34E+02	6.83E+03	2.45E+03	6.25E+03	3.20E+03	1.37E+04
36	0.00E+00	-8.43E+03	-1.78E+04	1.10E+04	3.38E+04	1.01E+04	-4.94E+04	9.29E+03	-1.15E+04
37	0.00E+00	1.30E+03	3.53E+03	1.10E+02	1.50E+03	5.64E+02	-3.01E+03	3.30E+02	4.33E+03
38	0.00E+00	4.30E+03	-2.46E+03	3.41E+02	4.68E+03	1.52E+03	-1.52E+04	9.29E+02	-5.95E+03
39	0.00E+00	2.45E+03	-5.77E+03	2.22E+03	2.28E+04	6.45E+03	-5.52E+04	1.38E+03	-2.56E+04
40	0.00E+00	-4.33E+03	5.16E+04	2.31E+03	2.36E+04	9.44E+03	-7.18E+03	1.02E+04	8.56E+04
41	0.00E+00	-4.06E+03	-2.12E+03	1.56E+03	7.22E+03	2.35E+03	4.40E+03	2.73E+03	1.21E+04
42	0.00E+00	8.03E+02	-2.45E+03	1.22E+04	2.28E+04	6.46E+03	-6.59E+04	5.00E+03	-2.11E+04
合计	-9.89E+04	-2.51E+04	-6.84E+04	-6.15E+03	7.62E+05	2.46E+05	-3.07E+05	1.97E+05	6.99E+05

表 5.3 北京分部门能源利用 2007—2012 年结构分解分析

（单位：TJ）

部门	技术变动效应		最终需求变动效应				调入变动效应	进口变动效应	合计
	能源经济效率	生产结构	最终需求系数	最终需求分布	人均最终需求	人口数			
1	−2.49E+03	−1.41E+04	−1.12E+04	−1.80E+03	8.48E+03	5.68E+03	5.64E+03	3.85E+04	2.87E+04
2	−4.17E+04	−1.39E+05	−2.49E+04	−5.81E+04	4.37E+04	2.72E+04	6.11E+04	4.67E+03	−1.27E+05
3	0.00E+00	−1.73E+03	2.87E+01	−3.09E+02	4.58E+02	2.66E+02	−9.64E+02	5.62E+03	3.37E+03
4	0.00E+00	−1.36E+03	3.88E+02	−3.57E+02	1.89E+02	1.25E+02	9.70E+02	7.19E+02	6.69E+02
5	0.00E+00	8.24E+03	1.25E+03	−4.01E+02	1.18E+03	1.09E+03	−8.23E+02	−1.87E+02	1.03E+04
6	0.00E+00	−3.12E+03	−1.47E+04	−3.40E+03	1.18E+04	8.52E+03	3.04E+04	1.48E+04	4.43E+04
7	0.00E+00	−2.11E+03	−2.76E+03	−2.90E+02	1.00E+03	6.57E+02	−1.28E+03	9.79E+02	−3.80E+03
8	0.00E+00	−6.58E+02	1.36E+03	−6.82E+02	2.92E+03	2.25E+03	4.11E+04	3.54E+03	4.98E+04
9	0.00E+00	−2.37E+03	1.72E+02	−2.39E+02	2.24E+03	1.64E+03	5.77E+03	4.90E+02	7.71E+03
10	0.00E+00	−1.58E+04	1.04E+03	−6.98E+02	4.21E+03	2.92E+03	3.57E+04	3.86E+02	2.78E+04
11	0.00E+00	−1.00E+05	−5.67E+04	−2.25E+04	3.17E+04	2.17E+04	1.01E+05	9.65E+04	1.23E+05
12	0.00E+00	−6.46E+04	−1.11E+04	−4.36E+03	2.06E+04	1.38E+04	5.51E+04	6.74E+03	1.61E+04
13	0.00E+00	−2.45E+02	8.73E+03	−1.83E+04	2.22E+04	1.67E+04	4.58E+03	−5.39E+03	4.48E+04
14	0.00E+00	−1.31E+05	−1.76E+03	−3.87E+03	2.40E+04	1.45E+04	1.48E+04	−5.51E+03	−8.88E+04
15	0.00E+00	−1.03E+04	−3.60E+03	−1.55E+03	8.99E+03	6.59E+03	1.56E+04	−3.25E+02	1.55E+04

续表

部门	技术变动效应		最终需求变动效应				调入变动效应	进口变动效应	合计
	能源经济效率	生产结构	最终需求系数	最终需求分布	人均最终需求	人口数			
16	0.00E+00	-1.06E+04	-1.72E+04	-6.31E+02	6.20E+03	4.14E+03	1.58E+04	1.62E+03	-7.65E+02
17	0.00E+00	-2.36E+03	-1.30E+04	-2.35E+02	4.75E+03	3.36E+03	6.37E+03	-3.32E+02	-1.49E+03
18	0.00E+00	-1.29E+04	6.72E+03	-5.40E+03	9.10E+03	6.77E+03	3.16E+04	2.06E+04	5.65E+04
19	0.00E+00	-6.57E+03	-2.53E+03	-1.10E+03	8.29E+03	6.13E+03	1.80E+04	4.36E+02	2.26E+04
20	0.00E+00	-2.99E+04	-4.23E+03	-3.97E+03	1.34E+04	9.31E+03	2.53E+04	-5.52E+03	4.42E+03
21	0.00E+00	-3.87E+03	-2.47E+03	-4.23E+02	1.78E+03	1.24E+03	4.30E+03	3.67E+01	5.88E+02
22	0.00E+00	-1.37E+03	-1.97E+03	-1.18E+02	8.65E+02	5.41E+02	-4.85E+03	-3.04E+02	-7.20E+03
23	0.00E+00	1.93E+02	-3.65E+01	-5.39E+01	8.05E+01	6.20E+01	-1.59E+02	-3.97E+02	-3.10E+02
24	—	—	—	—	—	—	—	—	—
25	1.20E+02	-9.51E+04	-1.04E+04	-1.98E+03	3.69E+04	2.79E+04	1.61E+05	-7.32E+02	1.18E+05
26	0.00E+00	2.05E+04	1.95E+04	-8.39E+03	1.44E+04	1.37E+04	-1.61E+04	8.17E+04	1.25E+05
27	0.00E+00	-4.94E+01	-3.95E+02	-4.45E+01	1.01E+03	7.54E+02	8.90E+02	-3.09E+02	1.85E+03
28	0.00E+00	1.29E+04	6.35E+04	3.13E+04	1.68E+05	1.32E+05	-9.68E+04	-4.86E+03	3.06E+05
29	0.00E+00	-4.19E+03	-9.42E+02	-1.10E+03	4.06E+03	3.04E+03	1.40E+04	-6.36E+02	1.42E+04
30	0.00E+00	-2.13E+04	6.49E+03	-2.82E+03	2.30E+04	1.78E+04	5.85E+04	5.30E+03	8.68E+04

续表

部门	技术变动效应		最终需求变动效应				调入变动效应	进口变动效应	合计
	能源经济效率	生产结构	最终需求系数	最终需求分布	人均最终需求	人口数			
31	0.00E+00	-5.52E+03	1.62E+03	-4.87E+02	8.05E+03	6.23E+03	1.78E+04	5.09E+03	3.28E+04
32	0.00E+00	1.71E+02	6.45E+03	2.02E+03	1.48E+04	1.13E+04	6.65E+03	-8.12E+03	3.33E+04
33	0.00E+00	5.50E+03	3.99E+03	-4.21E+02	4.85E+03	3.84E+03	1.96E+03	-9.27E+02	1.88E+04
34	0.00E+00	1.41E+03	-5.10E+03	8.67E+02	1.21E+04	9.90E+03	4.24E+04	-4.54E+02	6.12E+04
35	0.00E+00	1.51E+03	6.09E+03	-2.61E+02	8.87E+03	6.78E+03	6.88E+03	-3.68E+03	2.62E+04
36	0.00E+00	-1.39E+04	-2.72E+04	2.34E+03	1.64E+04	1.15E+04	9.25E+03	6.19E+03	4.49E+03
37	0.00E+00	-9.47E+02	6.49E+03	1.19E+02	3.41E+03	2.82E+03	3.75E+03	2.78E+03	1.84E+04
38	0.00E+00	-3.18E+03	-8.39E+02	-2.33E+02	3.78E+03	2.79E+03	4.35E+03	1.58E+02	6.84E+03
39	0.00E+00	1.92E+02	2.85E+03	7.63E+02	9.93E+03	7.52E+03	1.37E+03	6.77E+03	2.94E+04
40	0.00E+00	1.10E+03	-8.42E+03	3.34E+03	3.91E+04	2.94E+04	1.93E+04	-6.07E+03	7.77E+04
41	0.00E+00	-5.90E+02	2.82E+03	7.56E+02	7.43E+03	5.82E+03	7.29E+03	-1.36E+02	2.34E+04
42	0.00E+00	9.83E+01	4.18E+03	2.09E+03	1.24E+04	9.83E+03	2.09E+04	-1.23E+03	4.83E+04
合计	-4.41E+04	-6.48E+05	-2.70E+04	-8.44E+04	6.17E+05	4.58E+05	7.29E+05	2.59E+05	1.26E+06

个直接能源开采部门,包括部门 1(农林牧渔产品和服务)、部门 2(煤炭采选产品)和部门 25(电力、热力的生产和供应)。2002—2007 年间,部门 28(建筑)的能源利用量受到了最大的影响,增加了 3.58E+05 TJ,占这一时期北京能源利用增加总量的 51.23%。而对这个部门影响最大的是调入贸易的变化,其次是人均最终需求量的增加和人口数的增长。建筑业对钢铁制造、水泥生产等能耗强度高的行业有很大的依赖,但由于首都北京对能耗强度高的企业的管制力度较大,这些高能耗的产品多是通过调入来满足当地建筑业的发展,因此建筑业受调入贸易的影响最大。部门 16(通用设备)能耗量的降幅最大,降幅量达到 2002 年该部门能源利用总量的 44.12%。其中调入贸易是最主要的影响因素。

2007—2012 年,部门 28(建筑)仍是受到影响最大的部门,其能源利用量增加了 3.06E+07 TJ,占这一时期北京能源利用增加总量的 24.32%。但是,与 2002—2007 年情况不同的是,人均最终需求成为引起这个部门 2007—2012 年间发生变化的最主要原因,而这一变化反映了 2008 年北京房价飙涨后当地居民购房热情也随之高涨的现象。在所有的部门中,部门 2(煤炭采选产品)的降幅最大,而对该部门降幅起到关键影响作用的是生产结构的变化。部门 2(煤炭采选产品)是一个能源开采部门,主要为经济系统内的其他部门提供煤炭产品,而该部门能源利用的大幅减少反映了北京地区煤炭直接利用的大幅减少,这与该时段北京市产业结构的调整有很大关系。

第6章 讨论、结论及展望

6.1　讨论

6.1.1　能源安全

　　能源作为社会和经济发展的重要战略物资，其供给安全直接关系着国家的安全，因而，维护国家能源安全已成为世界各国政府必须面对的重要议题[9]。2007 年，美国通过了《能源独立与安全法案》，旨在降低对进口能源的依赖从而加强能源安全。近年来，美国页岩气革命的成功大大改善了美国的能源格局。根据美国能源信息署(U. S. Energy Information Administration，EIA)统计数据[158]，美国一次能源的进口量占当地一次能源消费总量的比例在 2006 年达到峰值 34.83%，随后开始逐年下降，到 2015 年，该比例已降至 24.44%。根据传统的能源统计学，2012 年美国的一次能源对外依存度为 16.74%，其中一次能源依存度定义为一次能源净进口量与当地能源消费总量的比值。这一指标从直观的角度对国家能源供应情况进行了量化评价，将能源净进口量作为国外能源对本地能源消费的直接贡献或者本地经济发展对国外能源的直接依赖。但是随着世界经济的全球化，国家和地区间的间接能源贸易越来越显著，国家和地区的发展也不再是完全独立的，它将趋向于依赖其他地区的能源资源，而这一依赖不仅包括直接依赖，而且包括间接依赖[159]。例如美国需要从世界其他地区进口大量的非能源商品，而这些非能源商品在其制造过程中需要消耗大量的能源资源，因此，美国对这些非能源商品的进口其实是对能源的间接进口，也是对国外能源资源的间接依赖。为了对直接和间接能源依赖进行系统核算，本书在第三章第 3.5 节中提出了一个新的评价指标——汇自给率。汇自给率主要关注的是本地消费能源的来源，它对本地最终需求中的体现能的来源地区进行追踪，将本地经济发展所需的能源分为两类：本地开采能源和国外进口能源。其中本地开采的，且用作本地最终需求的能源作为本地能源对本地能源消费的总贡献，而国外开采的，且用作本地最终需求的能源作为国外能源对本地能源消费的总贡献。这一指标从实际利用的角度将本地能源和国外能源对本地经济发展的直接和间接贡献进行了量化评价。美国的汇自给率为 50.64%，这也就是说，美国最终需求中的体现能中，有 49.36% 的能源是由美国以外的世界其他地区提供，这一比例要比美国的能源对外依存度大 1.95 倍。汇自给率指标提供了一种全新的、综合的评价国外能源资源对本地贡献的方法。

　　中国同样也面临着严峻的能源安全挑战。根据《中国能源统计年鉴——2013》数据，中国一次能源的进口量占当地一次能源消费总量的比例正在逐年增长，从 2000 年的 9.75% 增长至 2012 年的 17.08%[146]。其中原油问题最为突出，2012 年中国的原油对外依存度达到 61.10%，远远超过了 50% 的预警线。本书第四章第 4.5 节对中国能源利用的源-汇清单进行了分析，分析结果显示，体现在中国最终使用中的原油中，有 76.78% 是由国外地区开采提供，这一比例要比原油对外依存度大了 1/4。中国原油产量已经遭遇"瓶颈"，但国内原油需求量仍在不断地增长。针对这一问题，很多研究者已从能源效率、能源替代等角度对原油安全进行探讨[160]。从体现能的角度来看，中国贸易结构的调整对加强能源安全也有十分重要的意义。在中国经济涉及的六种最终使用类型中，出口是第二大能源消费来源，仅次于固定资本形成。中国作为缺油缺气地区，仍将近 1/4 的本地开采的原油和天然气用于直接或间接出口。因此，为了防止本地能源资源的大量流出，政府部门需要加强对能源出口的管理。不仅直接能源出口，间接能源出口，即非能源商品的出口也应得到足够重视，尤其是体现能强度较高的或体现本地能强度较高商品的出口。

6.1.2 贸易非平衡

在传统经济学中，绝对优势贸易理论指出，当贸易一方出口本地具有绝对优势的产品，同时进口本地具有绝对劣势的产品时，经济利益可达最大[161]。这一理论同样可以被拓展应用到资源和环境领域中。若两个国家或地区进行比较，其中一个国家或地区某类商品的体现能强度较低，那么生产相同数量的该类商品，这个国家或地区所需的能源代价较低，即环境成本低，因此，这个国家或地区的该类商品在资源节约和环境保护方面便具有"绝对优势"。当世界各国趋向于出口具有此类"绝对优势"的产品，而进口具有此类"绝对劣势"的产品时，世界能源利用量将会得到很大程度的减少，环境污染也会有所缓解。基于这一理论，Kander 等[162]曾在研究中提出了一种改进的消费者责任分配原则，这一改进原则主要将国内和国外产品的体现能强度的差异进行了考虑。研究指出，如果一个国家或地区生产的某类商品的体现能强度小于该商品的世界平均体现能强度，那么，这个国家或地区出口这类商品的行为应该得到鼓励，因为世界其他地区可以通过进口这些商品，来降低对该类商品的生产量，从而全球能源消耗总量得以减少。

本书第四章第 4.4 节对中国的对外能源贸易进行了分析，对各个部门的贸易非平衡情况也进行了展示。由于生产技术上的差异，这些部门的国内和国外体现能强度会很不相同。图 6.1 对中国主要贸易部门的国内外体现能强度进行了对比，图中部门编号对应 139 部门规格表（表 2.7）中的编号。部门 86（计算机）是中国最大的净出口部门，但是这个部门的国内体现能强度是 1.78E-02 TJ/万元人民币，而国外平均体现能强度只有 1.46E-02 TJ/万元人民币，也就是说，生产同等数量的计算机产品，国内能耗量比国外平均能耗量多 21.92%。2012 年一年，中国计算机出口总额为 1.10 万亿元人民币，为了生产这些用于出口的计算机产品，国内共投入了 1.96E+06 TJ 的能源资源。若是这些产品是由国外地区生产的话，将只需 1.61E+06 TJ 的能源资源投入。因此，为了全球节能减排的目的，中国的计算机出口需要被限制。由于中国的劳动力和原材料价格相比国外平均价格低，中国出口计算机正是实现了经济学绝对优势理论提出的经济利益最大化。那么不得不回到最初的那个问题，如何平衡经济效益与环境保护？

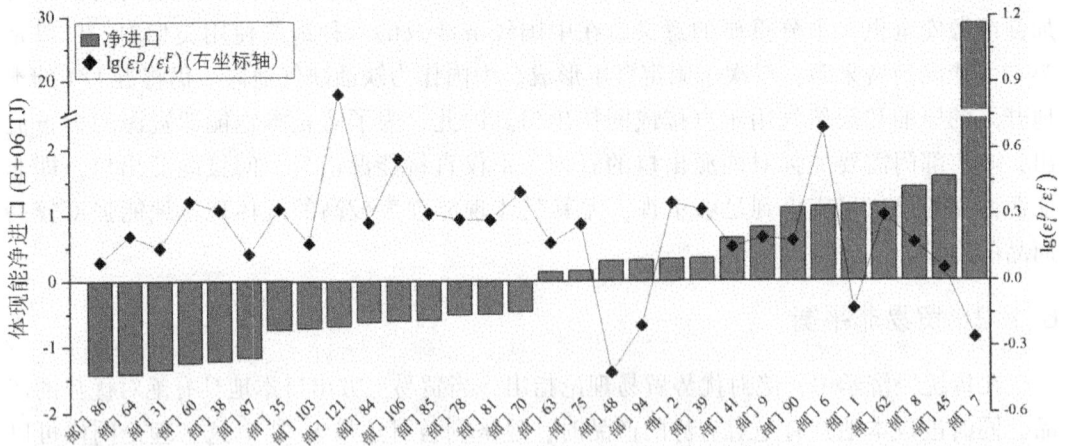

图 6.1　中国主要部门的净进口体现能与体现能强度

在北京的国内贸易和国际贸易中，同样可以发现这一问题。图 6.2 对北京主要国内贸易部门的本地和国内平均体现能强度进行了对比，图中部门编号对应 42 部门规格表(表2.8)中的编号。部门 14(金属冶炼和压延加工品)是北京最大的净调入部门，但是，这个部门的本地体现能强度是 4.06E-02 TJ/万元人民币，而国内平均体现能强度只有 4.93E-02 TJ/万元人民币，也就是说，生产同等数量的金属加工品，国内平均能耗量比北京本地能耗量多 21.43%。2012 年北京金属加工品调入总额为 8.05 千亿元人民币，而为了生产这些用于调入的金属加工品，国内其他地区共投入了 3.97E+06 TJ 的能源资源。若这些产品是由北京本地生产的话，将只需 3.27E+06 TJ 的能源资源投入。由于北京市对高能耗高污染的生产企业的管理力度较大，这无疑加大了这些企业在北京的生产成本，因此，北京调

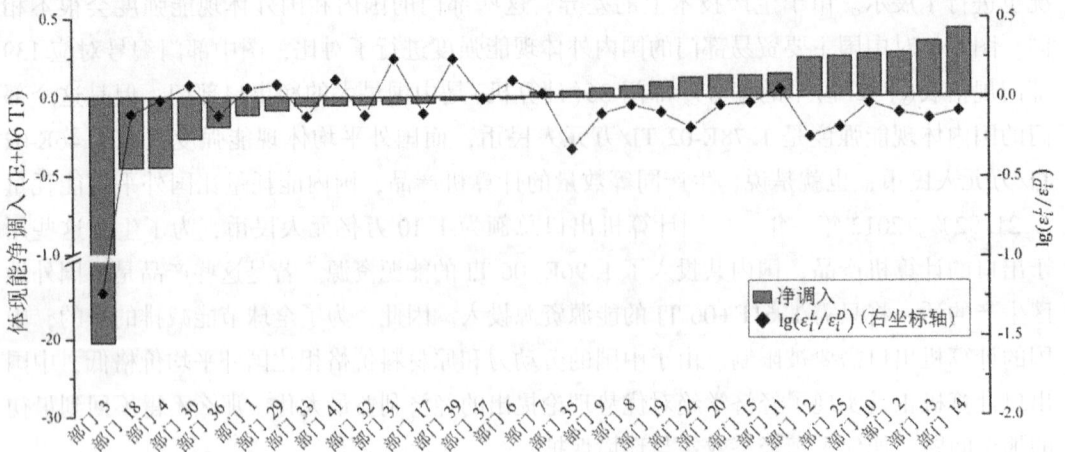

图 6.2　北京主要部门的净调入体现能与体现能强度

入金属加工品也是符合经济绝对优势理论的一种结果。图 6.3 对北京主要国际贸易部门的本地和国外平均体现能强度进行了对比，图中部门编号对应 42 部门规格表(表 2.8)中的编号。部门 30(交通运输、仓储和邮政)是北京第二大的净出口部门，但是这个部门的本地体现能强度是国外平均强度的 3.81 倍。2012 年北京交通运输、仓储和邮政的出口总额为 5.27 百亿元人民币，而为了支持这些出口，北京本地共投入了 1.88E+05 TJ 的能源资源。若这些产品是由国外地区生产，将只需 4.92E+04 TJ 的能源资源投入，是北京能耗量的 1/4。

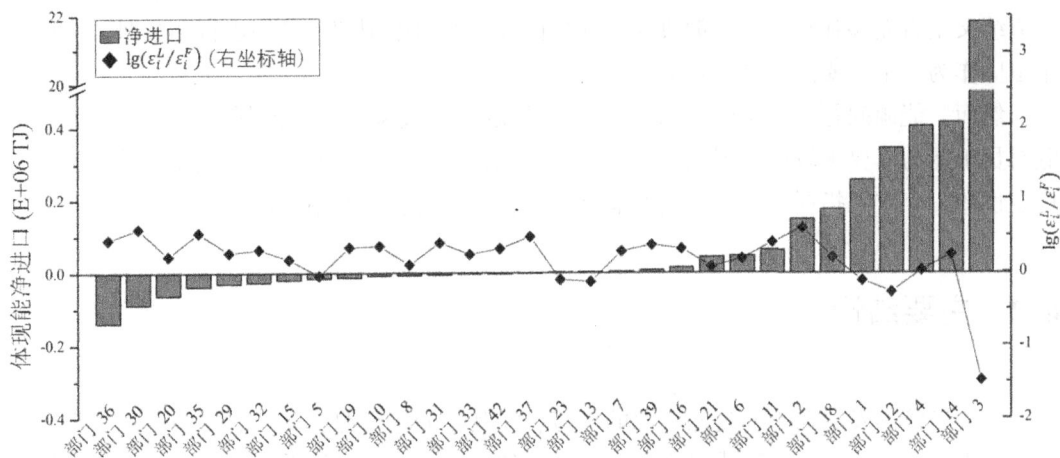

图 6.3　北京主要部门的净进口体现能与体现能强度

随着国际贸易的发展，越来越多的高收入国家或地区趋向于将高能耗和高污染的生产企业转移至中收入和低收入的国家或地区[163]，但是，如果相关的先进生产技术无法同时进行转移的话，中收入和低收入的国家或地区较高收入国家或地区的生产的环境资源成本高，全球整体能耗量必然会增加。因此为了全球尺度的节能减排目标，建立一个国际化的清洁高效技术共享平台十分必要。

6.1.3　能源与其他社会问题

能源问题并非只是简单的资源问题和经济问题，它同时也是一个复杂的社会问题，与人们生活中关心的健康、就业等话题都有着紧密联系。

2001 年，中国正式加入世界贸易组织(World Trade Organization，WTO)，中国对外贸易也因此进入跨越式的发展阶段[164]。2002—2012 年，中国进出口贸易总额以每年 20.07%速度增长[23]。贸易是减少贫困的一个重要手段，中国在这一快速扩张的贸易中取得了很明显的成果。根据世界银行(World Bank)提出的每日生活费在 1.90 美元以下的贫困标准，中国 2002 年的贫困人口比例为 31.95%，而在 2012 年，这一比例已降至 6.47%[21]。但是，与此同时出现了越来越多的环境问题。国际市场中越来越多的"中国制造"使得中国成了"亚洲工厂"的核心基地。2009 年，中国超过德国成为世界第一大出口国[165]。为了生产这些出口商品，每年中国需要消耗大量的能源资源并排放大量的污染物。已有相当多的研究证实，空气污染，尤其是空气颗粒物污染对人体健康构成了严重的威胁[166,167]。

由国际贸易引起的"碳泄露""资源掠夺"等现象已得到学术界的充分讨论[168]，与此类似的"健康转移"现象也在逐渐受到关注。不难发现，越来越多的高收入国家或地区选择在世界其他地区进行高能耗和高污染的生产活动，这其实是将原本属于这个国家和地区的空气污染转移到了其他地区，而与空气污染相关的健康危害也随之进行了转移。对中国来说，出口贸易使得这个国家的经济得到了很快的发展，但从长远来看，今天取得的这些经济成绩又是否能够弥补未来的健康损失呢？因而，在对中国贸易结构进行调整时，国民健康也应作为一个重要因素进行考虑。

然而，能源问题又不是简单的"一刀切"问题。一般来说，高能耗和高污染的工厂企业对员工能力等要求较低，因而可以为当地居民提供大量的就业机会。就业率是评价社会稳定性的一个重要指标，在对中国产业结构进行调整时，就业率同样不能忽略。

6.2　主要结论

社会经济的发展离不开自然资源的支持，尤其是能源资源的支持。能源资源是重要的生产要素，是商品和服务形成过程中不可缺少的一种投入。经济系统中贸易流动规模的不断增大，使得伴随商品和服务流的能源利用流越来越复杂，与之相关的"能源转移""间接能源依赖"等现象也为节能减排、能源安全等工作的开展提出了新的挑战。为了对经济系统内的能源利用进行全面的模拟和核算，本研究对多尺度系统投入产出方法进行了介绍和发展，并将这一方法用于追踪经济系统内能源利用流的起点和终点，编制从源到汇的能源利用清单；进而，将多尺度系统投入产出分析法与结构分解分析法相结合，探究经济系统内能源利用量的变化规律和影响因素。

在方法层面，本研究借助于系统生态学理论对体现能进行了系统定义，并在此基础上详细论述了多尺度系统投入产出分析模型的构建方法。本研究对系统生态学理论和体现能方法进行了文献调研，主要关注体现能、能量代价、能值等术语提出的背景以及定义的演变。这里提出在体现能的核算中，考虑系统生态学定义的经济系统边界，对进入这一边界的能源资源进行体现核算。因此，本研究中的体现能其实是体现能源资源，这一概念反映了环境系统对经济系统的支撑效应。在环境与经济有着突出矛盾的今天，这一概念的提出也是为了量化评价环境与经济系统之间的资源交流，从而加深理解两个系统之间的关系。根据体现能源资源的概念，书中依次展示了全球、国家和城市三个不同尺度的体现能计算模型，即多尺度系统投入产出模型，并与文献中常用的环境投入模型进行对比，指出两种模型的主要不同之处在于对直接能源投入的定义和对中间产品贸易的处理两个方面。此外，本研究创新性地将系统投入产出模型与结构分解分析法进行结合，考虑跨尺度的影响因素，例如，全球经济和国家经济的变化对一个城市经济体内能源利用的影响。

　　在案例研究层面，本研究基于近十余年的统计数据，选取全球、中国和北京经济为研究对象，对 2012 年这三个不同尺度经济系统内的能源利用依次进行系统投入产出模拟和核算，对这三个经济体内的生产活动、贸易活动和消费活动进行体现能分析；并对 2002—2012 年这三个不同尺度经济体内的能源利用进行结构分解分析，探究驱动这三个经济体内能源利用量变化的因素。主要结论如下：

　　（1）全球经济

　　能源开采部门对环境资源的影响最大。全球经济 2012 年 26 个产业部门中，矿业产品部门作为原油、原煤、天然气和核燃料的主要开采部门，其体现能强度最大，表示开采这一经济活动对环境资源的影响最大。相比而言，居民服务部门的体现能强度最小，只有矿业部门体现能强度的 1% 左右。

　　一半以上的世界能源需求来自居民消费。全球经济 2012 年最终需求中的体现能为 5.34E+08 TJ，其中居民消费中的体现能占需求总量的 55.80%。在居民体现能消费中，服务业是最大的消费来源，甚至超过电力供应业的 2 倍。

　　地区的能源开采、生产和消费量大不相同。2012 年，中国是世界上最大的能源开采地区和体现能生产地区，而美国是世界上最大的体现能消费地区。日本的能源开采量只有其最终需求体现能的 3.71%，而俄罗斯的能源开采量则比其最终需求体现能大 7.88 倍。中国的人均体现能消费量不到美国人均量的 1/4，若仅考虑居民消费，中国的人均体现能消费量只有世界平均水平的 67.80%，不到美国人均水平的 1/8。

　　体现在国际贸易中的能源总量是世界能源开采量的 90%。2012 年全球体现能贸易总量达到 4.95E+08 TJ，是这一年世界能源开采总量的 92.70%。美国是世界上最大的体现能净进口国家，而俄罗斯是最大的净出口国家。欧盟在贸易中扮演了一个能源接收者角色，在其与俄罗斯的双边贸易中，进口中的体现能是出口中体现能的 17.30 倍。在国际贸易中，84.87% 的体现能贸易与中间产品贸易有关，而 15.13% 的体现能贸易则与最终产品贸易有关。日本是最大的中间净进口国家，而俄罗斯是最大的中间净出口国家；美国是最大的最终净进口国家，而中国是最大的最终净出口地区。俄罗斯和沙特阿拉伯的贸易非平衡主要由中间生产活动驱动，而美国和英国的贸易非平衡主要由最终消费活动驱动。

　　美国一半左右的最终能源需求由国外地区供给。根据全球经济 2012 年能源使利用从源（能源开采）到汇（最终需求）的清单，源自给率和汇自给率被首次提出，用于综合地量化评价国家和地区的能源安全。俄罗斯和沙特阿拉伯的源自给率分别为 4.18% 和 1.82%，表示这两个地区开采的能源绝大多数用于满足国外地区的消费需求。美国是全球能源供应链中最大的消费汇，其汇自给率为 50.64%，表示美国能源利用中，49.36% 是国外地区开采的能源资源，这一比例要比美国能源信息署发布的美国一次能源对外依存度大 1.95 倍，这一结果反映了贸易引起的间接能源依赖现象，而且随着全球化进程的不断加快，这一现象将会越来越突出。

　　生产结构的变化是世界能耗量增长的最大驱动因素。2002—2007 年，全球能源利用总量增长了 7.41E+07 TJ，而 2007—2012 年，全球能源利用总量增长了 5.04E+07 TJ。在考虑的六个影响因素中，能源经济效率和生产结构的变动对全球能源利用总量的影响最大，其中，能源经济效率的提高使全球能源利用总量呈减少态势，而生产结构的变化使全球能源利用总量呈增加态势。2002—2007 年，英国能源开采量的降幅最大，主要是受能源经济效率的驱动，而日本是体现能消费量降幅最大的国家，也是主要受到能源经济效率的驱动；2007—2012 年，日本和美国分别是能源开采量和体现能消费量降幅最大的国家。

(2) 中国经济

部门的体现能强度由直接开采、国内和国外贸易决定。中国经济 2012 年 139 个产业部门中，煤炭采选产品部门作为原煤的开采部门，其体现能强度最大，而房地产部门的体现能强度最小。对煤炭采选产品、炼焦产品和精炼石油加工品三个部门来说，直接开采、国内贸易和国外贸易分别是其体现能强度的最大影响因素，代表这三个部门三个不同的环境影响来源。

一半以上的中国能源需求来自资本形成。中国经济 2012 年最终需求中的体现能为 1.14E+08 TJ，其中固定资本形成中的体现能占需求总量的 56.63%，比居民消费中的体现能多 76%。在固定资本形成的体现能消费中，建筑业是最大的消费来源。城镇地区的人均体现能消费量是农村地区人均量的 3 倍，城镇居民的消费主要集中在轻工业和服务业产品，而农村居民的消费则主要集中在轻工业和农业产品。

体现在中国进出口贸易中的能源总量是国内能源开采量的 95%。2012 年，体现在中国总进口中的体现能为 5.42E+07 TJ，而体现在中国总出口中的体现能为 3.59E+07 TJ，中国是一个体现能净进口国。石油和天然气开采产品部门是最大的体现能进口部门，而计算机部门是最大的体现能出口部门。在所有进口中，90.20% 的进口用于中间生产，而 9.80% 用于最终使用；在所有出口中，93.00% 的出口是国内产品出口，而 7.00% 是再出口或复出口。对各个部门的货币和体现能贸易平衡进行对比分析，航空运输部门虽是一个贸易逆差部门，却是体现能净出口部门，而医药制品虽是一个贸易顺差部门，却是体现能净进口部门。

中国开采的石油和天然气中的 1/4 用于出口。根据中国经济 2012 年能源利用从源(能源开采)到汇(最终使用)的清单数据，体现在中国最终使用中的原油中，76.78% 需由国外地区供给，这一比例比国家统计局公布的中国原油对外依存度大 1/4，天然气的这一比例更高，达到 82.57%。中国作为一个缺油缺气的国家，仍将 24.48% 的国内开采的石油和天然气用于直接或间接出口，其中容易忽略的间接能源出口需要相关部门给予特别重视。

人均最终需求的变化是中国能耗量增长的最大驱动因素。2002—2007 年，中国能源利用总量增长了 2.82E+07 TJ，而 2007—2012 年，中国能源利用总量增长了 3.67E+07 TJ。在考虑的七个影响因素中，人均最终需求和能源经济效率的变动对中国能源利用总量大小的影响最大，其中，人均最终需求的变化使得中国能源利用总量呈增加态势，而能源经济效率的提高使得中国能源利用总量呈减少态势。2007—2012 年进口变动效应是 2002—2007 年的 5.31 倍，反映了经济不断全球化所带来的影响。

(3) 北京经济

北京部门的体现能强度比世界平均水平高。北京经济 2012 年 42 个产业部门中，煤炭采选产品部门的体现能强度最大，而金融部门的体现能强度最小。对石油、炼焦产品和核燃料加工品部门、造纸印刷和文教体育用品部门和金融部门来说，国际贸易、省际贸易和北京市内贸易分别是其体现能强度的最大影响因素，代表了这三个部门三个不同的环境影响来源。总体来看，北京部门的体现能强度要比中国部门的平均体现能强度低，但仍比世界部门的平均体现能强度高，反映了这三个经济体产业结构和生产力水平的差异。

40%的北京能源需求来自资本形成。北京经济 2012 年最终需求中的体现能为 3.86E+06 TJ，其中固定资本形成中的体现能占需求总量的 39.62%，与居民体现能消费总量基本持平。在固定资本形成的体现能消费中，建筑业是最大的消费来源。北京居民的人均体现能消费量是中国人均消费水平的 2.56 倍。

体现在北京调入调出贸易中的能源总量是北京能源开采量的 507 倍。2012 年，体现在北京总调入中的体现能为 3.18E+07 TJ，而体现在北京总调出中的体现能为 5.14E+07 TJ，北京是一个体现能净调出地区，这与法人经营地的统计口径有很大关系。煤炭采选产品是最大的体现能调入部门，而石油和天然气开采产品部门是最大的体现能调出部门。在所有调入中，26.87%的调入用于中间生产，而 73.13%用于最终使用；在所有调出中，14.29%的调出是本地产品调出，41.57%是调入产品用于调出，44.14%是进口产品用于调出。

体现在北京进出口贸易中的能源总量是北京能源开采量的 166 倍。2012 年，北京总进口中的体现能为 2.52E+07 TJ，而北京总出口中的体现能为 1.91E+06 TJ，北京是一个体现能净进口地区。石油和天然气开采产品部门是最大的体现能进口部门，而石油、炼焦产品和核燃料加工品是最大的出口部门。在所有进口中，8.35%的进口用于中间生产，而 91.65%用于最终使用；在所有出口中，36.21%的出口是本地产品出口，50.66%是调入产品用于调出，13.13%是再进口或复出口。

一半以上的北京能源利用需要调入供给。根据北京经济 2012 年能源利用从源（能源开采）到汇（最终使用）的清单数据，体现在北京最终使用中的能源中，55.59%调入自国内其他地区，44.12%进口自国外地区，0.29%由本地开采。而北京本地开采的能源资源中，94.44%用于调出或生产调出商品，4.29%用于本地消费或投资，1.27%用于出口或生产出口商品。

人均最终需求是北京能耗量增长的最大驱动因素。2002—2007 年，北京能源利用总量增长了 6.99E+05 TJ，而 2007—2012 年，中国能源利用总量增长了 1.26E+06 TJ。在考虑的八个影响因素中，人均最终需求的变动对北京能源利用总量的影响最大。2002—2007 年，调入和进口变动分别使北京能源利用总量呈减少和增加态势，而 2007—2012 年，调入和进口变动均使北京能源利用总量呈增加态势。

6.3 研究展望

（1）最初投入

在本研究构建的多尺度系统投入产出模型中，采用了体现能平衡假设，即部门的直接能源投入量与中间投入产品的体现能之和与部门总产出产品的体现能相等。可以注意到，这个模型考虑了经济投入产出表中中间流量和最终使用两个象限的数据，但却未考虑最初投入象限的数据，例如固定资本折旧、从业人员报酬等，这主要是由于这里假设最初投入产品的体现能投入为零。虽然这一假设可以极大地简化模型，但是固定资本折旧和从业人员报酬并非没有体现能投入，其中固定资本折旧是对历史年份中投入资本形成中的体现能的利用，而从业人员又是教育、农业等需要投入体现能进行生产的产品的消费主体，因此这一假设必然会带来一定的模拟失真。在未来的研究中如何完善计算模型，又如何将最初投入纳入计算模型中将会是一个比较大的挑战。

（2）数据更新

本研究对世界、中国和北京 2012 年的能源利用进行了详细的多尺度系统投入产出分析，但是 2012 年距今已有 9 年，在社会和经济飞速发展的今天，9 年前的数据远不能反映现在的情况。随着全球、中国和北京投入产出表的更新，体现能的研究更新也十分必要。

此外，本研究对全球、中国和北京 2002—2012 年的能源利用进行了结构分解分析，其中只考虑了 2002 年、2007 年和 2012 年数据，这是因为中国国家统计局对这三个年份编制了投入产出基本表。但其实 2005 年和 2010 年中国和北京投入产出表延长表也已可得，因此可将五年的能源利用量变化继续细分为两年和三年的变化，这可以为探究能源利用的变化规律提供更多的研究案例。

（3）工程尺度的应用

本研究对全球经济中 4914 个生产性单元、中国经济中 139 个部门和北京经济中 42 个部门的体现能强度进行了计算并整理于附录中。而这些部门的体现能强度是针对这些部门的产品（不论产品用于中间生产还是用于最终使用）定义的。因此，这里得到的体现能数据库可为今后工程尺度的体现能核算提供数据支持。

附　　录

（单位：TJ/千美元）

附录A　2012年全球经济4914个生产部门的体现能强度

部门＼区域	1	2	3	4	5	6	7	8	9	10	11	12	13	14	15	16	17	18	19	20
1	1.14E-03	1.47E-02	1.56E-03	3.80E-03	1.16E-01	3.00E-03	9.19E-03	1.44E-03	1.93E-02	6.69E-03	2.98E-02	5.62E-03	3.99E-03	8.41E-03	1.26E-01	2.20E-03	6.64E-01	1.11E-02	1.40E-03	2.47E-01
2	3.23E-03	3.11E-03	1.29E-03	7.39E-03	2.76E-03	1.15E-03	9.73E-03	6.01E-03	3.97E-02	3.87E-03	1.83E-02	3.03E-03	4.51E-03	8.36E-03	1.17E-02	4.82E-03	1.54E-02	4.24E-03	5.90E-03	4.26E-03
3	3.76E-03	1.11E-01	1.17E-01	4.77E-03	1.66E-01	3.93E-03	1.79E-01	8.29E-03	9.34E-03	1.17E-01	3.08E-02	8.07E-01	1.18E-02	1.08E+00	6.49E-01	2.14E-03	1.61E+00	4.76E-03	4.71E-03	2.41E-03
4	1.87E-03	9.14E-03	2.21E-03	4.74E-03	3.41E-02	6.49E-03	5.95E-03	2.89E-03	8.35E-03	4.39E-03	9.05E-03	4.82E-03	7.12E-03	8.71E-03	3.13E-02	4.09E-03	2.51E-02	7.37E-03	3.61E-03	8.89E-02
5	2.74E-03	1.23E-02	3.25E-03	6.31E-03	6.29E-03	8.24E-03	5.79E-03	5.67E-03	1.19E-02	3.36E-03	7.10E-03	6.94E-03	9.12E-03	1.27E-02	2.44E-02	6.40E-03	1.51E-02	7.63E-03	7.52E-03	1.87E-02
6	1.82E-03	9.13E-03	2.39E-03	4.83E-03	1.28E-02	5.96E-03	5.55E-03	4.38E-03	7.33E-03	3.87E-03	7.25E-03	5.69E-03	6.92E-03	1.02E-02	1.36E-02	4.28E-03	1.53E-02	6.34E-03	5.11E-03	3.15E-02
7	6.04E-03	3.64E-02	8.28E-03	1.64E-02	1.07E-02	1.81E-02	2.70E-02	2.19E-02	2.62E-02	2.47E-02	2.44E-02	3.74E-02	5.24E-02	7.46E-02	5.55E-02	1.25E-02	1.11E-01	2.22E-02	1.43E-02	9.84E-03
8	3.72E-03	1.57E-02	4.01E-03	6.53E-03	4.23E-03	7.65E-03	1.08E-02	1.12E-02	2.26E-02	2.90E-02	9.45E-03	1.29E-02	1.45E-02	3.97E-02	2.10E-02	6.03E-03	1.97E-02	9.32E-03	7.10E-03	4.64E-03
9	2.31E-03	8.47E-03	2.79E-03	4.87E-03	2.86E-03	5.94E-03	5.66E-03	4.41E-03	9.09E-03	6.16E-03	5.36E-03	5.19E-03	6.36E-03	7.48E-03	7.29E-03	4.61E-03	1.24E-02	4.46E-03	5.12E-03	3.84E-03
10	2.95E-03	9.82E-03	3.34E-03	5.90E-03	3.45E-03	6.66E-03	8.10E-03	5.21E-03	1.11E-02	6.55E-03	7.41E-03	5.87E-03	7.48E-03	8.51E-03	8.81E-03	5.67E-03	1.51E-02	7.56E-03	6.45E-03	4.59E-03
11	2.75E-03	9.73E-03	2.90E-03	5.86E-03	4.29E-03	7.66E-03	5.46E-03	5.58E-03	9.34E-03	8.61E-03	5.86E-03	6.15E-03	8.12E-03	9.61E-03	1.03E-02	5.69E-03	1.54E-02	2.41E-02	7.12E-03	7.53E-03
12	4.06E-03	3.87E-02	4.80E-03	6.63E-03	9.24E-03	9.25E-03	1.58E-02	4.25E-02	1.09E-02	4.20E-03	8.58E-03	6.32E-03	1.21E-02	2.26E-01	1.69E-01	6.48E-03	1.54E-02	2.07E-02	7.99E-03	6.91E-03
13	4.40E-03	6.39E-02	3.11E-03	7.77E-03	8.34E-03	6.02E-03	3.81E-02	3.00E-02	1.15E-02	2.43E-02	3.39E-02	4.26E-02	1.55E-02	6.21E-02	4.54E-02	4.83E-03	2.75E-02	7.55E-03	5.29E-03	4.35E-03
14	1.66E-03	1.13E-02	1.82E-03	2.92E-03	3.20E-03	3.25E-03	9.83E-03	4.44E-03	5.07E-03	5.38E-03	6.11E-03	9.17E-03	6.17E-03	2.07E-02	1.65E-02	3.26E-03	1.21E-02	6.02E-03	4.10E-03	5.17E-02
15	2.21E-03	4.52E-03	5.94E-04	3.93E-03	1.59E-03	5.66E-03	9.73E-04	4.72E-03	7.72E-04	4.11E-03	3.79E-03	2.60E-03	3.76E-03	4.17E-03	2.12E-03	3.82E-03	1.55E-03	3.72E-03	5.64E-03	4.85E-03
16	9.94E-04	2.13E-03	4.69E-04	1.08E-03	1.03E-03	1.58E-03	1.20E-03	1.54E-03	1.97E-03	5.21E-03	2.58E-03	1.64E-03	1.88E-03	2.70E-03	1.60E-03	1.20E-03	9.42E-03	4.72E-03	1.44E-03	1.81E-03
17	8.92E-04	3.12E-03	4.75E-04	1.15E-03	1.56E-03	1.60E-03	8.86E-04	1.81E-03	2.32E-03	3.10E-03	2.06E-03	2.71E-03	1.68E-03	3.34E-03	2.94E-03	1.15E-03	2.28E-03	3.04E-03	1.38E-03	3.31E-03
18	1.37E-03	3.54E-03	1.03E-03	2.02E-03	7.79E-03	2.49E-03	3.09E-03	3.77E-03	3.64E-03	2.77E-03	3.35E-03	3.75E-03	3.83E-03	6.35E-03	6.79E-03	1.86E-03	1.42E-02	3.26E-03	2.03E-03	1.50E-02
19	1.77E-03	2.28E-03	1.16E-03	2.54E-03	2.32E-03	1.65E-03	2.44E-03	3.04E-03	3.46E-03	3.77E-03	3.87E-03	4.82E-03	4.01E-03	1.15E-02	9.23E-03	1.49E-03	1.61E-02	4.40E-03	1.85E-03	1.62E-03
20	7.40E-04	2.24E-03	5.44E-04	1.81E-03	1.17E-03	1.25E-03	1.25E-03	1.35E-03	2.38E-03	1.92E-03	1.68E-03	1.41E-03	1.64E-03	2.91E-03	2.07E-03	1.39E-03	1.48E-02	1.67E-03	1.49E-03	1.95E-03
21	7.51E-04	1.45E-02	2.85E-03	9.27E-04	2.19E-03	1.33E-03	1.27E-03	3.92E-03	2.85E-03	2.49E-03	2.12E-03	4.37E-03	3.31E-03	5.47E-03	1.11E-02	8.69E-04	1.18E-02	1.01E-02	1.14E-03	2.33E-03
22	1.65E-03	5.10E-03	1.36E-02	2.40E-03	2.22E-03	3.31E-03	2.08E-03	2.78E-03	2.46E-03	2.02E-03	2.81E-03	3.42E-03	2.97E-03	5.02E-03	3.28E-02	2.13E-03	9.17E-03	1.81E-03	3.13E-03	3.80E-03
23	1.23E-03	4.68E-03	1.04E-03	2.20E-03	2.01E-03	3.04E-03	1.92E-03	7.69E-03	1.67E-03	2.16E-03	1.43E-03	3.52E-03	4.35E-03	5.44E-03	3.33E-03	5.28E-03	1.57E-02	7.45E-05	2.69E-03	4.48E-03
24	2.95E-03	6.00E-03	9.28E-04	4.92E-03	1.56E-03	6.87E-03	1.92E-04	8.09E-03	9.69E-03	3.72E-03	2.79E-03	2.54E-03	3.66E-03	3.80E-03	3.98E-03	3.85E-03	3.44E-03	3.84E-03	6.87E-03	6.71E-03
25	2.17E-03	4.92E-03	6.22E-04	4.27E-03	1.56E-03	7.54E-03	1.92E-03	8.09E-04	1.67E-03	3.72E-03	2.79E-03	2.54E-03	3.66E-03	3.80E-03	3.98E-03	1.02E-02	3.44E-03	3.84E-03	7.46E-03	4.31E-03
26	8.80E-03	8.93E-03	7.84E-03	6.85E-03	3.59E-03	8.46E-03	1.21E-03	8.88E-03	1.42E-03	1.21E-02	1.88E-03	6.20E-03	1.07E-02	8.76E-03	6.06E-03	1.02E-02	4.55E-03	2.07E-03	8.72E-03	1.12E-02

部门＼区f	21	22	23	24	25	26	27	28	29	30	31	32	33	34	35	36	37	38	39	40
1	3.07E-03	1.45E-03	1.31E-02	1.19E-02	6.69E-02	2.31E-02	6.33E-03	2.17E-03	2.53E-02	1.53E-03	7.92E-04	2.42E-01	1.67E-01	1.40E-02	1.30E-02	4.19E-03	5.60E-04	6.71E-04	2.72E-02	1.49E-02
2	8.12E-03	1.08E-02	1.75E-03	2.89E-03	6.84E-03	7.11E-02	1.87E-02	5.40E-03	4.89E-03	9.12E-03	1.10E-02	3.78E-03	2.61E-03	8.16E-03	8.29E-03	1.78E-02	6.27E-03	4.88E-03	6.27E-03	6.71E-03
3	6.92E-03	4.28E-03	1.16E-01	2.82E-01	1.12E-01	4.02E-02	1.08E-02	1.45E-01	3.14E-01	7.57E-03	7.28E-03	6.21E-03	1.08E-01	9.08E-03	3.09E-02	4.43E-03	1.93E-03	1.13E-03	1.15E-02	1.41E-01
4	6.92E-03	4.83E-03	6.99E-03	8.78E-03	2.78E-02	1.16E-02	8.21E-03	2.56E-03	1.11E-02	3.72E-03	2.36E-03	4.96E-02	2.94E-02	7.83E-03	3.95E-03	6.31E-03	2.05E-03	2.00E-03	8.51E-03	1.12E-02
5	7.43E-03	1.15E-02	4.19E-03	1.52E-02	1.39E-02	4.92E-03	1.03E-03	3.12E-03	1.49E-02	6.24E-03	6.57E-03	1.87E-02	6.26E-03	6.84E-03	6.13E-03	7.16E-03	4.89E-03	2.54E-03	6.33E-03	1.27E-02
6	6.45E-03	5.85E-03	4.14E-03	9.78E-03	1.32E-02	5.37E-03	8.07E-03	2.20E-03	9.86E-03	4.06E-03	3.31E-03	1.64E-02	1.31E-02	7.24E-03	4.48E-03	5.12E-03	2.45E-03	1.45E-03	7.72E-03	1.43E-02
7	4.14E-02	5.67E-03	3.75E-03	3.80E-02	5.92E-02	2.00E-02	2.52E-02	8.34E-03	4.10E-02	1.25E-02	4.36E-03	1.57E-02	1.33E-02	4.21E-02	6.58E-03	1.88E-03	3.97E-03	2.41E-03	2.70E-02	3.97E-02
8	1.20E-02	6.06E-03	2.05E-03	1.86E-02	2.47E-02	1.36E-02	1.07E-02	3.54E-03	2.19E-02	6.06E-03	4.43E-03	8.24E-03	5.61E-03	1.35E-02	5.49E-03	7.24E-03	3.42E-03	1.53E-03	9.45E-03	3.16E-02
9	5.16E-03	4.89E-03	4.00E-03	7.20E-03	1.12E-02	6.87E-03	6.99E-03	2.43E-03	8.07E-03	3.75E-03	2.90E-03	5.90E-03	3.47E-03	5.93E-03	4.62E-03	4.11E-03	2.58E-03	1.13E-03	7.07E-03	1.73E-02
10	6.35E-03	7.87E-03	4.00E-03	8.16E-03	1.32E-02	7.62E-03	8.39E-03	3.04E-03	8.85E-03	5.01E-03	4.29E-03	6.86E-03	4.15E-03	6.63E-03	5.89E-03	4.97E-03	3.59E-03	1.60E-03	6.87E-03	1.63E-02
11	7.11E-03	1.02E-02	9.34E-03	8.85E-03	1.51E-02	4.09E-03	8.72E-03	2.90E-03	9.36E-03	5.86E-03	5.90E-03	7.04E-03	4.49E-03	5.69E-03	6.38E-03	6.35E-03	4.26E-03	1.97E-03	6.22E-03	1.55E-02
12	8.47E-03	1.67E-02	9.54E-03	8.52E-02	5.36E-02	5.90E-02	1.30E-02	6.93E-03	1.01E-01	1.22E-02	1.23E-02	8.58E-03	1.53E-02	7.43E-03	8.75E-03	9.98E-03	7.43E-03	4.72E-03	5.13E-03	3.46E-04
13	8.30E-03	1.99E-03	7.01E-03	7.17E-02	3.27E-02	1.77E-02	1.25E-02	3.30E-03	5.55E-02	6.04E-03	4.60E-03	1.26E-02	2.28E-02	3.72E-03	3.18E-02	3.76E-03	2.36E-03	1.34E-03	2.54E-03	3.72E-02
14	2.78E-03	2.75E-03	1.64E-03	1.08E-02	1.69E-02	6.50E-03	5.06E-03	2.04E-03	1.10E-02	3.25E-03	2.18E-03	4.98E-03	4.15E-03	1.31E-02	2.47E-03	2.46E-03	1.87E-03	1.10E-03	6.20E-03	2.15E-03
15	3.92E-03	1.32E-02	1.64E-03	4.26E-03	5.03E-03	1.51E-03	7.52E-03	2.48E-03	3.80E-03	7.64E-03	9.09E-03	3.66E-03	2.20E-03	3.23E-03	6.01E-03	3.26E-03	6.07E-03	2.58E-03	3.43E-03	5.32E-03
16	1.26E-03	3.85E-03	1.64E-03	2.26E-03	2.85E-03	1.51E-03	1.98E-03	9.33E-04	3.08E-03	1.28E-03	1.93E-03	1.99E-03	1.11E-03	3.23E-03	1.40E-03	1.12E-03	1.12E-03	4.63E-04	3.43E-03	5.32E-03
17	1.05E-03	4.60E-03	1.64E-03	3.46E-03	3.42E-03	1.51E-03	2.01E-03	1.00E-03	2.99E-03	1.47E-03	1.60E-03	2.90E-03	1.69E-03	3.23E-03	1.43E-03	1.02E-03	1.17E-03	4.81E-04	3.43E-03	5.32E-03
18	2.06E-03	5.50E-03	3.90E-03	4.64E-03	9.47E-03	5.34E-03	3.74E-03	1.80E-03	5.55E-03	2.67E-03	2.24E-03	1.07E-02	5.21E-03	3.93E-03	2.35E-03	1.75E-03	1.58E-03	8.95E-04	4.43E-03	7.99E-03
19	2.65E-03	3.00E-03	3.05E-03	2.92E-03	7.80E-03	4.67E-03	4.09E-03	2.14E-03	8.19E-03	2.84E-03	1.80E-03	3.50E-03	1.77E-03	4.39E-03	1.52E-03	2.16E-03	1.22E-03	7.61E-04	7.79E-03	1.14E-02
20	1.29E-03	2.93E-03	1.55E-03	2.07E-03	2.62E-03	1.66E-03	2.49E-03	9.45E-04	3.13E-03	1.55E-03	2.09E-03	2.20E-03	1.28E-03	2.05E-03	1.16E-03	1.04E-03	1.51E-03	7.52E-04	1.68E-03	5.29E-03
21	8.12E-04	1.86E-03	1.22E-03	1.63E-03	1.79E-03	8.89E-04	1.87E-03	5.27E-04	2.28E-03	5.16E-04	6.80E-04	2.21E-03	1.21E-03	2.06E-03	1.29E-03	6.29E-04	9.38E-04	3.40E-04	1.65E-03	5.74E-03
22	1.63E-03	3.50E-03	1.77E-03	5.68E-03	9.24E-03	2.32E-03	4.02E-03	1.30E-03	5.43E-03	2.56E-03	2.08E-03	3.83E-03	2.55E-03	3.77E-03	2.76E-03	1.55E-03	1.97E-03	7.59E-04	2.65E-03	5.63E-03
23	1.25E-03	2.86E-03	2.27E-03	4.54E-03	5.44E-03	1.94E-03	3.67E-03	1.10E-03	4.98E-03	1.52E-03	1.49E-03	4.16E-03	2.58E-03	2.75E-03	2.46E-03	1.18E-03	1.62E-03	6.25E-04	1.93E-03	1.21E-02
24	4.72E-04	1.41E-02	8.75E-04	4.77E-04	6.41E-03	3.20E-05	9.27E-05	2.92E-03	3.54E-03	1.12E-02	9.53E-03	4.87E-03	3.00E-03	3.48E-05	7.26E-03	3.73E-03	7.55E-03	3.23E-04	5.87E-04	1.05E-02
25	4.02E-03	1.55E-02	3.12E-03	4.16E-03	5.51E-03	5.17E-03	1.04E-02	1.73E-03	3.58E-03	7.01E-03	6.75E-03	3.74E-03	2.16E-03	3.48E-05	7.76E-03	3.04E-03	6.27E-03	2.88E-03	9.89E+00	5.63E-03
26	1.13E-02	1.61E-02	2.49E-03	8.01E-03	8.27E-03	2.78E-02	1.14E-03	8.58E-03	5.08E-03	2.64E-03	9.59E-03	8.14E-03	8.39E-03	2.27E-02	9.20E-03	5.98E-03	1.12E-03	5.87E-03	3.45E-02	3.61E-03

续表

编号	41	42	43	44	45	46	47	48	49	50	51	52	53	54	55	56	57	58	59	60
1	3.53E-02	1.31E-01	1.51E-02	4.11E-02	3.39E-02	5.23E-03	2.02E-02	1.59E-03	1.10E-01	9.50E-01	1.20E-02	1.77E-03	1.79E-02	1.14E-02	1.39E-02	4.00E-02	1.37E-01	3.69E-02	2.54E+00	1.22E-03
2	3.66E-03	5.60E-03	3.17E-03	3.22E-03	2.43E-03	3.05E-03	9.07E-03	2.00E-03	9.15E-03	8.19E-03	4.45E-03	1.44E-02	1.91E-03	1.35E-02	4.93E-03	2.81E-03	6.05E-03	9.31E-03	3.22E-02	1.93E-03
3	4.53E-01	2.20E-01	6.72E-03	9.24E-02	1.53E-01	5.94E-03	2.11E-03	2.23E-03	1.16E+00	4.63E-02	5.31E-02	2.47E-03	6.59E-03	7.46E-03	5.54E-01	4.58E-03	2.02E-02	3.92E-03	4.40E-02	2.38E-03
4	4.08E-03	4.08E-02	6.98E-03	1.44E-02	1.16E-02	5.41E-03	1.49E-02	1.91E-03	3.09E-02	2.63E-02	7.37E-03	3.89E-03	6.32E-03	1.07E-02	7.59E-03	1.15E-02	7.23E-02	1.95E-02	9.50E-03	2.64E-03
5	7.18E-03	8.29E-03	7.11E-03	9.20E-03	5.57E-03	7.28E-03	1.35E-02	2.93E-03	1.51E-02	3.17E-02	7.38E-03	6.75E-03	7.35E-03	7.98E-03	1.12E-02	8.31E-03	1.59E-02	1.52E-02	1.04E-02	4.74E-03
6	9.26E-03	1.62E-02	5.31E-03	8.07E-03	5.29E-03	5.46E-03	1.06E-02	2.03E-03	1.54E-02	8.94E-02	4.67E-03	4.66E-03	4.09E-03	2.61E-03	6.07E-03	6.25E-03	3.45E-02	1.63E-02	3.48E-02	3.29E-03
7	4.69E-02	1.50E-02	1.50E-02	2.75E-02	2.02E-02	2.13E-02	5.89E-02	8.05E-03	4.00E-02	2.23E-02	1.51E-02	8.24E-03	2.23E-02	5.54E-02	3.94E-02	1.55E-02	5.83E-03	4.41E-02	8.58E-02	1.05E-02
8	2.11E-02	5.88E-03	7.38E-03	9.88E-03	8.65E-03	8.71E-03	2.17E-02	3.54E-03	2.25E-02	1.15E-02	5.67E-03	6.20E-03	7.19E-03	2.36E-03	1.40E-02	7.72E-03	4.01E-03	1.35E-02	3.65E-02	6.89E-03
9	3.99E-03	3.98E-02	4.67E-03	5.52E-03	4.16E-03	5.88E-03	9.66E-03	2.55E-03	8.54E-03	8.57E-03	5.07E-03	4.88E-03	4.02E-03	7.21E-03	5.32E-03	4.96E-03	3.51E-03	1.11E-02	2.19E-02	4.48E-03
10	4.39E-03	4.87E-03	5.34E-03	6.41E-03	5.12E-03	6.88E-03	1.30E-02	3.23E-03	9.15E-03	8.88E-03	5.64E-03	6.21E-03	5.05E-03	1.78E-02	6.29E-03	5.74E-03	4.25E-03	1.00E-02	2.93E-02	5.35E-03
11	9.47E-03	6.20E-03	5.30E-03	6.64E-03	4.73E-03	6.66E-03	1.14E-02	2.78E-03	8.99E-03	1.79E-02	6.04E-03	7.12E-03	5.03E-03	1.41E-03	6.48E-03	5.45E-03	8.31E-03	1.45E-03	1.99E-02	5.42E-03
12	2.38E-04	1.17E-02	8.92E-03	2.59E-02	5.15E-02	7.74E-03	1.06E-02	4.33E-03	6.22E-02	1.59E-02	3.88E-03	8.07E-03	1.04E-02	1.41E-02	1.18E-01	5.97E-03	7.67E-03	2.18E-02	8.77E-03	6.26E-03
13	2.94E-02	9.44E-03	5.48E-02	3.02E-02	2.76E-02	1.20E-02	1.19E-02	3.11E-03	1.19E-01	2.72E-02	1.77E-02	3.01E-03	1.27E-02	4.72E-02	4.43E-02	7.62E-03	2.79E-03	1.36E-01	1.54E+00	5.08E-03
14	1.32E-04	4.59E-03	3.69E-03	6.30E-03	5.07E-03	5.29E-03	1.45E-02	1.95E-03	1.05E-02	1.41E-02	4.45E-03	2.10E-03	3.86E-03	1.29E-02	8.52E-03	3.94E-03	2.75E-03	1.43E-02	4.31E-03	3.67E-03
15	2.80E-02	4.13E-03	2.24E-03	2.88E-03	1.74E-03	2.40E-03	4.00E-03	1.40E-03	9.29E-03	7.72E-03	1.88E-03	5.56E-03	1.92E-03	6.15E-03	1.50E-03	2.36E-03	5.47E-03	8.13E-03	2.95E-03	4.46E-03
16	2.80E-03	1.69E-03	1.44E-03	2.04E-03	1.08E-03	1.69E-03	4.94E-03	5.43E-04	1.12E-02	6.10E-03	2.49E-03	1.37E-03	1.14E-03	6.15E-03	1.35E-03	1.61E-03	1.63E-03	5.99E-03	3.51E-03	1.23E-03
17	2.80E-02	2.41E-03	1.71E-03	2.36E-03	1.32E-03	1.66E-03	4.41E-03	6.01E-04	1.59E-02	1.10E-02	1.63E-03	1.39E-03	1.20E-03	6.15E-03	2.26E-03	2.35E-03	2.75E-03	8.00E-03	1.19E-02	1.48E-03
18	8.12E-04	9.81E-03	3.92E-03	4.78E-03	2.89E-03	3.07E-03	9.18E-03	1.01E-03	2.31E-02	5.61E-03	3.72E-03	1.77E-03	2.67E-03	6.83E-03	4.10E-03	4.89E-03	1.26E-02	1.12E-02	3.10E-02	1.20E-03
19	1.92E-03	2.64E-03	2.90E-03	3.21E-03	2.57E-03	2.98E-03	6.85E-03	1.34E-03	1.78E-02	8.04E-03	2.69E-03	9.74E-04	3.12E-03	2.13E-03	5.20E-03	2.84E-03	1.13E-03	7.68E-03	3.77E-03	1.11E-03
20	1.19E-03	1.71E-03	1.52E-03	1.99E-03	9.64E-04	1.76E-03	4.21E-03	3.85E-04	8.38E-03	7.63E-03	1.96E-03	8.87E-04	1.10E-03	2.84E-03	1.17E-03	1.64E-03	1.52E-03	4.25E-03	3.59E-03	8.39E-04
21	3.25E-04	1.71E-03	1.08E-03	1.71E-03	6.54E-04	1.14E-03	6.15E-03	3.16E-04	3.16E-03	8.86E-03	1.63E-03	9.94E-04	5.53E-04	1.92E-03	8.32E-03	8.85E-04	2.65E-03	4.31E-03	1.75E-02	2.32E-03
22	4.24E-03	3.08E-03	2.63E-03	3.43E-03	3.80E-03	3.26E-03	6.55E-03	1.31E-03	5.08E-03	1.05E-02	1.21E-02	2.39E-03	2.62E-03	6.05E-03	3.62E-03	3.07E-03	4.14E-03	8.25E-03	1.08E-02	1.95E-03
23	1.32E-02	3.18E-03	2.72E-03	3.38E-03	3.08E-03	2.82E-03	7.31E-03	9.68E-04	5.47E-03	1.38E-02	1.96E-03	1.99E-03	1.74E-03	3.21E-03	2.47E-03	2.46E-03	4.56E-03	1.14E-02	7.46E-03	5.84E-03
24	3.97E-04	5.52E-03	2.50E-03	1.69E-03	1.86E-03	2.06E-03	6.27E-03	1.98E-03	3.88E-03	9.32E-03	1.79E-04	6.36E-03	2.30E-03	1.05E-03	1.96E-03	2.33E-03	7.12E-03	7.62E-03	2.98E-03	4.37E-03
25	3.70E-03	3.53E-02	2.16E-03	2.66E-03	2.10E-03	2.49E-03	5.25E-03	1.24E-03	4.21E-03	7.56E-03	2.59E-03	8.96E-03	1.62E-03	1.27E-03	2.30E-03	2.27E-03	6.13E-03	1.24E-02	7.73E-03	4.37E-03
26	9.37E-02	9.41E-03	9.14E-03	6.77E-03	6.90E-03	4.36E-03	1.19E-02	7.13E-03	5.66E-03	5.22E-03	1.27E-02	7.71E-03	1.22E-02	5.27E-03	1.14E-02	4.18E-02	7.53E-03	2.25E-03	2.89E-02	9.69E-03

续表

部门 \ 区等	61	62	63	64	65	66	67	68	69	70	71	72	73	74	75	76	77	78	79	80
1	3.61E-02	1.25E-02	2.02E-03	8.43E-02	5.46E-04	9.76E-03	1.99E-02	7.37E-02	1.24E-02	1.25E-03	2.60E-03	9.61E-04	1.59E-03	4.38E-01	9.82E-02	1.26E-02	1.69E-02	1.21E-02	2.04E-02	1.92E-02
2	2.84E-03	4.89E-03	3.89E-03	2.96E-03	4.37E-03	9.39E-03	3.49E-03	2.98E-03	8.53E-03	2.14E-03	2.22E-03	4.92E-03	1.44E-03	6.00E-03	3.75E-03	9.86E-03	1.41E-02	1.01E-02	1.89E-02	2.42E-02
3	1.79E-01	3.30E-01	2.40E-03	1.72E-01	4.49E-03	2.73E-01	1.57E-01	1.92E-02	1.47E-01	7.00E-03	4.29E-03	1.47E-03	1.14E-03	4.05E-03	5.28E-03	6.93E-03	3.29E-01	8.52E-03	1.54E-01	1.23E-01
4	1.93E-02	6.49E-03	3.24E-03	1.46E-02	2.58E-03	5.51E-03	8.66E-03	1.20E-02	1.08E-02	1.86E-03	3.54E-03	2.60E-03	2.85E-03	1.22E-02	2.13E-03	9.60E-03	1.32E-02	2.27E-02	1.54E-02	8.49E-03
5	9.68E-03	5.50E-03	5.06E-03	4.77E-03	5.34E-03	2.14E-03	7.83E-03	5.84E-03	9.64E-03	6.27E-03	3.97E-03	5.21E-03	2.65E-03	3.10E-03	8.84E-03	1.00E-02	1.03E-02	1.43E-02	1.57E-02	1.04E-02
6	2.05E-02	5.47E-03	3.41E-03	6.47E-03	3.13E-03	2.31E-03	4.77E-03	7.79E-03	1.05E-02	1.26E-02	3.07E-03	3.22E-03	2.26E-03	3.68E-03	8.41E-03	9.41E-03	1.00E-02	1.56E-02	1.31E-02	9.60E-03
7	1.09E-01	3.64E-02	9.32E-03	9.80E-03	5.97E-03	4.48E-02	2.78E-02	1.91E-02	1.24E-01	2.26E-02	1.21E-02	8.58E-03	3.69E-03	1.09E-02	1.30E-02	1.96E-02	5.44E-02	3.91E-02	3.18E-02	5.23E-02
8	2.52E-02	7.37E-03	4.73E-03	4.05E-03	4.88E-03	1.85E-02	8.57E-03	9.17E-03	1.62E-02	7.01E-03	4.97E-03	4.76E-03	2.73E-03	4.86E-03	6.29E-03	1.95E-02	1.62E-02	2.52E-02	1.82E-02	3.46E-02
9	8.55E-03	5.14E-03	4.07E-03	2.84E-03	4.05E-03	1.50E-02	4.51E-03	4.41E-03	1.26E-02	7.01E-03	3.36E-03	3.90E-03	2.50E-03	3.55E-03	4.30E-03	8.61E-03	9.82E-03	1.05E-02	1.24E-02	1.09E-02
10	8.94E-02	6.53E-03	5.05E-03	3.59E-03	5.13E-03	2.42E-03	6.31E-03	5.30E-03	1.01E-02	7.01E-03	4.13E-03	4.99E-03	2.99E-03	4.23E-03	5.14E-03	5.46E-03	1.06E-02	9.80E-03	1.38E-02	9.20E-03
11	1.16E-02	5.39E-03	3.83E-03	3.68E-03	5.07E-03	3.54E-03	5.34E-03	5.14E-03	1.15E-02	7.01E-03	3.80E-03	4.74E-03	2.52E-03	7.58E-03	5.47E-03	1.09E-02	8.76E-03	1.16E-02	1.51E-02	1.01E-02
12	1.10E-01	2.59E-02	5.34E-03	1.45E-02	6.67E-03	3.54E-02	3.84E-02	6.08E-02	9.22E-03	7.01E-03	5.99E-03	6.40E-03	2.37E-03	7.27E-03	8.12E-03	1.09E-02	8.20E-03	2.22E-02	1.77E-02	1.43E-02
13	6.30E-02	2.90E-02	3.59E-03	8.21E-03	3.60E-03	1.04E-01	1.57E-02	5.55E-03	4.78E-02	1.95E-03	4.92E-03	1.98E-03	1.67E-03	8.54E-03	1.94E-02	5.01E-03	8.41E-02	3.47E-01	2.58E-02	1.03E-01
14	1.69E-02	7.61E-03	2.75E-03	2.92E-03	2.73E-03	1.05E-02	6.38E-03	5.94E-03	2.33E-02	1.98E-03	2.76E-03	2.01E-03	1.77E-03	3.60E-03	3.95E-03	1.87E-03	1.37E-02	9.37E-03	1.62E-02	2.24E-02
15	6.62E-02	2.42E-03	3.17E-03	2.19E-03	5.33E-03	7.96E-03	1.56E-03	3.73E-03	3.06E-03	1.90E-03	1.35E-03	4.27E-03	1.48E-03	4.57E-03	2.68E-03	6.19E-03	5.27E-03	7.98E-03	1.79E-02	4.57E-03
16	6.90E-03	2.36E-03	1.12E-03	8.19E-04	1.22E-03	7.66E-03	1.57E-03	1.86E-03	1.12E-02	1.87E-03	8.57E-04	9.49E-04	1.43E-03	1.84E-03	1.53E-03	6.19E-03	6.32E-03	4.97E-03	1.79E-02	4.57E-03
17	5.59E-03	1.82E-03	1.11E-03	1.01E-03	1.19E-03	8.00E-03	1.56E-03	2.77E-03	5.75E-03	1.93E-03	8.65E-04	9.67E-04	1.02E-03	3.37E-03	1.73E-03	6.19E-03	5.85E-03	7.09E-03	1.79E-02	4.57E-03
18	6.67E-03	2.98E-03	1.76E-03	2.74E-03	2.08E-03	5.06E-03	3.14E-03	5.42E-03	7.33E-03	2.20E-03	1.67E-03	1.41E-03	1.57E-03	1.80E-03	5.25E-03	6.19E-03	7.25E-03	9.61E-03	1.17E-02	5.22E-03
19	9.45E-03	3.25E-03	1.68E-03	1.23E-03	2.38E-03	5.01E-03	3.62E-03	2.40E-03	1.21E-02	2.27E-03	1.75E-03	1.35E-03	2.05E-03	2.00E-03	2.75E-03	6.19E-03	9.20E-03	1.03E-02	1.02E-02	7.98E-03
20	3.29E-02	1.83E-03	1.18E-03	9.58E-04	1.43E-03	4.31E-03	1.54E-03	1.04E-03	3.46E-03	1.89E-03	8.04E-04	1.11E-03	1.18E-03	1.79E-03	1.51E-03	4.59E-03	3.47E-03	8.37E-03	2.89E-03	3.15E-03
21	4.16E-03	1.10E-02	7.63E-04	8.07E-04	1.90E-03	4.22E-03	8.69E-03	6.74E-04	3.30E-03	1.78E-03	5.38E-04	7.70E-04	8.00E-04	2.89E-03	1.18E-03	5.14E-03	3.73E-03	4.35E-03	2.39E-02	3.64E-03
22	3.88E-02	1.39E-02	2.32E-03	2.00E-03	3.12E-03	6.17E-03	1.52E-03	3.63E-03	5.09E-03	1.36E-03	1.83E-03	1.95E-03	1.95E-03	4.04E-03	2.79E-03	7.83E-03	4.74E-03	9.03E-03	3.04E-04	1.32E-02
23	3.76E-02	1.86E-03	1.71E-03	1.76E-03	2.71E-03	8.34E-03	1.50E-03	1.64E-03	4.33E-03	1.41E-03	1.39E-03	1.60E-03	1.31E-03	4.99E-03	2.35E-03	6.78E-03	5.73E-03	1.08E-02	4.97E-03	7.24E-03
24	3.68E-04	5.50E-06	4.03E-03	3.40E-03	6.89E-03	1.11E+00	2.55E-05	3.29E-03	6.41E-05	1.75E-03	1.45E-03	5.96E-03	1.50E-03	6.41E-03	2.94E-03	4.59E-03	3.03E-02	4.52E-03	2.50E-03	5.41E-03
25	8.61E-03	2.33E-03	2.94E-03	2.04E-03	6.15E-03	1.10E-02	2.55E-05	3.02E-03	3.84E-03	1.75E-03	1.47E-03	4.36E-03	1.40E-03	4.38E-03	2.76E-03	4.59E-03	6.39E-03	7.34E-03	2.50E-03	5.41E-03
26	5.83E-02	3.32E-02	8.93E-03	1.03E-02	9.24E-03	9.31E-03	2.24E-03	1.05E-02	5.59E-02	4.19E-03	9.09E-03	1.12E-02	1.52E-03	1.10E-02	1.00E-02	9.69E-03	2.64E-03	8.27E-03	2.30E-02	8.96E-03

续表

区号\部门	81	82	83	84	85	86	87	88	89	90	91	92	93	94	95	96	97	98	99	100
1	3.57E-03	1.02E-02	4.86E-03	1.04E-02	8.50E-03	3.43E-02	8.35E-03	4.68E-03	2.64E-03	5.95E-02	1.05E-02	7.98E-03	8.34E-04	4.95E-02	8.36E-03	2.71E-03	1.38E-03	8.45E-03	8.76E-04	3.30E-02
2	7.37E-03	1.02E-03	1.32E-03	8.74E-03	2.98E-03	3.13E-03	5.60E-03	4.14E-03	2.54E-03	1.99E-03	1.40E-02	9.55E-03	4.05E-03	6.86E-03	3.69E-03	1.27E-02	9.05E-03	2.57E-03	5.52E-03	8.01E-03
3	2.42E-01	3.37E-01	2.42E-02	2.06E-02	3.67E-02	2.91E-03	6.92E-02	8.52E-03	3.80E-01	4.17E-03	1.10E-01	7.13E-02	2.82E-03	8.97E-03	1.19E-02	5.79E-03	2.79E-03	3.62E-01	9.78E-04	2.19E-02
4	2.03E-03	9.91E-04	3.84E-03	1.89E-02	6.32E-03	1.02E-02	5.61E-03	5.82E-03	5.19E-03	2.02E-02	1.42E-02	1.85E-02	2.26E-03	1.10E-02	6.46E-03	5.71E-03	2.92E-03	3.92E-03	8.41E-04	1.88E-02
5	1.33E-02	1.57E-03	3.63E-03	8.01E-03	5.77E-03	6.01E-03	5.54E-03	6.05E-03	3.37E-03	1.21E-02	7.73E-03	1.13E-02	3.35E-03	1.18E-02	8.65E-03	6.87E-03	5.06E-03	3.16E-03	1.68E-03	1.06E-02
6	3.78E-02	1.64E-03	3.91E-03	6.11E-03	5.75E-03	5.08E-03	4.66E-03	4.58E-03	9.34E-03	6.07E-03	1.21E-02	7.58E-03	2.35E-03	1.33E-02	6.22E-03	5.91E-03	3.04E-03	2.59E-03	8.29E-04	1.38E-02
7	7.99E-03	1.25E-02	5.74E-03	1.46E-02	3.06E-02	1.22E-02	3.43E-02	1.48E-02	1.94E-02	8.75E-03	8.30E-02	8.44E-02	8.03E-03	2.16E-02	3.22E-02	8.38E-03	2.97E-03	1.08E-02	5.85E-04	2.58E-01
8	7.04E-02	5.38E-03	3.21E-03	1.18E-02	7.31E-03	5.20E-03	1.33E-02	8.00E-03	1.33E-02	8.25E-03	1.38E-02	4.92E-02	3.98E-03	1.80E-02	1.17E-02	6.49E-03	3.44E-03	3.75E-03	8.48E-04	1.29E-02
9	1.49E-02	2.32E-03	4.91E-03	4.39E-03	5.51E-03	4.22E-03	5.82E-03	5.38E-03	1.98E-03	8.25E-03	1.43E-02	2.62E-02	3.00E-03	9.59E-03	6.36E-03	4.80E-03	2.43E-03	2.58E-03	5.39E-04	1.45E-02
10	2.09E-03	2.28E-03	4.53E-03	4.68E-03	6.77E-03	5.19E-03	7.69E-03	6.34E-03	2.44E-02	8.25E-03	1.20E-02	3.25E-02	3.90E-03	9.69E-03	7.70E-03	6.67E-03	2.49E-03	3.40E-03	8.42E-04	1.21E-02
11	2.33E-02	2.37E-02	6.50E-03	3.42E-02	5.86E-03	5.05E-03	6.80E-03	5.93E-03	1.45E-02	3.97E-03	7.73E-03	1.56E-02	3.54E-03	1.42E-02	7.93E-03	8.33E-03	4.46E-03	2.85E-03	1.34E-03	1.34E-02
12	5.81E-03	9.91E-04	3.77E-03	9.24E-03	5.37E-03	6.17E-03	2.09E-02	7.92E-03	2.04E-02	3.97E-03	5.54E-03	1.56E-02	5.38E-03	1.59E-02	1.40E-02	1.05E-02	6.66E-03	6.08E-03	3.66E-03	1.51E-02
13	2.20E-01	5.88E-03	7.38E-03	1.46E-02	3.70E-03	5.13E-03	2.43E-02	1.93E-02	6.16E-02	6.20E-02	3.73E-02	2.08E-01	2.48E-03	3.74E-02	2.11E-02	4.12E-03	2.81E-03	4.92E-03	7.68E-03	9.72E-02
14	7.01E-02	1.75E-03	4.18E-03	5.73E-03	6.25E-03	3.41E-03	6.00E-03	5.43E-03	9.75E-03	6.40E-03	2.46E-02	2.23E-02	1.92E-03	1.13E-02	6.15E-03	4.52E-03	2.15E-03	2.20E-03	5.80E-04	2.77E-03
15	5.32E-04	4.80E-04	1.46E-03	1.65E-03	3.10E-03	2.32E-03	1.49E-03	1.90E-03	1.15E-03	2.81E-03	3.16E-03	7.47E-03	3.16E-03	5.38E-03	2.10E-03	1.19E-02	5.42E-03	1.26E-03	3.34E-03	1.45E-02
16	5.32E-02	3.02E-04	1.19E-03	1.65E-03	3.48E-03	1.30E-03	1.18E-03	1.25E-03	1.15E-03	2.81E-03	3.16E-03	4.41E-02	7.40E-04	4.09E-03	1.40E-03	3.64E-03	1.46E-03	7.13E-04	4.26E-04	8.70E-03
17	5.32E-02	4.47E-04	1.11E-03	1.65E-03	3.15E-03	1.26E-03	1.82E-03	1.15E-03	1.15E-02	2.81E-03	3.16E-03	8.35E-03	7.22E-04	4.80E-03	1.81E-03	3.72E-03	1.66E-03	8.92E-04	4.18E-04	6.06E-03
18	1.89E-02	5.27E-04	1.91E-03	3.75E-03	3.27E-03	3.12E-03	4.12E-03	2.42E-03	5.26E-03	3.68E-03	6.05E-03	1.93E-03	1.26E-03	4.92E-03	3.09E-03	4.87E-03	1.83E-03	1.79E-03	6.02E-04	8.69E-03
19	2.95E-02	1.07E-03	2.06E-03	3.30E-03	3.16E-03	2.33E-03	5.23E-03	3.03E-03	1.29E-02	3.14E-03	2.23E-02	1.52E-02	2.21E-03	5.93E-03	3.83E-03	5.24E-03	1.19E-03	1.64E-03	4.40E-04	1.19E-02
20	9.17E-03	3.14E-04	2.50E-03	1.82E-03	2.25E-03	1.34E-03	1.29E-03	1.42E-03	7.68E-03	3.36E-03	2.95E-03	7.21E-03	1.10E-03	2.01E-03	1.76E-03	4.00E-03	1.68E-03	7.65E-04	4.63E-04	3.51E-03
21	2.10E-03	1.40E-04	1.43E-03	1.40E-03	1.39E-03	9.38E-04	1.76E-03	9.85E-04	2.08E-02	1.85E-03	2.26E-03	1.20E-02	8.11E-04	4.05E-03	1.09E-03	1.55E-03	8.68E-04	5.66E-04	2.34E-04	5.14E-03
22	3.51E-03	1.16E-04	1.45E-03	2.94E-03	1.41E-03	2.50E-03	2.44E-03	3.39E-03	3.02E-03	3.71E-03	1.21E-02	1.01E-02	2.04E-03	5.33E-03	3.43E-03	3.92E-03	1.61E-03	1.99E-03	4.57E-04	8.24E-03
23	7.73E-03	5.51E-04	2.08E-03	1.93E-03	1.60E-03	2.18E-03	4.09E-03	2.72E-03	9.05E-03	2.73E-03	6.87E-03	2.16E-02	1.60E-03	5.97E-03	3.28E-03	2.84E-03	1.47E-03	1.48E-03	3.39E-04	1.09E-02
24	2.70E-02	1.19E-03	4.17E-04	1.97E-03	8.87E-05	2.99E-03	3.36E-03	2.90E-03	3.87E-03	2.21E-03	1.01E-02	5.00E-03	4.75E-03	9.20E-03	2.89E-03	1.30E-02	5.90E-03	1.88E-03	4.46E-03	2.30E-03
25	2.70E-02	4.55E-04	2.24E-03	1.97E-03	2.37E-03	2.32E-03	4.67E-03	2.13E-03	3.87E-03	2.21E-03	9.14E-03	5.00E-03	3.53E-03	1.11E-02	2.90E-03	1.02E-02	5.97E-03	1.23E-03	2.41E-03	1.05E-02
26	9.77E-03	5.26E-03	6.29E-03	4.67E-01	2.88E-02	9.51E-03	2.39E-03	9.58E-03	8.92E-03	1.48E-02	1.29E-02	1.63E-02	8.68E-03	2.04E-02	6.69E-03	1.56E-02	7.77E-03	4.74E-03	1.02E-02	1.30E-01

续表

部门＼区域	101	102	103	104	105	106	107	108	109	110	111	112	113	114	115	116	117	118	119	120
1	1.57E-02	2.06E-03	1.58E-03	2.35E-03	8.14E-03	2.62E-03	7.43E-04	4.56E-03	1.37E-03	1.98E-03	1.03E-02	1.95E-03	1.34E-02	2.87E-02	1.77E-02	6.15E-01	1.71E-01	2.89E-02	3.71E-01	8.73E-03
2	1.19E-02	5.62E-03	3.18E-03	3.80E-03	7.79E-03	3.95E-03	3.00E-03	5.59E-03	3.56E-03	2.04E-03	6.39E-03	6.89E-03	1.26E-02	1.66E-02	2.59E-03	1.14E-02	3.21E-03	4.11E-03	3.62E-03	5.99E-03
3	2.06E-02	4.54E-03	1.90E-03	5.27E-03	8.63E-02	7.13E-03	1.08E-03	1.57E-02	3.41E-03	1.83E-03	1.56E-01	2.32E-03	5.90E-01	9.46E-03	5.02E-03	1.24E+00	2.13E-01	8.20E-03	4.03E-03	8.48E-02
4	9.53E-03	4.85E-03	2.57E-03	6.32E-03	9.00E-03	5.20E-03	2.09E-03	4.98E-03	3.30E-03	8.78E-03	6.03E-03	1.44E-03	9.92E-03	1.77E-03	6.12E-03	1.49E-01	3.51E-02	1.34E-02	9.13E-03	8.70E-03
5	8.29E-03	3.85E-03	3.62E-03	5.74E-03	1.02E-02	4.51E-03	3.32E-03	5.38E-03	8.24E-03	7.23E-03	5.98E-03	2.53E-03	1.71E-02	1.43E-02	5.62E-03	2.59E-02	6.96E-03	7.99E-03	1.98E-02	6.01E-03
6	8.30E-03	5.15E-03	2.95E-03	4.82E-03	5.82E-03	5.24E-03	2.15E-03	5.79E-03	5.62E-03	3.97E-03	6.41E-03	1.41E-03	1.01E-02	1.34E-02	3.83E-03	4.46E-02	9.98E-03	6.98E-03	2.35E-02	5.30E-03
7	3.94E-02	1.53E-02	7.49E-03	1.65E-02	2.69E-02	1.66E-02	4.53E-03	1.14E-02	1.30E-02	9.77E-03	4.35E-02	9.84E-04	4.37E-02	2.19E-02	1.41E-02	7.70E-02	1.98E-02	2.85E-02	9.46E-03	3.55E-02
8	1.15E-02	9.73E-03	5.18E-03	7.90E-03	1.18E-02	7.09E-03	3.09E-03	7.06E-03	7.49E-03	9.57E-03	1.58E-02	1.43E-03	1.76E-02	1.39E-02	5.41E-03	3.18E-02	1.12E-02	1.42E-02	5.58E-03	9.43E-03
9	7.43E-03	5.32E-03	4.03E-03	4.90E-03	7.17E-03	5.50E-03	2.70E-03	5.17E-03	6.74E-03	2.24E-03	8.48E-03	8.71E-04	8.69E-03	8.48E-03	3.63E-03	1.15E-02	7.92E-04	7.23E-03	4.43E-03	4.54E-03
10	8.60E-03	6.72E-03	5.11E-03	5.77E-03	7.58E-03	6.00E-03	3.44E-03	2.99E-03	7.84E-03	1.24E-03	7.97E-03	1.37E-03	9.51E-03	1.07E-02	4.61E-03	1.31E-02	9.29E-04	8.41E-03	5.02E-03	4.99E-03
11	6.94E-03	6.26E-03	4.27E-03	5.79E-03	8.38E-03	5.81E-03	3.06E-03	5.63E-03	7.74E-03	7.61E-03	9.61E-03	2.12E-03	1.02E-02	1.31E-02	4.22E-03	1.57E-02	2.01E-03	9.13E-03	6.43E-03	7.47E-03
12	6.51E-03	4.37E-03	6.25E-03	6.86E-03	1.50E-02	5.78E-03	3.92E-03	7.08E-03	8.13E-03	5.42E-03	1.52E-02	4.74E-03	7.49E-02	1.84E-02	8.09E-02	2.49E-01	3.78E-01	1.43E-02	6.10E-03	7.90E-03
13	3.30E-02	4.46E-03	3.33E-03	7.05E-03	6.45E-03	8.37E-03	1.40E-03	1.02E-02	2.82E-03	5.81E-03	2.14E-02	1.92E-03	5.97E-02	3.86E-02	8.27E-02	2.34E-01	3.31E-02	2.15E-02	1.96E-02	3.16E-03
14	5.75E-02	3.10E-02	2.93E-03	4.07E-03	1.51E-02	3.98E-03	1.63E-03	3.89E-03	4.34E-03	7.67E-03	8.77E-03	6.79E-04	1.28E-02	1.05E-02	3.17E-03	2.84E-02	1.44E-02	7.02E-02	3.99E-03	7.16E-03
15	2.71E-03	1.94E-03	2.82E-03	3.36E-03	1.52E-03	4.24E-03	2.90E-03	2.40E-03	9.94E-03	2.11E-03	1.45E-03	3.63E-04	6.01E-03	1.55E-03	1.18E-03	7.05E-03	1.05E-02	3.97E-03	3.27E-03	3.97E-03
16	3.37E-03	1.23E-03	9.89E-03	1.19E-03	1.52E-03	1.36E-03	6.85E-04	1.29E-03	2.20E-03	6.21E-04	1.45E-03	4.36E-04	2.98E-03	4.79E-03	7.97E-04	4.80E-02	5.01E-02	1.79E-02	1.64E-03	3.06E-03
17	3.60E-03	1.06E-03	1.06E-03	1.40E-03	1.52E-03	1.36E-03	6.92E-04	1.01E-03	2.10E-03	6.74E-04	1.45E-03	4.71E-04	3.06E-03	5.54E-03	8.92E-04	1.06E-02	8.20E-04	2.26E-02	2.61E-03	1.51E-03
18	5.04E-03	1.88E-03	1.42E-03	2.82E-03	6.10E-03	2.56E-03	1.08E-03	3.14E-03	3.68E-03	3.56E-03	2.40E-03	7.57E-03	5.37E-03	8.10E-03	1.92E-03	2.96E-02	6.95E-03	5.17E-02	1.16E-02	3.33E-03
19	4.81E-03	1.55E-03	1.28E-03	2.74E-03	5.56E-03	3.14E-03	9.43E-03	6.19E-03	3.23E-03	3.92E-03	3.71E-03	6.81E-04	5.64E-03	3.85E-03	2.02E-03	1.51E-02	6.20E-04	4.45E-03	2.36E-03	3.75E-03
20	3.27E-03	1.23E-03	8.90E-04	1.56E-03	2.74E-03	1.64E-03	8.62E-04	2.42E-03	2.33E-03	1.41E-03	1.84E-03	5.45E-04	2.84E-03	4.75E-03	8.56E-03	6.44E-03	4.38E-04	2.36E-03	1.73E-03	2.08E-03
21	3.14E-03	2.34E-03	7.59E-04	1.17E-03	2.11E-03	1.61E-03	5.38E-03	1.24E-03	1.17E-03	1.21E-03	1.84E-03	2.71E-04	3.04E-03	2.56E-03	5.11E-04	4.21E-02	6.14E-04	1.42E-03	1.95E-03	1.28E-03
22	3.15E-03	1.83E-03	2.07E-03	2.59E-03	3.21E-03	3.38E-03	1.36E-03	1.93E-03	3.92E-03	1.13E-03	1.80E-03	5.13E-04	8.21E-03	6.29E-03	1.89E-03	1.31E-02	1.49E-03	3.91E-03	2.94E-03	2.95E-03
23	3.99E-03	2.78E-03	1.64E-03	2.50E-03	3.33E-03	3.00E-03	1.15E-03	2.65E-03	2.84E-03	2.17E-03	1.70E-03	4.26E-04	6.71E-03	5.81E-03	1.32E-03	1.07E-02	8.77E-04	3.47E-02	3.42E-03	2.39E-03
24	5.46E-04	1.69E-03	3.80E-03	4.28E-03	5.38E-03	5.03E-03	3.97E-03	4.24E-03	7.75E-03	2.51E-03	6.20E-05	4.91E-03	7.77E-03	1.99E-03	1.75E-03	1.62E-02	2.06E-03	4.74E-03	4.43E-03	5.15E-05
25	3.36E-03	1.69E-03	2.59E-03	3.48E-03	1.02E-02	5.11E-03	2.71E-03	2.59E-03	7.07E-03	2.33E-03	6.20E-05	3.12E-03	6.44E-03	1.51E-03	1.32E-02	9.06E-03	1.12E-02	3.80E-03	2.94E-03	1.87E-03
26	6.91E-03	4.58E-03	1.02E-02	7.36E-03	7.37E-03	5.72E-03	9.67E-03	6.92E-03	1.06E-02	1.23E-02	1.44E-02	9.10E-03	1.03E-02	2.46E-02	1.06E-02	8.89E-03	5.28E-03	9.73E-03	1.31E-02	2.47E-02

续表

区号 验口	121	122	123	124	125	126	127	128	129	130	131	132	133	134	135	136	137	138	139	140
1	4.56E-03	1.56E-03	7.04E-03	1.00E-01	1.31E-01	7.54E-01	1.32E-02	1.66E-03	2.71E-03	1.73E-01	1.56E-02	1.72E-03	1.18E-02	8.91E-03	1.09E-02	1.43E-02	1.76E-02	1.87E-02	8.05E-03	4.87E-01
2	4.56E-03	5.45E-03	3.24E-03	5.16E-03	4.07E-03	4.42E-03	5.65E-03	5.90E-03	4.66E-03	4.34E-03	4.38E-03	3.03E-03	3.78E-03	4.37E-03	3.09E-03	6.57E-03	2.69E-03	3.87E-03	1.08E-02	1.71E-02
3	8.86E-04	2.14E-02	7.86E-02	6.01E-03	1.62E-01	2.82E-01	9.99E-02	3.33E-03	2.19E-01	3.14E-01	5.09E-01	2.09E-03	3.70E-03	5.99E-03	1.13E-01	1.68E-01	7.46E-03	4.55E-03	3.49E-01	1.38E-01
4	1.14E-03	2.14E-03	5.64E-03	2.34E-02	8.05E-02	1.05E-01	9.51E-03	2.59E-03	3.81E-03	3.84E-02	8.11E-03	2.55E-03	8.57E-03	5.29E-03	5.48E-03	8.07E-03	8.74E-03	1.94E-03	1.17E-03	1.84E-01
5	2.05E-02	3.52E-03	4.30E-03	9.04E-03	1.60E-02	1.33E-02	7.58E-03	4.90E-03	5.71E-03	2.08E-02	7.64E-03	4.14E-03	6.29E-03	4.06E-03	4.74E-03	7.93E-03	6.18E-03	2.11E-03	1.85E-02	3.72E-02
6	2.11E-02	2.22E-03	5.70E-03	8.45E-03	3.02E-02	1.73E-02	6.96E-03	3.15E-03	3.83E-03	1.39E-02	5.93E-03	2.86E-03	6.13E-03	5.61E-03	5.61E-03	8.33E-03	7.41E-03	1.54E-03	1.84E-02	1.87E-02
7	1.32E-03	8.79E-03	1.40E-02	1.05E-02	3.85E-02	8.86E-03	2.44E-02	8.73E-03	3.86E-02	3.07E-02	1.57E-02	8.64E-03	4.07E-03	1.68E-02	4.43E-03	2.87E-02	3.18E-02	1.48E-02	5.87E-02	2.11E-02
8	2.45E-03	3.00E-03	1.01E-02	6.49E-03	8.99E-03	5.51E-03	1.41E-02	5.28E-03	1.05E-02	1.29E-02	7.67E-03	5.81E-03	9.48E-04	2.45E-03	1.99E-02	1.42E-02	8.04E-03	4.08E-03	3.02E-03	1.96E-02
9	4.00E-03	2.47E-03	5.58E-03	4.51E-03	5.45E-03	3.66E-03	5.55E-03	4.15E-03	4.43E-03	5.04E-03	5.01E-03	3.85E-03	3.53E-02	7.61E-03	6.06E-03	9.05E-03	6.68E-03	1.61E-03	1.56E-02	1.22E-02
10	9.57E-04	3.27E-03	5.85E-03	5.06E-03	6.30E-03	4.22E-03	8.76E-03	5.14E-03	5.43E-03	5.81E-03	5.97E-03	4.47E-03	2.89E-03	7.14E-03	1.08E-02	9.71E-03	6.70E-03	2.10E-03	1.61E-02	1.84E-02
11	4.19E-03	3.20E-03	7.63E-03	5.24E-03	8.14E-03	4.41E-03	7.81E-03	4.84E-03	5.80E-03	7.47E-03	6.08E-03	4.34E-03	4.71E-03	1.08E-02	7.70E-03	8.75E-03	7.99E-03	2.04E-03	2.25E-02	2.01E-02
12	4.19E-03	5.61E-03	6.33E-03	6.98E-03	2.35E-02	1.19E-02	1.47E-02	6.04E-03	1.93E-02	9.89E-03	7.79E-03	5.85E-03	4.71E-03	1.31E-02	1.09E-02	1.10E-02	6.66E-03	1.13E-02	0.00E+00	2.16E-02
13	6.04E-03	3.85E-03	4.66E-02	4.65E-02	2.37E-02	7.46E-03	5.04E-02	3.84E-03	1.48E-02	5.54E-02	2.03E-02	2.36E-03	1.81E-01	2.08E-03	4.03E-02	3.95E-02	2.46E-02	4.82E-03	6.70E-02	1.58E-01
14	4.32E-03	1.93E-03	6.34E-03	4.28E-03	1.22E-02	4.69E-03	4.72E-03	2.87E-03	5.47E-03	7.94E-03	4.31E-03	2.68E-03	4.47E-03	7.17E-03	9.05E-03	9.80E-03	8.65E-03	2.03E-03	1.66E-02	8.47E-03
15	1.66E-03	3.06E-03	9.99E-03	3.42E-03	5.40E-03	2.24E-03	2.36E-03	4.94E-03	1.67E-03	2.55E-03	2.39E-03	3.25E-03	1.89E-03	1.25E-03	1.81E-03	4.48E-03	3.77E-03	6.96E-04	1.01E-03	2.00E-02
16	1.66E-03	7.46E-04	1.25E-02	1.83E-03	2.15E-02	8.76E-04	1.94E-03	1.34E-03	8.62E-04	1.99E-04	1.76E-03	1.35E-03	1.89E-03	1.25E-03	1.81E-03	4.41E-03	3.26E-03	2.95E-04	1.01E-04	5.29E-03
17	1.66E-03	7.43E-04	7.12E-03	2.76E-03	3.65E-03	5.45E-03	2.55E-03	1.24E-03	9.41E-04	3.08E-03	1.82E-03	1.43E-03	1.89E-03	1.25E-03	1.81E-03	3.34E-03	2.57E-03	4.39E-04	1.01E-03	1.97E-02
18	2.87E-03	1.26E-03	3.10E-03	5.81E-03	2.01E-02	2.83E-02	3.12E-03	1.76E-03	2.43E-03	9.04E-03	3.76E-03	1.92E-03	7.21E-03	2.03E-03	3.39E-03	4.91E-03	4.56E-03	8.73E-03	6.48E-03	1.28E-02
19	2.70E-03	1.24E-03	2.52E-03	2.71E-03	3.98E-03	1.99E-03	5.47E-03	2.13E-03	3.40E-03	5.58E-03	3.31E-03	2.89E-03	5.64E-03	3.10E-03	1.03E-03	6.11E-03	4.22E-03	1.40E-03	8.75E-03	6.40E-03
20	1.63E-03	7.85E-04	1.82E-03	2.07E-03	2.14E-03	6.43E-04	3.53E-03	1.35E-03	7.73E-04	2.08E-03	1.70E-03	1.68E-03	4.55E-03	3.10E-03	1.62E-03	4.10E-03	2.34E-03	3.07E-03	3.19E-04	5.10E-03
21	1.37E-03	4.38E-04	1.56E-03	1.46E-03	2.60E-03	5.91E-04	1.57E-03	6.17E-04	4.80E-04	2.07E-03	1.38E-03	8.48E-04	2.40E-03	1.55E-03	2.25E-03	5.24E-03	1.20E-03	1.40E-03	3.50E-03	5.84E-03
22	1.99E-03	1.17E-03	2.54E-03	3.75E-03	6.28E-03	2.58E-03	2.10E-03	2.17E-03	3.27E-03	3.20E-03	3.29E-03	2.39E-03	4.06E-03	2.28E-03	1.32E-02	2.80E-03	2.25E-03	1.07E-03	1.58E-03	9.87E-03
23	3.00E-03	1.10E-03	2.67E-03	3.23E-03	6.03E-03	1.39E-03	1.81E-03	1.37E-03	1.76E-03	4.03E-03	3.01E-03	2.01E-03	4.26E-03	2.12E-03	5.95E-03	4.34E-03	3.33E-03	4.51E-03	7.44E-03	7.96E-03
24	1.12E-02	4.11E-03	3.04E-03	5.17E-03	6.13E-03	1.91E-03	1.81E-03	6.45E-03	2.20E-03	2.77E-03	2.93E-03	4.27E-03	4.65E-03	3.84E-03	2.03E-03	1.96E-03	1.24E-03	1.18E-03	7.62E-03	2.20E-02
25	3.62E-04	2.59E-03	3.04E-03	3.20E-03	5.92E-03	1.02E-03	9.98E-03	4.44E-03	1.62E-03	3.03E-03	2.60E-03	2.40E-03	4.65E-03	1.20E-03	2.03E-03	4.10E-03	5.15E-03	5.78E-04	1.48E-02	4.47E-02
26	2.25E-02	1.03E-02	1.68E-02	7.74E-03	1.19E-02	8.31E-03	1.17E-02	1.51E-02	1.33E-02	7.50E-03	7.95E-03	1.03E-02	9.20E-03	1.74E-02	1.07E-02	2.19E-02	7.36E-04	1.12E-02	1.72E-02	9.83E-02

续表

区号\部门	141	142	143	144	145	146	147	148	149	150	151	152	153	154	155	156	157	158	159	160
1	1.46E-02	4.19E-03	9.01E-04	1.74E-04	8.76E-03	2.65E-03	2.64E-03	9.93E-03	3.45E-02	2.29E-02	8.32E-04	2.09E-02	2.44E-02	1.70E-02	4.91E-04	3.48E-02	2.65E-04	1.03E-02	7.83E-02	2.69E-01
2	1.61E-02	2.49E-03	8.42E-03	6.86E-03	2.59E-02	2.39E-02	1.99E-03	2.28E-03	1.22E-02	6.11E-03	6.34E-03	5.92E-03	1.68E-02	8.17E-03	5.46E-03	7.84E-03	1.81E-03	6.45E-03	1.92E-03	7.59E-03
3	1.47E-01	5.04E-01	3.53E-03	5.68E-03	8.26E-03	1.09E-02	5.75E-03	5.86E-03	2.94E-01	2.68E-03	2.87E-03	7.69E-03	2.18E-01	1.64E-01	1.53E-03	1.58E-03	3.72E-04	6.22E-02	3.40E-03	2.88E-01
4	1.16E-02	3.27E-03	2.64E-03	3.46E-03	6.77E-03	6.90E-03	4.27E-03	2.54E-03	1.94E-02	3.91E-03	3.02E-03	7.51E-03	2.34E-02	8.00E-03	1.76E-03	1.27E-02	3.25E-04	8.14E-03	8.21E-03	7.01E-02
5	1.07E-02	4.91E-03	6.64E-03	7.61E-03	1.19E-02	1.34E-02	4.84E-03	5.18E-03	1.44E-02	7.77E-03	6.51E-03	1.02E-02	1.15E-02	7.06E-03	4.66E-03	6.67E-03	6.09E-04	7.35E-03	4.90E-04	1.26E-02
6	1.13E-02	3.34E-03	3.56E-03	4.49E-03	6.51E-03	7.64E-03	3.58E-03	6.89E-03	1.64E-02	5.12E-03	4.57E-03	7.09E-03	1.83E-02	1.03E-02	2.25E-03	8.53E-03	3.40E-04	7.84E-03	3.28E-03	2.52E-02
7	7.66E-02	3.42E-03	4.93E-03	4.90E-03	4.49E-03	8.56E-03	1.14E-02	7.98E-03	4.44E-02	1.48E-02	1.24E-02	2.24E-02	1.41E-01	1.73E-02	2.04E-03	2.81E-03	2.59E-04	5.42E-02	9.74E-03	2.64E-02
8	4.14E-02	6.51E-03	5.35E-03	5.62E-03	6.37E-03	9.07E-03	6.14E-03	3.95E-02	2.11E-02	7.99E-03	7.39E-03	1.12E-02	3.83E-02	9.61E-03	2.96E-03	3.39E-02	3.56E-04	1.08E-02	5.22E-03	1.23E-02
9	1.76E-02	4.74E-03	3.78E-03	3.92E-03	3.62E-03	6.56E-03	3.68E-03	3.09E-03	1.13E-02	5.72E-03	4.96E-03	7.51E-03	1.42E-02	7.17E-03	2.29E-03	8.58E-03	2.57E-04	6.86E-03	3.20E-03	5.18E-03
10	1.92E-03	2.78E-03	5.31E-03	5.37E-03	5.90E-03	8.64E-03	4.43E-03	3.78E-03	1.22E-02	6.70E-03	6.44E-03	5.29E-03	1.13E-02	9.74E-03	3.21E-03	1.01E-02	3.77E-04	1.01E-02	4.04E-03	5.85E-03
11	1.07E-02	4.24E-03	6.20E-03	6.69E-03	9.51E-03	1.07E-02	4.22E-03	3.84E-03	1.33E-02	7.16E-03	6.80E-03	8.36E-03	1.82E-02	8.87E-03	4.22E-03	2.72E-02	5.18E-04	7.00E-03	3.31E-03	8.36E-02
12	7.05E-03	3.91E-03	1.67E-02	9.88E-03	1.65E-02	1.77E-02	7.76E-03	5.66E-03	2.35E-02	9.65E-03	8.98E-03	1.38E-02	2.17E-02	5.13E-03	7.21E-03	2.42E-02	1.20E-03	9.53E-03	4.57E-03	6.39E-02
13	9.84E-03	1.01E-02	4.17E-03	3.43E-03	9.49E-03	7.47E-03	5.91E-03	4.20E-03	8.82E-03	6.67E-03	3.41E-03	1.23E-02	3.22E-02	4.18E-02	2.50E-03	2.05E-02	2.21E-04	3.29E-02	1.07E-02	4.91E-02
14	1.94E-02	3.41E-03	2.12E-03	1.93E-03	4.23E-03	4.32E-03	2.94E-03	3.12E-03	1.50E-02	4.31E-03	3.54E-03	9.57E-03	2.43E-02	9.90E-03	1.55E-03	1.04E-02	2.22E-04	1.23E-02	2.19E-03	9.24E-03
15	6.94E-03	1.16E-03	9.12E-03	6.42E-03	1.38E-02	8.52E-03	7.74E-03	2.06E-03	1.22E-02	5.28E-03	7.14E-03	4.03E-03	1.21E-02	3.14E-03	7.17E-03	2.02E-02	1.08E-03	3.50E-03	9.68E-04	3.73E-03
16	5.26E-03	1.16E-03	1.34E-03	1.89E-03	2.51E-03	3.28E-03	7.30E-04	9.44E-04	5.99E-03	1.52E-03	1.87E-03	4.03E-03	4.84E-03	3.73E-03	1.20E-03	2.02E-03	1.78E-04	3.27E-03	5.24E-04	2.72E-03
17	4.26E-03	1.16E-03	1.40E-03	1.96E-03	3.68E-03	3.31E-03	9.49E-04	1.41E-03	8.38E-03	1.50E-03	1.60E-03	4.03E-03	1.75E-02	2.51E-03	1.30E-03	2.02E-03	1.94E-04	2.21E-03	6.25E-04	4.35E-03
18	1.08E-02	4.27E-03	1.97E-03	2.78E-03	4.95E-03	4.88E-03	2.10E-03	4.25E-03	1.17E-02	1.77E-03	2.25E-03	4.15E-03	3.19E-02	4.13E-03	1.29E-03	3.23E-03	2.59E-04	4.02E-03	1.69E-03	1.68E-02
19	1.30E-02	1.88E-03	1.72E-03	2.53E-03	2.71E-03	4.43E-03	2.04E-03	1.34E-03	8.34E-03	1.26E-03	1.71E-03	6.37E-03	1.55E-01	6.02E-03	6.68E-04	3.51E-02	2.04E-04	7.29E-03	1.44E-03	6.87E-03
20	3.00E-03	3.47E-03	1.55E-03	1.88E-03	4.06E-03	3.37E-03	7.46E-03	8.69E-04	5.72E-03	1.75E-03	1.67E-03	4.52E-03	6.38E-03	2.23E-03	1.05E-03	2.04E-03	1.69E-04	3.39E-02	7.15E-04	2.79E-03
21	9.66E-03	2.04E-03	7.59E-04	1.88E-03	1.49E-03	3.81E-03	4.43E-04	7.21E-04	4.21E-03	1.13E-03	7.26E-03	2.98E-03	9.76E-03	3.06E-03	8.76E-03	1.35E-03	1.00E-04	2.45E-03	4.75E-03	2.83E-03
22	7.84E-03	6.40E-03	1.95E-03	3.13E-03	2.64E-03	5.20E-03	2.03E-03	2.08E-03	7.55E-03	3.33E-03	2.63E-03	6.51E-03	1.42E-02	2.66E-03	1.71E-03	2.13E-03	1.83E-04	2.98E-03	1.41E-03	4.13E-03
23	1.23E-02	2.69E-03	1.48E-03	2.75E-03	2.62E-03	4.97E-03	1.66E-03	1.64E-03	1.37E-02	2.83E-03	2.10E-03	3.57E-03	1.15E-03	3.28E-03	1.45E-03	3.05E-03	1.48E-03	3.32E-03	8.75E-04	4.90E-03
24	1.70E-02	3.90E-03	1.14E-02	7.16E-03	1.59E-02	8.95E-03	1.17E-03	3.12E-03	1.16E-02	6.39E-03	8.59E-03	4.04E-05	2.89E-02	4.72E-03	9.77E-03	1.43E-03	1.43E-03	1.55E-02	1.35E-03	4.03E-03
25	2.85E-02	3.90E-03	8.28E-03	9.60E-03	1.60E-02	1.56E-02	1.57E-03	1.63E-03	2.62E-02	7.28E-03	7.58E-03	4.17E-03	1.47E-02	4.74E-03	6.19E-03	1.43E-03	7.83E-04	0.00E+00	1.17E-03	3.70E-03
26	6.99E-02	7.30E-03	2.53E-02	8.05E-03	1.85E-02	9.55E-03	6.74E-03	7.10E-03	2.62E-02	7.19E-03	1.35E-02	3.58E-03	1.62E-02	1.41E-02	1.84E-03	3.61E-02	2.94E-03	1.86E-02	9.78E-03	3.07E-03

续表

区号\验厂	161	162	163	164	165	166	167	168	169	170	171	172	173	174	175	176	177	178	179	180
1	1.64E-03	3.47E-03	3.76E-02	9.62E-03	2.59E-03	1.37E-02	7.11E-03	2.66E-02	2.58E-02	2.93E-01	4.46E-03	2.88E-02	5.02E-02	7.07E-03	7.19E-03	1.34E-03	1.87E-02	4.00E-03	1.05E-02	2.86E-03
2	5.57E-03	6.78E-03	5.81E-03	4.11E-03	3.24E-03	5.98E-03	7.84E-03	9.91E-03	3.15E-02	4.86E-03	2.83E-03	3.48E-03	1.81E-03	3.89E-03	7.19E-03	2.56E-03	1.69E-02	3.58E-03	3.84E-03	4.47E-03
3	3.51E-03	1.40E-02	1.89E-01	4.70E-02	1.23E-01	1.71E-02	1.10E-01	1.10E-01	9.41E-02	3.22E-02	1.14E-01	1.75E-01	9.65E-02	1.49E+00	7.19E-03	1.66E-03	1.81E-01	4.01E-01	6.29E-02	6.02E-03
4	3.35E-03	9.62E-03	1.09E-02	5.40E-03	2.89E-03	8.07E-03	1.11E-02	1.29E-02	1.65E-02	9.35E-03	3.15E-03	1.05E-02	7.25E-03	7.57E-03	7.19E-03	2.63E-03	1.56E-02	5.01E-03	6.15E-03	6.89E-03
5	6.70E-03	1.32E-02	6.65E-03	2.98E-03	3.87E-03	8.67E-03	1.99E-02	1.14E-02	1.02E-02	1.47E-02	3.31E-03	9.94E-03	1.09E-02	1.28E-02	7.19E-03	3.75E-03	1.44E-02	6.68E-03	5.43E-03	8.59E-03
6	4.04E-03	9.06E-03	8.44E-03	2.83E-03	3.08E-03	5.02E-03	1.29E-02	9.22E-03	1.20E-02	2.96E-02	2.44E-03	6.94E-03	1.55E-02	8.27E-03	7.19E-03	2.59E-03	2.52E-02	4.90E-03	5.05E-03	6.57E-03
7	9.54E-03	5.14E-02	2.27E-02	6.35E-03	9.82E-03	1.96E-02	4.72E-02	4.82E-02	1.28E-01	1.71E-02	5.77E-03	2.29E-02	6.06E-02	4.89E-02	7.19E-03	5.42E-03	6.80E-02	2.88E-02	1.66E-02	1.64E-02
8	4.84E-03	2.20E-02	1.07E-02	3.36E-03	5.39E-03	8.62E-03	2.39E-02	1.47E-02	3.01E-02	7.08E-03	3.23E-03	9.52E-03	1.77E-02	1.83E-02	7.19E-03	3.99E-03	5.69E-02	1.05E-02	6.37E-03	1.14E-02
9	4.08E-03	1.06E-02	5.72E-03	2.72E-03	3.76E-03	6.34E-03	9.80E-03	1.24E-02	1.39E-02	5.41E-03	2.49E-03	5.64E-03	1.04E-02	9.02E-03	7.19E-03	3.25E-03	2.28E-02	5.33E-03	4.68E-03	7.54E-03
10	5.21E-03	1.16E-02	5.81E-03	2.32E-03	4.47E-03	5.58E-03	1.05E-02	1.21E-02	1.40E-02	6.19E-02	3.14E-03	6.59E-03	1.23E-02	9.84E-03	7.19E-03	4.00E-03	2.15E-02	6.35E-03	6.67E-03	8.56E-03
11	6.02E-03	1.40E-02	9.03E-03	2.33E-03	3.97E-03	1.76E-02	1.23E-02	1.32E-02	1.18E-02	9.37E-03	2.92E-03	6.70E-03	1.38E-02	1.03E-02	7.19E-03	3.49E-03	2.46E-02	6.35E-03	5.42E-03	8.63E-03
12	8.96E-03	2.41E-02	6.71E-03	9.10E-03	7.15E-03	1.10E-02	2.79E-02	1.58E-02	1.20E-02	8.14E-03	4.16E-03	3.29E-02	1.07E-02	2.39E-02	7.19E-03	3.65E-03	2.49E-02	2.67E-02	9.64E-03	9.78E-03
13	3.60E-03	3.28E-02	2.24E-02	1.12E-02	8.69E-03	1.70E-02	3.49E-01	2.56E-02	3.03E-02	6.76E-03	3.09E-03	1.82E-02	1.01E-01	7.22E-02	7.19E-03	2.04E-03	7.24E-02	1.84E-02	2.28E-02	6.95E-03
14	3.19E-03	1.36E-02	7.76E-03	3.83E-03	2.55E-03	1.14E-02	1.06E-02	2.29E-02	3.40E-02	7.25E-02	1.79E-03	6.21E-03	1.14E-02	1.05E-02	7.19E-03	1.99E-03	3.61E-02	6.20E-03	4.92E-03	5.59E-03
15	6.72E-03	7.49E-02	2.66E-02	2.31E-03	1.34E-03	1.26E-02	9.58E-03	2.69E-02	5.42E-03	5.98E-03	1.49E-03	2.12E-03	2.40E-02	3.56E-03	7.19E-03	1.94E-03	1.36E-02	1.77E-03	2.94E-03	4.38E-03
16	1.35E-03	3.48E-03	1.78E-03	1.20E-03	6.90E-04	1.34E-03	5.20E-03	2.76E-03	1.56E-03	2.86E-03	7.91E-04	1.59E-03	4.45E-03	3.75E-03	7.19E-03	7.41E-04	1.36E-03	1.50E-03	2.52E-03	1.85E-03
17	1.46E-03	4.98E-03	3.44E-03	1.20E-03	8.43E-04	1.24E-03	7.65E-03	2.63E-03	2.11E-02	4.58E-03	8.99E-04	1.93E-03	3.12E-03	4.69E-03	7.19E-03	8.06E-04	1.36E-02	1.75E-03	1.77E-03	2.44E-03
18	2.32E-03	6.46E-03	3.54E-03	2.34E-03	1.49E-03	2.45E-03	1.30E-02	8.21E-03	8.30E-03	1.57E-02	1.60E-03	3.81E-03	6.15E-03	6.68E-03	7.19E-03	1.38E-03	1.63E-02	3.32E-03	2.16E-03	3.76E-03
19	2.61E-03	4.55E-03	4.16E-03	2.06E-03	2.05E-03	4.35E-03	1.08E-02	1.40E-02	2.20E-02	2.46E-02	1.64E-03	3.49E-03	3.40E-02	8.99E-03	7.19E-03	1.38E-03	2.26E-02	4.61E-03	3.05E-03	4.23E-03
20	1.72E-03	4.14E-03	2.37E-03	1.61E-03	8.05E-04	1.26E-03	5.89E-03	3.13E-03	7.30E-03	3.15E-03	8.56E-04	1.60E-03	2.53E-03	3.58E-03	7.19E-03	9.26E-04	1.39E-02	1.61E-03	3.12E-03	2.00E-03
21	1.05E-03	3.27E-03	2.28E-03	1.20E-03	4.20E-04	1.37E-03	5.97E-03	5.40E-03	9.59E-03	3.59E-03	6.22E-04	1.11E-02	2.42E-03	3.10E-03	7.19E-03	6.06E-04	2.24E-02	1.19E-02	1.43E-03	1.14E-03
22	2.85E-03	8.48E-03	2.66E-03	3.25E-03	1.63E-03	9.06E-04	1.11E-02	1.42E-04	1.22E-02	5.51E-03	1.55E-03	3.76E-03	5.50E-03	6.36E-03	7.19E-03	1.55E-03	8.84E-03	2.98E-03	2.29E-03	4.45E-03
23	2.01E-03	8.77E-03	1.87E-03	1.26E-03	1.23E-03	1.79E-03	1.53E-02	6.17E-03	1.49E-02	6.46E-03	1.16E-03	3.04E-03	4.82E-03	6.40E-03	7.19E-03	1.26E-03	2.37E-02	1.99E-03	2.73E-03	3.72E-03
24	8.98E-03	9.84E-03	9.29E-04	1.51E-03	1.77E-03	4.74E-05	1.19E-02	9.78E-03	8.72E-03	7.42E-03	2.28E-03	2.80E-03	1.33E-04	3.58E-03	7.19E-03	2.62E-03	5.65E-03	1.29E-03	9.65E-05	5.91E-03
25	7.79E-03	9.05E-03	2.60E-03	1.17E-03	1.48E-03	1.18E-03	1.13E-02	1.55E-02	6.08E-03	5.80E-03	1.43E-03	2.41E-03	1.45E-02	4.25E-03	7.19E-03	1.85E-03	5.65E-03	2.23E-03	3.49E-03	3.88E-03
26	1.31E-02	9.63E-03	1.58E-02	4.79E-04	9.01E-03	2.19E-02	1.86E-02	9.06E-03	2.88E-02	8.82E-02	8.01E-03	8.11E-03	5.48E-02	3.61E-02	7.14E-03	8.55E-03	2.52E-02	6.21E-03	1.56E-02	8.87E-03

续表

区域/部门	181	182	183	184	185	186	187	188	189
1	2.17E-02	1.63E-02	6.70E-03	9.44E-04	3.82E-03	4.59E-02	5.93E-03	3.76E-03	2.01E-02
2	8.79E-03	4.53E-03	6.14E-03	9.20E-03	2.06E-03	8.81E-03	2.89E-03	5.38E-03	3.26E-02
3	2.90E-01	4.96E-03	2.75E+00	4.34E-03	7.27E-02	2.10E-01	1.72E-01	1.21E-02	1.78E+01
4	1.21E-02	7.95E-03	1.09E-02	3.01E-03	3.74E-03	3.23E-02	3.35E-03	1.03E-02	7.33E-02
5	1.27E-02	5.44E-03	1.10E-02	9.69E-03	4.39E-03	1.23E-02	3.80E-03	2.23E-02	3.77E-02
6	1.11E-02	4.71E-03	2.80E-02	4.92E-03	3.36E-03	1.44E-02	2.83E-03	3.34E-02	3.64E-02
7	4.67E-02	1.93E-02	7.91E-02	7.15E-03	1.25E-02	2.55E-02	7.32E-03	2.06E-02	2.98E-01
8	1.34E-02	4.48E-03	2.93E-01	7.33E-03	8.22E-03	1.22E-02	4.93E-03	1.26E-02	9.88E-02
9	7.46E-03	4.36E-03	3.53E-02	5.32E-03	4.56E-03	9.42E-03	3.63E-03	6.10E-03	4.71E-02
10	8.51E-03	4.76E-03	3.94E-02	5.83E-03	4.83E-03	8.92E-03	4.22E-03	6.95E-03	4.72E-02
11	8.35E-03	5.41E-03	5.27E-02	8.09E-03	5.57E-03	1.09E-02	3.77E-03	1.04E-02	4.72E-02
12	3.27E-05	5.41E-03	6.84E-02	1.31E-02	5.57E-03	5.55E-03	8.63E-03	1.58E-02	3.70E-02
13	7.11E-02	1.33E-02	2.28E-01	5.26E-02	2.41E-02	5.21E-02	3.72E-03	6.11E-02	8.22E-01
14	9.18E-03	4.87E-03	2.93E-02	3.65E-03	5.56E-03	1.59E-02	2.27E-03	6.24E-03	6.52E-02
15	3.21E-03	1.53E-03	1.59E-02	7.71E-03	2.06E-03	4.32E-03	1.85E-03	5.43E-03	1.84E-02
16	2.82E-03	1.27E-03	1.59E-02	1.90E-03	1.88E-03	4.31E-03	7.15E-04	2.50E-03	8.27E-03
17	3.46E-03	1.66E-03	1.59E-02	2.03E-03	2.16E-03	4.51E-03	6.86E-04	4.27E-03	7.86E-03
18	5.32E-03	3.82E-03	1.72E-02	2.40E-03	3.60E-03	1.27E-02	1.50E-03	2.01E-02	2.75E-02
19	7.19E-03	3.36E-03	2.67E-02	1.80E-03	3.88E-03	1.15E-02	1.71E-03	4.19E-03	2.36E-02
20	3.37E-03	1.29E-03	1.06E-02	2.24E-03	8.79E-04	3.40E-03	8.17E-04	3.25E-03	9.57E-03
21	2.03E-03	7.43E-04	1.91E-02	1.41E-03	1.79E-03	8.28E-03	4.37E-04	3.06E-03	1.59E-02
22	6.35E-03	1.81E-03	1.07E-02	3.13E-03	1.54E-03	4.11E-03	1.57E-03	5.12E-03	2.54E-02
23	3.99E-03	2.73E-03	1.54E-02	2.53E-03	1.63E-03	6.13E-03	9.05E-04	6.03E-03	2.93E-02
24	2.73E-03	4.40E-02	1.45E-02	8.51E-03	1.10E-04	9.09E-03	2.50E-03	7.14E-03	3.15E-02
25	2.83E-03	4.35E-04	1.45E-03	1.23E-02	2.60E-03	9.09E-03	1.83E-03	4.80E-03	2.04E-02
26	9.14E-02	5.57E-03	1.23E-02	9.97E-03	1.05E-02	1.85E-02	1.06E-02	8.74E-03	2.98E-02

附录 B　2012 年全球 189 个国家和地区的能量利用清单

(单位:TJ)

地区编号	地区能源利用			地区能源贸易					
	EED^{Fr}	EEP^{Fr}	EEF^{Fr}	EEP_p^{Fr}	EEX_p^{Fr}	EEB_p^{Fr}	EEI_f^{Fr}	EEX_f^{Fr}	EEB_f^{Fr}
1	0.00E+00	2.77E+04	4.60E+04	2.91E+04	1.34E+03	2.77E+04	1.86E+04	3.69E+02	1.83E+04
2	6.66E+04	1.16E+05	1.47E+05	6.73E+04	1.79E+04	4.94E+04	3.67E+04	5.55E+03	3.11E+04
3	5.66E+06	3.35E+05	5.10E+05	4.26E+05	5.75E+06	−5.32E+06	2.09E+05	3.44E+04	1.75E+05
4	0.00E+00	1.01E+04	1.51E+04	1.17E+04	1.61E+03	1.01E+04	5.63E+03	6.11E+02	5.02E+03
5	3.72E+06	4.25E+05	4.60E+05	1.49E+05	3.44E+06	−3.30E+06	6.66E+04	3.09E+04	3.56E+04
6	0.00E+00	4.88E+03	7.42E+03	5.95E+03	1.07E+03	4.88E+03	2.87E+03	3.35E+02	2.53E+03
7	3.01E+06	2.23E+06	2.49E+06	1.12E+06	1.90E+06	−7.80E+05	5.38E+05	2.77E+05	2.61E+05
8	3.39E+04	4.22E+04	5.36E+04	2.42E+04	1.59E+04	8.29E+03	1.42E+04	2.76E+03	1.14E+04
9	0.00E+00	1.16E+04	1.85E+04	2.38E+04	1.22E+04	1.16E+04	9.08E+03	2.12E+03	6.96E+03
10	1.32E+07	5.86E+06	6.24E+06	1.72E+06	9.03E+06	−7.31E+06	9.90E+05	6.06E+05	3.83E+05
11	5.16E+05	2.16E+06	2.34E+06	3.72E+06	2.08E+06	1.64E+06	8.71E+05	6.87E+05	1.84E+05
12	2.29E+06	2.71E+05	2.40E+05	1.18E+05	2.14E+06	−2.02E+06	3.69E+04	6.85E+04	−3.16E+04
13	0.00E+00	4.35E+04	5.57E+04	5.20E+04	8.48E+03	4.35E+04	1.63E+04	4.14E+03	1.22E+04
14	7.83E+05	2.86E+05	2.43E+05	5.35E+04	5.51E+05	−4.97E+05	3.36E+04	7.66E+04	−4.30E+04
15	1.11E+06	1.15E+06	1.13E+06	2.26E+05	1.86E+05	3.99E+04	1.46E+05	1.64E+05	−1.86E+04
16	0.00E+00	1.35E+04	2.17E+04	1.67E+04	3.12E+03	1.35E+04	9.53E+03	1.34E+03	8.19E+03
17	1.66E+05	1.42E+03	2.55E+03	5.38E+04	2.19E+05	−1.65E+05	2.38E+03	1.25E+03	1.13E+03
18	5.88E+05	3.24E+06	1.99E+06	9.56E+06	6.91E+06	2.66E+06	7.09E+05	1.97E+06	−1.26E+06
19	0.00E+00	5.43E+03	8.35E+03	7.00E+03	1.57E+03	5.43E+03	3.65E+03	7.24E+02	2.92E+03

续表

地区编号	地区能源利用						地区能源贸易		
	EED^{Fr}	EEP^{Fr}	EEF^{Fr}	EEI^{Fr}_p	EEX^{Fr}_p	EEB^{Fr}_p	EEI^{Fr}_f	EEX^{Fr}_f	EEB^{Fr}_f
20	9.09E+04	9.01E+04	9.11E+04	1.44E+04	1.53E+04	-8.36E+02	8.02E+03	6.95E+03	1.07E+03
21	0.00E+00	1.76E+04	2.42E+04	1.88E+04	1.18E+03	1.76E+04	6.94E+03	3.79E+02	6.57E+03
22	0.00E+00	6.89E+03	1.11E+04	9.73E+03	2.84E+03	6.89E+03	4.74E+03	5.51E+02	4.18E+03
23	7.72E+05	1.03E+05	1.34E+05	5.99E+04	7.29E+05	-6.69E+05	4.09E+04	9.78E+03	3.12E+04
24	1.87E+05	1.60E+05	1.76E+05	5.13E+04	7.90E+04	-2.77E+04	2.99E+04	1.30E+04	1.68E+04
25	5.62E+04	1.80E+05	2.14E+05	1.37E+05	1.24E+04	1.24E+05	3.91E+04	5.53E+03	3.36E+04
26	1.02E+07	1.29E+07	1.32E+07	5.35E+06	2.59E+06	2.76E+06	9.96E+05	7.38E+05	2.58E+05
27	0.00E+00	4.34E+03	5.97E+03	6.24E+03	1.90E+03	4.34E+03	2.57E+03	9.36E+02	1.63E+03
28	7.31E+05	1.91E+04	3.17E+04	3.21E+04	7.44E+05	-7.11E+05	1.58E+04	3.21E+03	1.26E+04
29	4.88E+05	4.63E+05	5.03E+05	3.80E+05	4.05E+05	-2.51E+04	1.57E+05	1.16E+05	4.03E+04
30	0.00E+00	2.16E+04	3.83E+04	2.28E+04	1.18E+03	2.16E+04	1.71E+04	3.84E+02	1.67E+04
31	0.00E+00	5.55E+03	7.55E+03	6.36E+03	8.09E+02	5.55E+03	2.20E+03	1.98E+02	2.00E+03
32	1.65E+05	1.48E+05	1.42E+05	5.21E+04	6.91E+04	-1.70E+04	3.27E+04	3.88E+04	-6.11E+03
33	3.41E+05	1.70E+05	1.70E+05	4.72E+04	2.18E+05	-1.71E+05	2.36E+04	2.36E+04	-1.51E+01
34	1.70E+07	1.32E+07	1.28E+07	1.05E+07	1.44E+07	-3.82E+06	1.94E+06	2.29E+06	-3.50E+05
35	0.00E+00	5.94E+03	9.43E+03	6.80E+03	8.56E+02	5.94E+03	3.79E+03	3.07E+02	3.49E+03
36	0.00E+00	7.26E+03	1.00E+04	8.09E+03	8.35E+02	7.26E+03	3.28E+03	5.17E+02	2.77E+03
37	0.00E+00	4.03E+03	5.70E+03	4.61E+03	5.74E+02	4.03E+03	1.81E+03	1.36E+02	1.67E+03
38	0.00E+00	6.24E+03	9.16E+03	7.10E+03	8.58E+02	6.24E+03	3.24E+03	3.14E+02	2.92E+03

地区编号	地区能源利用			地区能源贸易					
	EED^{Fr}	EEP^{Fr}	EEF^{Fr}	EEI_p^{Fr}	EEX_p^{Fr}	EEB_p^{Fr}	EEI_j^{Fr}	EEX_j^{Fr}	EEB_j^{Fr}
39	5.42E+05	1.49E+06	1.53E+06	1.71E+06	7.70E+05	9.44E+05	3.00E+05	2.55E+05	4.51E+04
40	1.03E+08	1.16E+08	1.07E+08	3.85E+07	2.50E+07	1.35E+07	3.33E+06	1.22E+07	-8.92E+06
41	5.01E+06	2.29E+06	2.57E+06	5.83E+05	3.31E+06	-2.72E+06	4.29E+05	1.46E+05	2.83E+05
42	6.38E+05	6.87E+04	7.24E+04	2.99E+04	5.99E+05	-5.69E+05	1.27E+04	9.03E+03	3.70E+03
43	1.03E+05	1.93E+05	2.28E+05	1.45E+05	5.43E+04	9.02E+04	7.19E+04	3.77E+04	3.42E+04
44	1.72E+05	3.37E+05	4.11E+05	3.06E+05	1.41E+05	1.66E+05	1.28E+05	5.43E+04	7.35E+04
45	2.19E+05	3.06E+05	3.56E+05	1.15E+05	2.88E+04	8.66E+04	7.36E+04	2.35E+04	5.01E+04
46	4.48E+03	1.06E+05	1.60E+05	1.15E+05	1.36E+04	1.01E+05	6.27E+04	8.35E+03	5.44E+04
47	1.35E+06	3.53E+06	3.15E+06	5.76E+06	3.58E+06	2.18E+06	5.20E+05	9.04E+05	-3.84E+05
48	0.00E+00	3.03E+04	4.61E+04	3.95E+04	9.23E+03	3.03E+04	1.98E+04	4.04E+03	1.57E+04
49	8.41E+05	1.21E+05	1.05E+05	2.14E+04	7.41E+05	-7.19E+05	6.95E+03	2.30E+04	-1.60E+04
50	1.11E+06	1.04E+06	1.06E+06	9.77E+04	1.68E+05	-7.00E+04	4.89E+04	2.26E+04	2.63E+04
51	7.44E+05	1.20E+06	1.21E+06	1.78E+06	1.33E+06	4.56E+05	4.54E+05	4.48E+05	5.62E+03
52	0.00E+00	3.92E+03	5.99E+03	4.70E+03	7.73E+02	3.92E+03	2.34E+03	2.75E+02	2.07E+03
53	4.33E+04	2.12E+05	2.63E+05	2.03E+05	3.39E+04	1.69E+05	8.31E+04	3.22E+04	5.09E+04
54	1.08E+06	7.99E+05	8.36E+05	1.70E+05	4.50E+05	-2.81E+05	1.02E+05	6.51E+04	3.73E+04
55	3.25E+06	1.85E+06	1.97E+06	5.66E+05	1.97E+06	-1.40E+06	2.13E+05	9.31E+04	1.20E+05
56	9.09E+04	1.54E+05	1.76E+05	8.27E+04	1.91E+04	6.36E+04	4.49E+04	2.35E+04	2.14E+04
57	2.54E+04	2.45E+04	2.52E+04	3.62E+03	4.49E+03	-8.67E+02	1.69E+03	1.03E+03	6.62E+02

续表

地区编号	地区能源利用			地区能源贸易					
	EED^{Fr}	EEP^{Fr}	EEF^{Fr}	EEI_p^{Fr}	EEX_p^{Fr}	EEB_p^{Fr}	EEI_f^{Fr}	EEX_f^{Fr}	EEB_f^{Fr}
58	2.11E+05	3.28E+05	3.17E+05	3.47E+05	2.31E+05	1.16E+05	6.82E+04	7.89E+04	-1.07E+04
59	1.81E+06	2.03E+05	4.14E+04	1.20E+04	1.61E+06	-1.60E+06	4.12E+04	2.02E+05	-1.61E+05
60	0.00E+00	1.01E+04	1.61E+04	1.24E+04	2.23E+03	1.01E+04	7.46E+03	1.44E+03	6.02E+03
61	7.20E+05	2.55E+06	2.10E+06	5.03E+06	3.20E+06	1.83E+06	2.69E+05	7.13E+05	-4.44E+05
62	5.61E+06	1.40E+07	1.35E+07	2.08E+07	1.24E+07	8.42E+06	2.94E+06	3.46E+06	-5.22E+05
63	0.00E+00	1.73E+04	2.79E+04	1.89E+04	1.60E+03	1.73E+04	1.17E+04	1.07E+03	1.06E+04
64	6.15E+05	7.43E+04	8.07E+04	3.41E+04	5.75E+05	-5.41E+05	1.71E+04	1.06E+04	6.46E+03
65	0.00E+00	3.25E+03	4.87E+03	3.68E+03	4.33E+02	3.25E+03	1.72E+03	1.01E+02	1.62E+03
66	4.58E+04	1.57E+05	2.12E+05	1.57E+05	4.63E+04	1.11E+05	6.84E+04	1.33E+04	5.50E+04
67	5.08E+06	1.62E+07	1.49E+07	3.31E+07	2.21E+07	1.11E+07	5.51E+06	6.72E+06	-1.22E+06
68	3.34E+05	2.30E+05	2.36E+05	5.84E+04	1.63E+05	-1.04E+05	4.14E+04	3.61E+04	5.28E+03
69	4.32E+05	3.14E+06	3.30E+06	3.88E+06	1.18E+06	2.70E+06	4.55E+05	2.90E+05	1.66E+05
70	0.00E+00	4.30E+03	8.06E+03	5.83E+03	1.53E+03	4.30E+03	4.30E+03	5.36E+02	3.77E+03
71	3.43E+02	1.15E+05	1.66E+05	1.36E+05	2.11E+04	1.15E+05	6.75E+04	1.73E+04	5.02E+04
72	0.00E+00	1.13E+04	1.95E+04	1.36E+04	2.27E+03	1.13E+04	8.55E+03	3.70E+02	8.18E+03
73	0.00E+00	4.21E+05	6.14E+05	4.48E+05	2.72E+04	4.21E+05	1.94E+05	8.35E+02	1.93E+05
74	1.40E+05	1.30E+05	1.22E+05	1.53E+04	2.49E+04	-9.62E+03	6.55E+03	1.50E+04	-8.43E+03
75	1.04E+05	1.23E+05	1.23E+05	6.72E+04	4.80E+04	1.91E+04	3.62E+04	3.66E+04	-4.19E+02
76	4.10E+03	3.13E+06	5.26E+06	4.64E+06	1.52E+06	3.12E+06	2.94E+06	8.09E+05	2.14E+06

续表

地区编号	地区能源利用				地区能源贸易				
	EED^{Fr}	EEP^{Fr}	EEF^{Fr}	EEI_p^{Fr}	EEX_p^{Fr}	EEB_p^{Fr}	EEI_f^{Fr}	EEX_f^{Fr}	EEB_f^{Fr}
77	4.36E+05	1.76E+06	1.49E+06	2.89E+06	1.56E+06	1.33E+06	2.98E+05	5.68E+05	-2.71E+05
78	2.12E+05	2.22E+05	2.14E+05	7.94E+04	7.00E+04	9.46E+03	3.19E+04	3.92E+04	-7.28E+03
79	2.15E+07	2.08E+07	2.05E+07	5.76E+06	6.40E+06	-6.42E+05	1.67E+06	1.99E+06	-3.24E+05
80	1.80E+07	1.19E+07	1.19E+07	2.82E+06	8.94E+06	-6.11E+06	8.26E+05	8.31E+05	-5.71E+03
81	1.17E+07	4.23E+06	4.59E+06	9.82E+05	8.44E+06	-7.45E+06	4.87E+05	1.28E+05	3.60E+05
82	6.04E+06	6.42E+05	7.25E+05	2.28E+05	5.63E+06	-5.40E+06	8.75E+04	4.58E+03	8.29E+04
83	5.22E+04	7.42E+05	6.43E+05	1.27E+06	5.82E+05	6.90E+05	2.83E+05	3.81E+05	-9.86E+04
84	1.32E+05	1.27E+06	1.20E+06	1.59E+06	4.54E+05	1.14E+06	2.32E+05	3.05E+05	-7.35E+04
85	1.43E+06	1.19E+07	1.10E+07	1.69E+07	6.37E+06	1.05E+07	1.98E+06	2.90E+06	-9.22E+05
86	2.09E+04	5.80E+04	7.87E+04	4.87E+04	1.16E+04	3.70E+04	2.85E+04	7.81E+03	2.07E+04
87	1.16E+06	3.02E+07	3.13E+07	3.70E+07	8.03E+06	2.90E+07	3.84E+06	2.75E+06	1.09E+06
88	1.12E+04	1.29E+05	2.03E+05	1.61E+05	4.30E+04	1.18E+05	8.99E+04	1.64E+04	7.35E+04
89	6.55E+06	2.17E+06	2.32E+06	8.57E+05	5.24E+06	-4.38E+06	3.21E+05	1.72E+05	1.48E+05
90	7.01E+05	7.28E+05	7.51E+05	1.37E+05	1.09E+05	2.73E+04	6.88E+04	4.64E+04	2.25E+04
91	6.71E+06	2.09E+06	2.02E+06	1.78E+05	4.80E+06	-4.62E+06	3.31E+05	4.02E+05	-7.14E+04
92	7.27E+04	1.60E+05	3.35E+05	1.65E+05	7.75E+04	8.75E+04	1.98E+05	2.36E+04	1.75E+05
93	0.00E+00	1.30E+04	2.16E+04	1.53E+04	2.30E+03	1.30E+04	9.38E+03	7.86E+02	8.59E+03
94	9.78E+04	3.20E+05	3.99E+05	3.31E+05	1.09E+05	2.22E+05	1.24E+05	4.47E+04	7.92E+04
95	9.46E+03	2.07E+05	2.86E+05	2.29E+05	3.16E+04	1.97E+05	1.02E+05	2.26E+04	7.92E+04

续表

地区编号	地区能源利用				地区能源贸易				
编号	EED^{Fr}	EEP^{Fr}	EEF^{Fr}	EEI_p^{Fr}	EEX_p^{Fr}	EEB_p^{Fr}	EEI_f^{Fr}	EEX_f^{Fr}	EEB_f^{Fr}
96	0.00E+00	1.34E+04	2.44E+04	1.54E+04	1.96E+03	1.34E+04	1.19E+04	8.93E+02	1.10E+04
97	0.00E+00	2.99E+03	3.94E+03	4.61E+03	1.62E+03	2.99E+03	1.45E+03	5.00E+02	9.54E+02
98	3.37E+06	1.36E+05	1.46E+05	1.20E+05	3.35E+06	-3.23E+06	4.87E+04	3.91E+04	9.60E+03
99	0.00E+00	3.12E+03	3.91E+03	3.57E+03	4.54E+02	3.12E+03	8.89E+02	1.03E+02	7.86E+02
100	5.50E+04	1.37E+06	1.13E+06	2.61E+06	1.30E+06	1.31E+06	1.33E+05	3.67E+05	-2.35E+05
101	5.16E+03	2.94E+05	4.44E+05	6.13E+05	3.25E+05	2.89E+05	2.37E+05	8.61E+04	1.51E+05
102	0.00E+00	5.84E+04	9.15E+04	7.56E+04	1.73E+04	5.84E+04	4.86E+04	1.55E+04	3.31E+04
103	0.00E+00	2.24E+04	3.97E+04	2.59E+04	3.50E+03	2.24E+04	1.95E+04	2.17E+03	1.73E+04
104	0.00E+00	2.02E+04	2.92E+04	2.26E+04	2.45E+03	2.02E+04	1.06E+04	1.52E+03	9.08E+03
105	3.45E+06	3.73E+06	3.57E+06	3.62E+06	3.35E+06	2.74E+05	5.59E+05	7.14E+05	-1.55E+05
106	0.00E+00	8.63E+03	1.36E+04	1.01E+04	1.52E+03	8.63E+03	5.45E+03	4.41E+02	5.01E+03
107	0.00E+00	1.48E+04	2.47E+04	1.56E+04	8.01E+02	1.48E+04	1.03E+04	3.97E+02	9.91E+03
108	3.60E+02	3.22E+04	5.48E+04	4.77E+04	1.59E+04	3.19E+04	2.80E+04	5.50E+03	2.25E+04
109	0.00E+00	1.68E+04	2.84E+04	2.09E+04	4.06E+03	1.68E+04	1.36E+04	2.06E+03	1.16E+04
110	9.46E+03	5.74E+04	8.06E+04	5.83E+04	1.04E+04	4.79E+04	3.57E+04	1.24E+04	2.33E+04
111	8.58E+06	7.83E+06	7.62E+06	4.45E+06	5.20E+06	-7.52E+05	1.22E+06	1.44E+06	-2.13E+05
112	0.00E+00	4.19E+03	4.96E+03	4.71E+03	5.21E+02	4.19E+03	9.81E+02	2.14E+02	7.66E+02
113	6.88E+05	8.05E+04	9.21E+04	4.26E+04	6.50E+05	-6.07E+05	2.32E+04	1.15E+04	1.16E+04
114	2.95E+04	4.74E+04	5.80E+04	2.78E+04	9.92E+03	1.79E+04	1.23E+04	1.74E+03	1.06E+04

地区编号	地区能源利用						地区能源贸易		
	EED^{Fr}	EEP^{Fr}	EEF^{Fr}	EEI_p^{Fr}	EEX_p^{Fr}	EEB_p^{Fr}	EEI_f^{Fr}	EEX_f^{Fr}	EEB_f^{Fr}
115	7.07E+04	2.64E+05	3.83E+05	2.91E+05	9.76E+04	1.93E+05	1.68E+05	4.90E+04	1.19E+05
116	6.59E+05	5.22E+05	4.76E+05	2.78E+04	1.66E+05	-1.38E+05	1.33E+04	5.86E+04	-4.52E+04
117	9.38E+05	2.75E+05	2.17E+05	9.78E+03	6.73E+05	-6.63E+05	3.48E+02	5.78E+04	-5.75E+04
118	1.89E+04	7.56E+04	9.92E+04	7.38E+04	1.70E+04	5.68E+04	3.47E+04	1.12E+04	2.35E+04
119	3.56E+05	3.29E+05	2.58E+05	4.53E+04	7.27E+04	-2.74E+04	3.16E+04	1.02E+05	-7.06E+04
120	2.60E+06	5.32E+06	3.83E+06	1.46E+07	1.19E+07	2.72E+06	1.27E+06	2.76E+06	-1.50E+06
121	0.00E+00	9.93E+03	3.06E+04	1.44E+04	4.49E+03	9.93E+03	2.35E+04	2.86E+04	2.07E+04
122	0.00E+00	1.55E+04	2.49E+04	1.92E+04	3.70E+03	1.55E+04	9.72E+03	3.41E+02	9.38E+03
123	6.57E+05	9.22E+05	9.23E+05	6.01E+05	3.36E+05	2.65E+05	1.70E+05	1.70E+05	3.67E+02
124	7.80E+04	7.91E+04	7.96E+04	3.08E+04	2.97E+04	1.13E+04	1.53E+04	1.48E+04	4.44E+02
125	9.24E+04	1.00E+05	1.08E+05	2.30E+04	1.49E+04	8.03E+03	1.14E+04	3.98E+03	7.40E+03
126	1.07E+07	4.14E+06	4.01E+06	3.77E+05	6.91E+06	-6.54E+06	2.82E+05	4.10E+05	-1.28E+05
127	8.03E+06	2.74E+06	2.87E+06	1.09E+06	6.38E+06	-5.29E+06	5.13E+05	3.80E+05	1.33E+05
128	0.00E+00	2.48E+04	4.34E+04	2.58E+04	1.03E+04	2.48E+04	1.88E+04	1.75E+02	1.87E+04
129	2.84E+06	1.98E+05	2.38E+05	3.55E+05	2.99E+06	-2.64E+06	7.69E+04	3.73E+04	3.96E+04
130	2.74E+06	2.40E+06	2.23E+06	2.25E+05	5.59E+05	-3.34E+05	1.24E+05	2.98E+05	-1.74E+05
131	3.31E+04	1.47E+05	1.93E+05	1.41E+05	2.74E+04	1.14E+05	6.99E+04	2.40E+04	4.58E+04
132	0.00E+00	3.41E+04	5.17E+04	4.15E+04	7.35E+03	3.41E+04	2.10E+04	3.41E+03	1.76E+04
133	3.15E+05	2.16E+05	2.76E+05	5.63E+04	1.55E+05	-9.92E+04	7.14E+04	1.15E+04	5.99E+04

续表

地区编号	地区能源利用			地区能源贸易					
	EED^{Fr}	EEP^{Fr}	EEF^{Fr}	EEI_p^{Fr}	EEX_p^{Fr}	EEB_p^{Fr}	EEI_f^{Fr}	EEX_f^{Fr}	EEB_f^{Fr}
134	9.34E+05	8.23E+05	9.65E+05	3.47E+05	4.58E+05	-1.11E+05	1.76E+05	3.46E+04	1.42E+05
135	1.04E+06	1.92E+06	1.99E+06	1.68E+06	8.05E+05	8.78E+05	2.85E+05	2.19E+05	6.64E+04
136	2.95E+06	4.25E+06	4.69E+06	3.19E+06	1.89E+06	1.30E+06	9.82E+05	5.38E+05	4.44E+05
137	1.97E+05	1.30E+06	1.62E+06	1.60E+06	4.94E+05	1.11E+06	5.23E+05	2.11E+05	3.12E+05
138	8.19E+06	1.81E+05	2.31E+05	2.18E+05	8.23E+06	-8.01E+06	6.48E+04	1.44E+04	5.03E+04
139	1.93E+06	1.45E+07	1.34E+07	2.48E+07	1.22E+07	1.26E+07	1.51E+06	2.60E+06	-1.09E+06
140	1.10E+04	1.83E+03	2.50E+03	1.29E+03	1.05E+04	-9.22E+03	1.12E+03	4.48E+02	6.72E+02
141	1.11E+06	3.23E+06	3.05E+06	3.67E+06	1.55E+06	2.12E+06	2.39E+05	4.19E+05	-1.80E+05
142	5.24E+07	5.32E+06	5.90E+06	4.61E+06	5.17E+07	-4.70E+07	1.31E+06	7.28E+05	5.80E+05
143	0.00E+00	1.31E+04	2.19E+04	1.41E+04	1.05E+03	1.31E+04	8.99E+03	1.94E+02	8.80E+03
144	0.00E+00	2.45E+03	3.27E+03	3.20E+03	7.56E+02	2.45E+03	1.13E+03	3.08E+02	8.22E+02
145	0.00E+00	7.04E+03	1.08E+04	9.78E+03	2.74E+03	7.04E+03	4.11E+03	3.74E+02	3.73E+03
146	0.00E+00	2.00E+03	2.79E+03	2.98E+03	9.75E+02	2.00E+03	1.00E+03	2.09E+02	7.91E+02
147	2.42E+07	1.61E+06	2.33E+06	1.63E+06	2.43E+07	-2.26E+07	8.74E+05	1.49E+05	7.25E+05
148	9.15E+04	9.42E+04	9.59E+04	3.86E+04	3.58E+04	2.73E+03	2.15E+04	1.98E+04	1.73E+03
149	4.44E+05	4.92E+05	5.69E+05	1.14E+05	6.68E+04	4.76E+04	7.84E+04	1.63E+03	7.68E+04
150	0.00E+00	6.24E+03	9.06E+03	7.82E+03	1.57E+03	6.24E+03	3.49E+03	6.80E+02	2.81E+03
151	0.00E+00	8.77E+03	1.32E+04	1.00E+04	1.24E+03	8.77E+03	4.82E+03	4.19E+02	4.40E+03
152	2.60E+04	2.72E+06	2.57E+06	5.47E+06	2.77E+06	2.70E+06	9.70E+05	1.13E+06	-1.57E+05

地区编号	地区能源利用			地区能源贸易					
	EED^{Fr}	EEP^{Fr}	EEF^{Fr}	EEI_p^{Fr}	EEX_p^{Fr}	EEB_p^{Fr}	EEI_f^{Fr}	EEX_f^{Fr}	EEB_f^{Fr}
153	2.69E+05	3.93E+06	3.47E+06	6.23E+06	2.57E+06	3.66E+06	2.62E+05	7.25E+05	-4.63E+05
154	1.50E+05	3.54E+05	4.01E+05	5.08E+05	3.04E+05	2.04E+05	1.55E+05	1.07E+05	4.76E+04
155	0.00E+00	2.08E+03	2.54E+03	2.28E+03	2.00E+02	2.08E+03	4.88E+02	3.19E+01	4.57E+02
156	6.88E+06	3.21E+06	3.27E+06	1.11E+06	4.78E+06	-3.67E+06	5.04E+05	4.44E+05	6.00E+04
157	0.00E+00	2.54E+03	3.06E+03	2.82E+03	2.78E+02	2.54E+03	5.70E+02	5.48E+01	5.15E+02
158	1.40E+06	1.15E+07	1.08E+07	1.61E+07	5.94E+06	1.01E+07	1.59E+06	2.35E+06	-7.67E+05
159	2.48E+05	2.11E+05	2.20E+05	1.32E+05	1.69E+05	-3.69E+04	8.11E+04	7.21E+04	9.00E+03
160	6.49E+05	6.37E+05	6.37E+05	1.62E+03	1.43E+04	-1.27E+04	4.66E+02	4.74E+02	-8.42E+00
161	0.00E+00	1.03E+04	1.88E+04	1.36E+04	3.29E+03	1.03E+04	9.23E+03	7.33E+02	8.50E+03
162	0.00E+00	4.30E+04	5.63E+04	5.23E+04	9.34E+03	4.30E+04	1.89E+04	5.65E+03	1.32E+04
163	1.50E+06	2.54E+06	2.52E+06	3.25E+06	2.21E+06	1.04E+06	6.93E+05	7.12E+05	-1.94E+04
164	5.33E+05	1.69E+06	2.14E+06	2.26E+06	1.10E+06	1.16E+06	8.60E+05	4.12E+05	4.49E+05
165	5.51E+05	1.36E+05	1.83E+05	1.24E+05	5.40E+05	-4.15E+05	6.35E+04	1.63E+04	4.71E+04
166	5.55E+05	1.37E+06	1.13E+06	1.69E+06	8.76E+05	8.15E+05	3.24E+05	5.59E+05	-2.35E+05
167	6.98E+04	1.00E+05	1.13E+05	4.45E+04	1.43E+04	3.02E+04	1.94E+04	6.40E+03	1.30E+04
168	3.05E+06	5.52E+06	4.76E+06	5.09E+06	2.61E+06	2.48E+06	6.08E+05	1.37E+06	-7.61E+05
169	6.33E+04	2.50E+05	2.49E+05	2.92E+05	1.06E+05	1.87E+05	2.71E+04	2.84E+04	-1.33E+03
170	1.05E+05	7.26E+04	5.94E+04	1.59E+04	4.81E+04	-3.21E+04	6.75E+03	2.00E+04	-1.32E+04
171	1.59E+06	3.47E+04	5.88E+04	7.48E+04	1.63E+06	-1.55E+06	3.21E+04	7.92E+03	2.41E+04

续表

地区编号	地区能源利用			地区能源贸易					
	EED^{Fr}	EEP^{Fr}	EEF^{Fr}	EEI_p^{Fr}	EEX_p^{Fr}	EEB_p^{Fr}	EEI_f^{Fr}	EEX_f^{Fr}	EEB_f^{Fr}
172	2.97E+05	2.76E+05	3.44E+05	2.35E+05	2.57E+05	-2.15E+04	1.17E+05	4.92E+04	6.80E+04
173	1.27E+06	7.61E+06	7.94E+06	8.17E+06	1.83E+06	6.34E+06	1.03E+06	6.99E+05	3.31E+05
174	2.71E+06	8.28E+05	2.67E+05	2.04E+05	2.08E+06	-1.88E+06	7.96E+04	6.41E+05	-5.61E+05
175	0.00E+00	7.83E+01	6.34E+02	2.14E+03	2.06E+03	7.83E+01	6.33E+02	7.74E+01	5.56E+02
176	0.00E+00	3.73E+04	6.48E+04	3.86E+04	1.30E+03	3.73E+04	2.83E+04	8.54E+02	2.75E+04
177	3.52E+06	3.49E+06	4.03E+06	2.72E+06	2.75E+06	-3.13E+04	9.88E+05	4.41E+05	5.47E+05
178	7.55E+06	1.63E+06	2.02E+06	1.92E+06	7.84E+06	-5.93E+06	6.48E+05	2.51E+05	3.97E+05
179	4.72E+06	9.86E+06	1.22E+07	1.11E+07	6.00E+06	5.14E+06	4.13E+06	1.78E+06	2.35E+06
180	0.00E+00	4.68E+04	7.43E+04	5.59E+04	9.10E+03	4.68E+04	3.12E+04	3.75E+03	2.75E+04
181	7.36E+07	1.01E+08	1.08E+08	5.47E+07	2.74E+07	2.73E+07	1.29E+07	5.66E+06	7.22E+06
182	7.82E+04	1.98E+05	2.41E+05	1.55E+05	3.56E+04	1.20E+05	6.63E+04	2.30E+04	4.32E+04
183	2.28E+06	1.65E+06	1.34E+06	6.72E+04	6.96E+05	-6.29E+05	4.31E+04	3.48E+05	-3.05E+05
184	0.00E+00	3.00E+03	4.19E+03	3.99E+03	9.95E+02	3.00E+03	1.56E+03	3.73E+02	1.19E+03
185	7.57E+06	1.42E+06	1.53E+06	6.07E+05	6.76E+06	-6.15E+06	1.82E+05	6.92E+04	1.13E+05
186	2.82E+06	1.96E+06	2.00E+06	7.76E+05	1.64E+06	-8.61E+05	2.71E+05	2.32E+05	3.93E+04
187	5.84E+05	7.19E+04	1.09E+05	6.08E+04	5.73E+05	-5.12E+05	4.26E+04	5.63E+03	3.69E+04
188	3.56E+05	2.93E+05	2.71E+05	6.01E+04	1.23E+05	-6.27E+04	2.56E+04	4.78E+04	-2.21E+04
189	3.79E+05	1.12E+04	3.33E+04	3.94E+04	4.07E+05	-3.68E+05	3.32E+04	1.11E+04	2.21E+04

附录 C　2012 年 139 个部门的国外体现能强度

（单位：TJ/万元人民币，其中计算得到的国外体现能强度单位为 TJ/千美元，这里采用 2012 年的汇率数据进行货币单位转换）

中国 139 部门编号	世界 26 部门编号译名	计算方法详细说明	国外体现能强度
1	1	农产品	3.41E-02
2	1	农产品	3.41E-02
3	1-生物质	农产品部门的体现能强度减去该部门生物质直接利用强度	1.50E-02
4	2	渔产品	1.01E-02
5	1&2	农产品和渔产品部门的体现能强度的加权平均值，部门总产出为权重	3.26E-02
6	3-原油-天然气-核能	矿业产品部门的体现能强度减去该部门原油、天然气和核能直接利用强度	8.05E-02
7	3-原煤-核能	矿业产品部门的体现能强度减去该部门原煤和核能直接利用强度	2.04E-01
8	3-原油-原煤-天然气-核能	矿业产品部门的体现能强度减去该部门原油、天然气和核能直接利用强度	2.23E-02
9	3-原油-原煤-天然气	矿业产品部门的体现能强度减去该部门原油、天然气直接利用强度	4.01E-01
10	3-原煤-原油-天然气-核能	矿业产品部门的体现能强度减去该部门原煤、天然气和核能直接利用强度	2.23E-02
11	3-原煤-原油-天然气-核能	矿业产品部门的体现能强度减去该部门原煤、天然气和核能直接利用强度	2.23E-02
12	4	食品和饮料	1.50E-02
13	4	食品和饮料	1.50E-02
14	4	食品和饮料	1.50E-02
15	4	食品和饮料	1.50E-02
16	4	食品和饮料	1.50E-02

续表

中国 139 部门编号	世界 26 部门编号	计算方法详细说明	国外体现能强度
17	4	食品和饮料	1.50E-02
18	4	食品和饮料	1.50E-02
19	4	食品和饮料	1.50E-02
20	4	食品和饮料	1.50E-02
21	4	食品和饮料	1.50E-02
22	4	食品和饮料	1.50E-02
23	4	食品和饮料	1.50E-02
24	4	食品和饮料	1.50E-02
25	4	食品和饮料	1.50E-02
26	5	纺织品和服装	1.47E-02
27	5	纺织品和服装	1.47E-02
28	5	纺织品和服装	1.47E-02
29	5	纺织品和服装	1.47E-02
30	5	纺织品和服装	1.47E-02
31	5	纺织品和服装	1.47E-02
32	5	纺织品和服装	1.47E-02
33	5	纺织品和服装	1.47E-02

中国139部门编号	世界26部门编号	计算方法详细说明	国外体现能强度
34	6	木材和纸制品	1.28E-02
35	6	木材和纸制品	1.28E-02
36	6	木材和纸制品	1.28E-02
37	6	木材和纸制品	1.28E-02
38	6	木材和纸制品	1.28E-02
39	7	石油,化工和非金属矿产物制品	5.65E-02
40	7	石油,化工和非金属矿产物制品	5.65E-02
41	7	石油,化工和非金属矿产物制品	5.65E-02
42	7	石油,化工和非金属矿产物制品	5.65E-02
43	7	石油,化工和非金属矿产物制品	5.65E-02
44	7	石油,化工和非金属矿产物制品	5.65E-02
45	7	石油,化工和非金属矿产物制品	5.65E-02
46	7	石油,化工和非金属矿产物制品	5.65E-02
47	7	石油,化工和非金属矿产物制品	5.65E-02
48	7	石油,化工和非金属矿产物制品	5.65E-02
49	7	石油,化工和非金属矿产物制品	5.65E-02
50	7	石油,化工和非金属矿产物制品	5.65E-02

续表

中国 139 部门编号	世界 26 部门编号	计算方法详细说明	国外体现能 强度
51	7	石油,化工和非金属矿物制品	5.65E-02
52	7	石油,化工和非金属矿物制品	5.65E-02
53	7	石油,化工和非金属矿物制品	5.65E-02
54	7	石油,化工和非金属矿物制品	5.65E-02
55	7	石油,化工和非金属矿物制品	5.65E-02
56	7	石油,化工和非金属矿物制品	5.65E-02
57	7	石油,化工和非金属矿物制品	5.65E-02
58	7	石油,化工和非金属矿物制品	5.65E-02
59	8	金属制品	2.36E-02
60	8	金属制品	2.36E-02
61	8	金属制品	2.36E-02
62	8	金属制品	2.36E-02
63	8	金属制品	2.36E-02
64	8	金属制品	2.36E-02
65	9	电气机械	1.10E-02
66	9	电气机械	1.10E-02
67	9	电气机械	1.10E-02

续表

中国139部门编号	世界26部门编号	计算方法详细说明	国外体现能强度
68	9	电气机械	1.10E-02
69	9	电气机械	1.10E-02
70	9	电气机械	1.10E-02
71	9	电气机械	1.10E-02
72	9	电气机械	1.10E-02
73	9	电气机械	1.10E-02
74	9	电气机械	1.10E-02
75	10	运输设备	1.24E-02
76	10	运输设备	1.24E-02
77	10	运输设备	1.24E-02
78	10	运输设备	1.24E-02
79	10	运输设备	1.24E-02
80	11	其他制造产品	1.46E-02
81	11	其他制造产品	1.46E-02
82	11	其他制造产品	1.46E-02
83	11	其他制造产品	1.46E-02
84	11	其他制造产品	1.46E-02

续表

中国 139 部门编号	世界 26 部门编号	计算方法详细说明	国外体现能强度
85	11	其他制造产品	1.46E-02
86	11	其他制造产品	1.46E-02
87	11	其他制造产品	1.46E-02
88	11	其他制造产品	1.46E-02
89	11	其他制造产品	1.46E-02
90	11	其他制造产品	1.46E-02
91	11	其他制造产品	1.46E-02
92	11	其他制造产品	1.46E-02
93	11	其他制造产品	1.46E-02
94	12	废品回收	1.37E-02
95	15	维护维修	5.52E-03
96	13	电力,燃气及水的生产和供应	6.26E-02
97	13	电力,燃气及水的生产和供应	5.46E-02
98	13-水能-其他可再生能	电力,燃气及水的生产和供应部门的体现能强度减去该部门水能和其他可再生能源的直接利用强度	5.46E-02
99	14	建筑	1.41E-02
100	14	建筑	1.41E-02
101	14	建筑	1.41E-02

续表

中国 139 部门编号	世界 26 部门编号	计算方法详细说明	国外体现能强度
102	14	建筑	1.41E-02
103	16&17	批发和零售部门的体现能强度的加权平均值,部门总产出为权重	4.13E-03
104	19	运输	9.33E-03
105	19	运输	9.33E-03
106	19	运输	9.33E-03
107	19	运输	9.33E-03
108	19	运输	9.33E-03
109	19	运输	9.33E-03
110	19	运输	9.33E-03
111	20	邮政和电信	4.04E-03
112	18	住宿和餐饮	7.57E-03
113	18	住宿和餐饮	7.57E-03
114	20	邮政和电信	4.04E-03
115	21	金融和商务服务	2.90E-03
116	21	金融和商务服务	2.90E-03
117	21	金融和商务服务	2.90E-03
118	21	金融和商务服务	2.90E-03
119	21	金融和商务服务	2.90E-03
120	21	金融和商务服务	2.90E-03
121	21	金融和商务服务	2.90E-03

续表

中国 139 部门编号	世界 26 部门编号	计算方法详细说明	国外体现能 强度
122	23	教育,卫生和其他服务业	5. 10E-03
123	23	教育,卫生和其他服务业	5. 10E-03
124	23	教育,卫生和其他服务业	5. 10E-03
125	22	公共管理	6. 62E-03
126	22	公共管理	6. 62E-03
127	22	公共管理	6. 62E-03
128	24	居民服务	2. 73E-03
129	24	居民服务	2. 73E-03
130	23	教育,卫生和其他服务业	5. 10E-03
131	23	教育,卫生和其他服务业	5. 10E-03
132	23	教育,卫生和其他服务业	5. 10E-03
133	23	教育,卫生和其他服务业	5. 10E-03
134	23	教育,卫生和其他服务业	5. 10E-03
135	23	教育,卫生和其他服务业	5. 10E-03
136	23	教育,卫生和其他服务业	5. 10E-03
137	23	教育,卫生和其他服务业	5. 10E-03
138	22	公共管理	6. 62E-03
139	22	公共管理	6. 62E-03

附录 D　2012 年中国 139 个部门的能量利用清单

（表中前三列数据的单位均为 TJ/万人民币，最后一列是强度比值，无单位，其他列数据的单位均为 TJ）

部门编号	ε_i^D			EEF_i^D	EEI_i^D	EEX_i^D	EEB_i^D	$\lg(\varepsilon_i^D/\varepsilon_i^F)$
	化石能源	非化石能源	总计					
1	1.52E-02	1.02E-02	2.54E-02	2.88E+06	1.31E+06	1.67E+05	1.14E+06	-0.13
2	1.04E-02	6.64E-02	7.68E-02	-1.28E+03	3.35E+05	4.40E+03	3.30E+05	0.35
3	7.09E-03	4.75E-03	1.18E-02	1.46E+06	3.33E+04	7.64E+03	2.57E+04	-0.10
4	7.95E-03	1.98E-03	9.93E-03	3.94E+05	7.52E+03	7.01E+03	5.12E+02	-0.01
5	1.05E-02	2.58E-03	1.31E-02	7.97E+04	0.00E+00	0.00E+00	0.00E+00	-0.40
6	3.96E-01	1.57E-03	3.97E-01	1.72E+06	1.46E+06	3.41E+05	1.12E+06	0.69
7	1.11E-01	1.26E-03	1.12E-01	5.39E+05	2.91E+07	3.02E+05	2.88E+07	-0.26
8	3.07E-02	2.49E-02	3.32E-02	2.28E+03	1.41E+06	5.69E+02	1.41E+06	0.17
9	3.28E-02	3.01E-02	6.29E-02	2.96E+04	8.40E+05	3.17E+04	8.08E+05	0.20
10	3.03E-02	2.03E-03	3.23E-02	-2.39E+04	8.80E+04	4.05E+04	4.75E+04	0.16
11	3.14E-02	1.88E-03	3.33E-02	0.00E+00	0.00E+00	0.00E+00	0.00E+00	0.17
12	1.40E-02	8.61E-03	2.26E-02	7.28E+05	1.11E+04	7.71E+03	3.35E+03	0.18
13	1.30E-02	6.45E-03	1.94E-02	5.58E+04	1.48E+03	1.15E+04	-1.01E+04	0.11
14	1.28E-02	7.61E-03	2.04E-02	5.50E+05	1.22E+05	1.26E+04	1.09E+05	0.13
15	1.54E-02	6.41E-03	2.18E-02	4.75E+04	2.20E+04	3.75E+03	1.82E+04	0.16
16	8.75E-03	3.56E-03	1.23E-02	8.61E+05	1.03E+05	4.04E+04	6.22E+04	-0.09
17	9.85E-03	1.97E-03	1.18E-02	1.64E+05	5.97E+04	1.12E+05	-5.20E+04	-0.10

续表

部门编号	ε_i^D 化石能源	ε_i^D 非化石能源	ε_i^D 总计	EEF_i^D	EEI_i^D	EEX_i^D	EEB_i^D	$\lg(\varepsilon_i^D/\varepsilon_i^F)$
18	1.43E-02	6.75E-03	2.10E-02	8.48E+05	3.62E+04	9.90E+04	-6.27E+04	0.15
19	1.32E-02	5.06E-03	1.83E-02	3.45E+05	6.02E+02	7.75E+03	-7.15E+03	0.08
20	1.24E-02	3.27E-03	1.56E-02	3.52E+05	4.20E+04	7.24E+02	4.13E+04	0.02
21	1.64E-02	5.21E-03	2.16E-02	2.73E+05	1.42E+03	1.30E+04	-1.16E+04	0.16
22	1.41E-02	4.81E-03	1.89E-02	1.25E+06	4.46E+04	9.00E+04	-4.54E+04	0.10
23	1.56E-02	4.03E-03	1.96E-02	5.18E+05	4.18E+04	1.10E+04	3.08E+04	0.12
24	1.58E-02	3.34E-03	1.91E-02	6.19E+05	1.18E+04	4.05E+04	-2.87E+04	0.10
25	6.07E-03	1.38E-03	7.45E-03	1.95E+05	1.09E+04	3.76E+03	7.19E+03	-0.30
26	2.23E-02	4.38E-03	2.67E-02	4.63E+04	7.86E+04	5.46E+05	-4.68E+05	0.26
27	1.80E-02	3.23E-03	2.12E-02	9.75E+03	4.75E+03	3.02E+04	-2.54E+04	0.16
28	1.91E-02	4.13E-03	2.32E-02	6.62E+02	5.46E+03	3.71E+04	-3.16E+04	0.20
29	2.46E-02	3.08E-03	2.76E-02	8.44E+04	1.40E+04	1.75E+05	-1.61E+05	0.27
30	2.05E-02	2.80E-03	2.33E-02	1.24E+05	3.57E+04	4.93E+05	-4.58E+05	0.20
31	1.80E-02	2.78E-03	2.07E-02	1.30E+06	7.78E+04	1.42E+06	-1.34E+06	0.15
32	1.28E-02	2.41E-03	1.52E-02	2.01E+05	5.72E+04	2.59E+05	-2.02E+05	0.01
33	2.01E-02	2.61E-03	2.27E-02	6.13E+05	2.92E+04	4.84E+05	-4.54E+05	0.19
34	2.22E-02	1.36E-02	3.58E-02	9.66E+04	4.76E+04	2.80E+05	-2.33E+05	0.44
35	2.02E-02	6.97E-03	2.72E-02	6.68E+05	1.76E+04	7.58E+05	-7.41E+05	0.33

续表

部门编号	ε_i^D 化石能源	ε_i^D 非化石能源	ε_i^D 总计	EEF_i^D	EEI_i^D	EEX_i^D	EEB_i^D	$\lg(\varepsilon_i^D/\varepsilon_i^F)$
36	3.24E-02	5.13E-03	3.75E-02	5.34E+04	1.16E+05	2.12E+05	-9.59E+04	0.47
37	2.19E-02	2.75E-03	2.47E-02	2.73E+04	8.91E+03	3.50E+04	-2.61E+04	0.28
38	2.32E-02	3.66E-03	2.69E-02	6.41E+05	6.42E+04	1.28E+06	-1.21E+06	0.32
39	1.17E-01	1.56E-03	1.19E-01	3.19E+06	1.63E+06	1.28E+06	3.43E+05	0.32
40	1.70E-01	1.39E-03	1.71E-01	-6.76E+04	2.92E+03	8.22E+04	-7.92E+04	0.48
41	7.65E-02	3.97E-03	8.05E-02	-8.25E+03	2.39E+06	1.75E+06	6.42E+05	0.15
42	6.16E-02	2.64E-03	6.42E-02	-7.15E+03	1.52E+05	2.78E+05	-1.26E+05	0.06
43	4.61E-02	2.87E-03	4.89E-02	2.78E+04	2.11E+04	8.55E+04	-6.44E+04	-0.06
44	4.47E-02	2.93E-03	4.76E-02	-2.39E+04	1.33E+05	1.52E+05	-1.89E+04	-0.07
45	6.15E-02	2.66E-03	6.42E-02	1.59E+04	2.02E+06	4.59E+05	1.56E+06	0.06
46	4.89E-02	4.49E-03	5.34E-02	-1.00E+04	5.39E+05	4.10E+05	1.29E+05	-0.02
47	2.35E-02	2.79E-03	2.63E-02	4.41E+05	1.06E+05	8.62E+04	2.01E+04	-0.33
48	1.84E-02	3.25E-03	2.17E-02	9.73E+05	5.81E+05	2.79E+05	3.03E+05	-0.42
49	5.69E-02	2.89E-03	5.98E-02	3.08E+04	1.29E+05	2.26E+05	-9.68E+04	0.02
50	3.45E-02	7.87E-03	4.24E-02	5.03E+04	3.07E+05	5.35E+05	-2.28E+05	-0.13
51	3.93E-02	2.60E-03	4.19E-02	1.54E+05	5.73E+05	8.85E+05	-3.12E+05	-0.13
52	6.10E-02	2.70E-03	6.37E-02	3.64E+03	2.02E+03	2.68E+04	-2.48E+04	0.05
53	4.48E-02	2.41E-03	4.72E-02	2.39E+04	1.14E+03	3.56E+04	-3.44E+04	-0.08

续表

部门编号	ε_i^D			EEF_i^D	EEI_i^D	EEX_i^D	EEB_i^D	$\lg(\varepsilon_i^D/\varepsilon_i^F)$
	化石能源	非化石能源	总计					
54	6.08E-02	2.46E-03	6.33E-02	-6.31E+04	1.03E+04	4.61E+05	-4.51E+05	0.05
55	4.73E-02	2.44E-03	4.97E-02	1.24E+05	2.43E+05	4.92E+05	-2.48E+05	-0.06
56	4.00E-02	2.35E-03	4.23E-02	6.51E+04	1.76E+04	2.11E+05	-1.94E+05	-0.13
57	3.77E-02	2.70E-03	4.04E-02	2.50E+04	1.02E+04	5.72E+04	-4.70E+04	-0.15
58	5.70E-02	2.19E-03	5.91E-02	1.18E+04	1.12E+05	1.23E+05	-1.08E+04	0.02
59	5.06E-02	2.01E-03	5.26E-02	1.69E+04	1.62E+04	8.95E+04	-7.34E+04	0.35
60	5.19E-02	2.15E-03	5.40E-02	1.81E+04	2.32E+05	1.48E+06	-1.24E+06	0.36
61	4.38E-02	4.46E-03	4.83E-02	4.89E+03	5.52E+04	6.15E+04	-6.32E+03	0.31
62	3.80E-02	8.67E-03	4.66E-02	2.24E+04	1.36E+06	1.99E+05	1.16E+06	0.30
63	2.96E-02	5.51E-03	3.51E-02	1.84E+04	4.53E+05	3.11E+05	1.42E+05	0.17
64	3.50E-02	2.80E-03	3.78E-02	1.28E+06	1.92E+05	1.61E+06	-1.41E+06	0.20
65	2.50E-02	2.03E-03	2.70E-02	4.31E+05	7.16E+04	1.68E+05	-9.66E+04	0.39
66	2.33E-02	2.19E-03	2.55E-02	8.86E+05	1.17E+05	6.95E+04	4.76E+04	0.37
67	2.46E-02	1.96E-03	2.65E-02	1.02E+06	3.21E+04	1.71E+05	-1.39E+05	0.38
68	2.57E-02	2.59E-03	2.83E-02	4.32E+05	1.07E+05	3.73E+05	-2.66E+05	0.41
69	2.32E-02	2.18E-03	2.53E-02	1.82E+05	4.62E+04	3.44E+05	-2.97E+05	0.36
70	2.55E-02	2.27E-03	2.78E-02	5.14E+05	1.87E+05	6.57E+05	-4.70E+05	0.40
71	2.37E-02	1.92E-03	2.56E-02	1.89E+06	4.77E+04	2.70E+05	-2.22E+05	0.37

续表

部门编号	ε_i^D 化石能源	ε_i^D 非化石能源	ε_i^D 总计	EEF_i^D	EEF_i^D	EEX_i^D	EEB_i^D	$\lg(\varepsilon_i^D/\varepsilon_i^F)$
72	2.88E-02	2.06E-03	3.09E-02	9.37E+05	4.42E+04	1.30E+05	-8.53E+04	0.45
73	2.43E-02	2.28E-03	2.66E-02	4.92E+05	7.13E+03	5.36E+04	-4.64E+04	0.38
74	2.61E-02	2.26E-03	2.84E-02	1.89E+06	3.20E+05	4.63E+05	-1.42E+05	0.41
75	2.04E-02	1.96E-03	2.24E-02	5.48E+06	3.92E+05	2.40E+05	1.52E+05	0.26
76	2.41E-02	2.42E-03	2.66E-02	6.67E+04	1.71E+05	3.21E+05	-1.49E+05	0.33
77	2.42E-02	2.19E-03	2.64E-02	5.81E+05	8.87E+03	6.48E+04	-5.60E+04	0.33
78	2.18E-02	1.74E-03	2.36E-02	5.90E+05	1.07E+04	5.27E+05	-5.17E+05	0.28
79	2.37E-02	2.50E-03	2.62E-02	8.04E+05	1.63E+05	2.29E+05	-6.61E+04	0.33
80	2.39E-02	2.58E-03	2.65E-02	4.26E+05	6.02E+04	2.46E+05	-1.86E+05	0.26
81	2.49E-02	2.62E-03	2.75E-02	9.92E+05	3.11E+05	8.22E+05	-5.11E+05	0.28
82	2.75E-02	3.91E-03	3.14E-02	2.40E+05	6.26E+04	3.48E+05	-2.86E+05	0.33
83	3.29E-02	3.62E-03	3.65E-02	2.80E+04	4.25E+04	1.80E+05	-1.37E+05	0.40
84	2.45E-02	2.38E-03	2.68E-02	1.50E+06	2.55E+04	6.55E+05	-6.29E+05	0.26
85	2.64E-02	3.15E-03	2.95E-02	5.71E+04	8.07E+04	6.82E+05	-6.02E+05	0.31
86	1.59E-02	1.88E-03	1.78E-02	5.79E+05	4.75E+05	1.90E+06	-1.42E+06	0.09
87	1.74E-02	1.95E-03	1.93E-02	5.93E+05	3.52E+05	1.52E+06	-1.17E+06	0.12
88	1.70E-02	1.96E-03	1.89E-02	2.00E+05	1.13E+05	3.09E+05	-1.96E+05	0.11
89	1.60E-02	1.88E-03	1.78E-02	3.45E+05	3.02E+04	2.90E+05	-2.60E+05	0.09

续表

部门编号	ε_i^D			EEF_i^D	EEI_i^D	EEX_i^D	EEB_i^D	$\lg(\varepsilon_i^D/\varepsilon_i^F)$
	化石能源	非化石能源	总计					
90	1.99E-02	2.31E-03	2.22E-02	2.13E+04	2.54E+06	1.44E+06	1.10E+06	0.18
91	1.78E-02	2.02E-03	1.98E-02	8.19E+04	0.00E+00	0.00E+00	0.00E+00	0.13
92	1.90E-02	1.98E-03	2.10E-02	2.60E+05	4.24E+05	3.31E+05	9.29E+04	0.16
93	3.71E-02	3.25E-03	4.04E-02	1.57E+05	5.04E+03	1.97E+05	-1.92E+05	0.44
94	7.87E-03	6.86E-04	8.56E-03	9.68E+02	3.16E+05	4.97E+03	3.11E+05	-0.20
95	2.73E-02	2.69E-03	3.00E-02	0.00E+00	0.00E+00	0.00E+00	0.00E+00	0.73
96	1.14E-01	1.26E-02	1.26E-01	3.60E+06	1.39E+04	9.83E+04	-8.44E+04	0.31
97	1.16E-01	1.44E-03	1.18E-01	1.69E+06	8.09E-03	0.00E+00	8.09E-03	0.33
98	2.74E-02	2.81E-03	3.02E-02	2.24E+05	0.00E+00	0.00E+00	0.00E+00	-0.26
99	3.03E-02	2.45E-03	3.28E-02	2.76E+07	2.75E+04	2.15E+05	-1.88E+05	0.36
100	3.21E-02	2.01E-03	3.41E-02	1.07E+07	2.99E+03	2.43E+04	-2.13E+04	0.38
101	3.01E-02	2.36E-03	3.25E-02	3.25E+06	1.66E+03	1.28E+04	-1.12E+04	0.36
102	2.21E-02	3.64E-03	2.58E-02	7.70E+05	1.28E+02	1.22E+03	-1.09E+03	0.26
103	5.59E-03	5.27E-04	6.12E-03	1.11E+06	0.00E+00	7.21E+05	-7.21E+05	0.17
104	2.16E-02	1.44E-03	2.30E-02	1.94E+05	2.27E+04	4.51E+04	-2.24E+04	0.39
105	2.76E-02	1.17E-03	2.87E-02	2.10E+06	4.09E+04	4.79E+05	-4.38E+05	0.49
106	3.23E-02	1.17E-03	3.35E-02	2.48E+05	3.12E+04	6.38E+05	-6.07E+05	0.55

续表

部门编号	ε_i^D 化石能源	ε_i^D 非化石能源	ε_i^D 总计	EEF_i^D	EEI_i^D	EEX_i^D	EEB_i^D	$\lg(\varepsilon_i^D/\varepsilon_i^F)$
107	3.94E-02	1.35E-03	4.08E-02	1.73E+05	2.07E+05	4.75E+05	-2.67E+05	0.64
108	2.62E-02	1.65E-03	2.78E-02	5.71E+04	0.00E+00	1.97E+03	-1.97E+03	0.47
109	3.32E-02	1.07E-03	3.42E-02	1.84E+05	0.00E+00	8.96E+04	-8.96E+04	0.56
110	1.81E-02	3.59E-03	2.17E-02	1.83E+04	0.00E+00	0.00E+00	0.00E+00	0.37
111	1.36E-02	1.00E-03	1.46E-02	3.32E+04	1.13E+03	5.59E+03	-4.46E+03	0.56
112	1.35E-02	1.75E-03	1.52E-02	1.37E+05	5.08E+04	4.70E+04	3.75E+03	0.30
113	7.13E-03	2.34E-03	9.47E-03	1.01E+06	3.65E+04	2.23E+04	1.42E+04	0.10
114	8.94E-03	1.11E-03	1.01E-02	5.75E+05	7.18E+03	1.24E+04	-5.26E+03	0.40
115	9.68E-03	1.09E-03	1.08E-02	8.28E+05	1.63E+04	9.05E+04	-7.42E+04	0.57
116	6.00E-03	6.23E-04	6.63E-03	4.33E+05	6.06E+03	1.07E+04	-4.64E+03	0.36
117	4.33E-03	4.78E-04	4.81E-03	5.07E+04	0.00E+00	0.00E+00	0.00E+00	0.22
118	5.39E-03	6.89E-04	6.08E-03	1.74E+05	6.81E+03	1.51E+04	-8.27E+03	0.32
119	3.78E-03	3.86E-04	4.17E-03	1.25E+06	0.00E+00	0.00E+00	0.00E+00	0.16
120	2.00E-02	8.68E-04	2.08E-02	4.29E+03	6.65E+03	2.77E+04	-2.11E+04	0.86
121	1.88E-02	1.62E-03	2.05E-02	4.23E+05	7.45E+04	7.64E+05	-6.90E+05	0.85
122	1.56E-02	1.75E-03	1.73E-02	2.82E+05	1.14E+04	4.43E+03	7.00E+03	0.53
123	1.61E-02	1.24E-03	1.73E-02	8.92E+05	2.42E+01	3.24E+01	-8.18E+00	0.53

续表

部门编号	ε_i^D 化石能源	ε_i^D 非化石能源	ε_i^D 总计	EEF_i^D	EEI_i^D	EEX_i^D	EEB_i^D	$\lg(\varepsilon_i^D/\varepsilon_i^F)$
124	1.83E-02	1.40E-03	1.97E-02	2.65E+05	0.00E+00	0.00E+00	0.00E+00	0.59
125	1.98E-02	1.58E-03	2.14E-02	7.68E+04	0.00E+00	0.00E+00	0.00E+00	0.51
126	1.95E-02	1.72E-03	2.12E-02	4.97E+04	6.53E+03	1.15E+04	-4.98E+03	0.51
127	1.72E-02	2.40E-03	1.96E-02	7.93E+05	7.98E+03	9.32E+03	-1.34E+03	0.47
128	1.19E-02	1.17E-03	1.31E-02	8.86E+05	2.15E+03	5.01E+03	-2.86E+03	0.68
129	1.22E-02	1.37E-03	1.36E-02	1.27E+05	1.58E+03	1.06E+04	-9.04E+03	0.70
130	6.12E-03	6.29E-04	6.75E-03	1.40E+06	6.71E+03	2.93E+03	3.79E+03	0.12
131	1.20E-02	1.69E-03	1.37E-02	2.72E+06	4.45E+03	5.84E+03	-1.39E+03	0.43
132	8.99E-03	1.40E-03	1.04E-02	4.52E+04	0.00E+00	0.00E+00	0.00E+00	0.31
133	1.54E-02	1.77E-03	1.72E-02	1.41E+05	1.02E+04	2.97E+04	-1.95E+04	0.53
134	8.94E-03	9.42E-04	9.89E-03	1.26E+05	1.90E+04	3.10E+03	1.59E+04	0.29
135	8.66E-03	1.05E-03	9.71E-03	1.05E+05	5.59E+03	5.02E+03	5.67E+02	0.28
136	1.07E-02	9.89E-04	1.17E-02	4.59E+04	4.90E+03	4.95E+03	-5.18E+01	0.36
137	6.64E-03	1.18E-03	7.81E-03	5.37E+04	2.37E+04	1.66E+04	7.11E+03	0.19
138	4.88E-03	5.37E-04	5.42E-03	1.53E+04	0.00E+00	0.00E+00	0.00E+00	-0.09
139	9.53E-03	8.54E-04	1.04E-02	3.33E+06	4.34E+03	6.48E+03	-2.14E+03	0.20

附录 E　2012 年 42 个部门的国内与与国外体现能强度

（单位:TJ/万元人民币,其中计算得到的国外体现能强度单位为 TJ/千美元,这里采用 2012 年的汇率数据进行货币单位转换）

北京 42 部门编号	中国 139 部门编号	详细信息	国内体现能强度	世界 26 部门编号	详细信息	国外体现能强度
1	1+2+…+5	这五个部门体现能强度的加权平均值,部门总产出为权重	2.14E-02	1+2	加权平均值	3.26E-02
2	6		3.97E-01	3-原油-天然气-核能	矿业产品部门的体现能强度减去该部门原油、天然气和核能直接利用强度	8.05E-02
3	7		1.12E-01	3-原煤-核能	矿业产品部门的体现能强度减去该部门原煤和核能直接利用强度	2.04E-01
4	8+9	加权平均值	4.32E-02	3-原油-原煤-天然气	矿业产品部门的体现能强度减去该部门原油,原煤和天然气直接利用强度	4.01E-02
5	10		3.23E-02	3-原煤-原油-天然气-核能	矿业产品部门的体现能强度减去该部门原煤,原油,天然气和核能直接利用强度	2.23E-02
6	12+13+…+25	加权平均值	1.76E-02	4		1.50E-02
7	26+27+…+29	加权平均值	2.62E-02	5		1.47E-02
8	30+31+…+33	加权平均值	2.03E-02	5		1.47E-02
9	34+35	加权平均值	3.29E-02	6		1.28E-02
10	36+37+38	加权平均值	3.10E-02	6		1.28E-02
11	39+40	加权平均值	1.25E-01	7		5.65E-02
12	41+42+…+51	加权平均值	5.27E-02	7		5.65E-02

续表

北京42部门编号	中国139部门编号	详细信息	国内体现能强度	世界26部门编号	详细信息	国外体现能强度
13	52+53+…+58	加权平均值	5.55E-02	7		5.65E-02
14	59+60+…+63	加权平均值	4.93E-02	8		2.36E-02
15	64		3.78E-02	8		2.36E-02
16	65+66+…+70	加权平均值	2.72E-02	9		1.10E-02
17	71+72+…+74	加权平均值	2.75E-02	9		1.10E-02
18	75+76+…+79	加权平均值	2.45E-02	10		1.24E-02
19	80+81+…+85	加权平均值	2.91E-02	9		1.10E-02
20	86+87+…+91	加权平均值	1.99E-02	9		1.10E-02
21	92		2.10E-02	11		1.46E-02
22	93		4.04E-02	11		1.46E-02
23	94		8.56E-03	12		1.37E-02
24	95		3.00E-02	15		5.52E-03
25	96		1.26E-01	13		6.26E-02
26	97		1.18E-01	13-水能-其他可再生能	电力,燃气及水的生产和供应部门的体现能强度减去该部门水能和其他可再生能源的直接利用强度	5.46E-02
27	98		3.02E-02	13-水能-其他可再生能	同上	5.46E-02

北京42部门编号	中国139部门编号	详细信息	国内体现能强度	世界26部门编号	详细信息	国外体现能强度
28	99+100+…+102	加权平均值	3.25E-02	14		1.41E-02
29	103		6.12E-03	16+17	加权平均值	4.13E-03
30	104+105+…+111	加权平均值	2.93E-02	19		9.33E-03
31	112+113	加权平均值	1.07E-02	18		7.57E-03
32	114+115	加权平均值	1.03E-02	20		4.04E-03
33	116+117+118	加权平均值	6.47E-03	21		2.90E-03
34	119		4.17E-03	21		2.90E-03
35	120+121	加权平均值	2.05E-02	21		2.90E-03
36	122+123+124	加权平均值	1.78E-02	23		5.10E-03
37	125+126+127	加权平均值	2.01E-02	22		6.62E-03
38	128+129	加权平均值	1.33E-02	24		2.73E-03
39	130		6.75E-03	23		5.10E-03
40	131+132	加权平均值	1.36E-02	23		5.10E-03
41	133+134+…+137	加权平均值	1.12E-02	23		5.10E-03
42	138+139	加权平均值	1.03E-02	22		6.62E-03

附录 F　2012 年北京 42 个部门的能量利用清单

（表中第一列数据的单位为 TJ/万人民币，最后两列是强度比值，无单位，其他列数据的单位均为 TJ）

部门编号	ε_i^L	EEF_i^L	$EEDI_i^L$	$EEDX_i^L$	EEI_i^L	EEX_i^L	$EEDB_i^L$	EEB_i^L	$\lg(\varepsilon_i^L/\varepsilon_i^D)$	$\lg(\varepsilon_i^L/\varepsilon_i^F)$
1	2.48E-02	9.02E+04	1.28E+05	2.40E+05	2.63E+05	6.53E+03	-1.12E+05	2.57E+05	1.16	-0.12
2	3.20E-01	1.29E+05	1.17E+07	1.14E+07	2.63E+05	1.16E+05	2.75E+05	1.48E+05	0.80	0.60
3	6.71E-03	6.80E+03	1.50E+05	2.06E+07	2.19E+07	1.06E+05	-2.05E+07	2.18E+07	0.06	-1.48
4	4.19E-02	2.88E+03	1.50E+05	5.95E+05	4.05E+05	1.05E+03	-4.45E+05	4.04E+05	0.97	0.02
5	1.97E-02	2.13E+03	1.14E+05	8.95E+04	7.68E+03	2.29E+04	2.49E+04	-1.52E+04	0.61	-0.05
6	2.27E-02	1.50E+05	3.54E+05	3.63E+05	5.57E+04	8.93E+03	-9.08E+03	4.68E+04	1.29	0.18
7	2.79E-02	1.14E+04	1.16E+05	8.46E+04	1.16E+04	7.48E+03	3.12E+04	4.08E+03	1.07	0.28
8	1.83E-02	8.27E+04	1.46E+05	7.93E+04	1.34E+04	2.02E+04	6.64E+04	-6.81E+03	0.90	0.09
9	2.63E-02	1.89E+04	9.41E+04	4.01E+04	4.75E+03	5.73E+03	5.40E+04	-9.82E+02	0.80	0.31
10	2.87E-02	4.06E+04	9.52E+04	6.83E+05	1.53E+04	2.30E+04	2.68E+05	-7.65E+03	0.93	0.35
11	1.42E-01	2.68E+05	5.11E+06	4.97E+06	5.11E+05	4.47E+05	1.41E+05	6.36E+04	1.13	0.40
12	2.99E-02	1.07E+05	2.34E+06	2.10E+06	4.83E+05	1.39E+05	2.47E+05	3.44E+05	0.57	-0.28
13	4.12E-02	1.59E+04	5.30E+05	1.82E+05	2.57E+04	2.27E+04	3.48E+05	3.01E+03	0.74	-0.14
14	4.06E-02	2.87E+04	3.97E+06	3.53E+06	5.09E+05	9.45E+04	4.31E+05	4.14E+05	0.82	0.24

续表

部门编号	ε_i^L	EEF_i^L	$EEDI_i^L$	$EEDX_i^L$	EET_i^L	EEX_i^L	$EEDB_i^L$	EEB_i^L	$\lg(\varepsilon_i^L/\varepsilon_i^D)$	$\lg(\varepsilon_i^L/\varepsilon_i^F)$
15	3.47E-02	2.33E+04	2.10E+05	7.83E+04	1.53E+04	3.47E+04	1.32E+05	-1.94E+04	0.92	0.17
16	2.27E-02	2.76E+04	2.11E+05	2.19E+05	6.42E+04	4.91E+04	-7.54E+03	1.51E+04	0.83	0.31
17	2.21E-02	8.64E+03	1.14E+05	1.51E+05	4.32E+04	4.48E+04	-3.76E+04	-1.64E+03	0.80	0.30
18	1.95E-02	1.12E+05	5.43E+05	9.93E+05	2.46E+05	7.06E+04	-4.50E+05	1.75E+05	0.80	0.20
19	2.36E-02	5.37E+04	3.40E+05	2.50E+05	3.19E+04	4.46E+04	9.06E+04	-1.27E+04	0.81	0.33
20	1.77E-02	4.82E+04	6.78E+05	5.48E+05	8.75E+04	1.50E+05	1.30E+05	-6.22E+04	0.89	0.21
21	1.71E-02	4.57E+03	3.73E+04	3.24E+04	5.18E+04	8.16E+03	4.93E+03	4.37E+04	0.81	0.07
22	3.20E-02	3.91E+03	2.06E+05	2.05E+05	1.37E+02	6.40E+02	1.30E+03	-5.03E+02	0.79	0.34
23	1.07E-02	0.00E+00	1.94E+02	1.46E+03	2.19E+03	1.23E+02	-1.27E+03	2.07E+03	1.25	-0.11
24	1.93E-02	0.00E+00	1.20E+05	2.09E+03	0.00E+00	0.00E+00	1.18E+05	0.00E+00	0.65	0.54
25	8.27E-02	9.97E+04	2.45E+06	2.20E+06	0.00E+00	6.81E+01	2.54E+05	-6.81E+01	0.65	0.12
26	1.43E-01	6.15E+04	8.25E+02	9.82E+02	0.00E+00	0.00E+00	-1.57E+02	0.00E+00	1.22	0.42
27	2.51E-02	3.39E+03	3.40E-03	4.92E+01	0.00E+00	0.00E+00	-4.91E+01	0.00E+00	0.83	-0.34
28	3.10E-02	1.18E+06	5.42E+03	5.30E+02	0.00E+00	0.00E+00	4.89E+03	0.00E+00	0.95	0.34

续表

部门编号	ε_i^L	EEF_i^L	$EEDI_i^L$	$EEDX_i^L$	EEI_i^L	EEX_i^L	$EEDB_i^L$	EEB_i^L	$\lg(\varepsilon_i^L/\varepsilon_i^D)$	$\lg(\varepsilon_i^L/\varepsilon_i^F)$
29	7.47E-03	3.58E+04	2.26E+05	3.09E+05	0.00E+00	2.99E+04	-8.30E+04	-2.99E+04	1.22	0.26
30	3.56E-02	7.45E+04	5.82E+05	8.43E+05	7.09E+04	1.59E+05	-2.62E+05	-8.78E+04	1.22	0.58
31	1.89E-02	6.42E+04	7.19E+04	1.14E+05	7.65E+03	1.31E+04	-4.18E+04	-5.50E+03	1.77	0.40
32	8.10E-03	1.21E+05	1.33E+03	4.86E+04	6.05E+03	3.18E+04	-4.73E+04	-2.57E+04	0.78	0.30
33	4.99E-03	4.26E+04	7.16E+03	5.92E+04	2.96E+03	6.35E+03	-5.20E+04	-3.39E+03	0.77	0.24
34	1.06E-02	1.56E+05	9.03E+03	0.00E+00	0.00E+00	0.00E+00	9.03E+03	0.00E+00	2.53	0.56
35	9.76E-03	2.51E+04	5.49E+04	1.88E+04	5.02E+03	4.30E+04	3.62E+04	-3.80E+04	0.48	0.53
36	1.39E-02	8.44E+04	0.00E+00	1.86E+05	4.97E+04	1.89E+05	-1.86E+05	-1.39E+05	0.78	0.44
37	1.98E-02	4.16E+04	4.78E+03	1.47E+04	4.82E+02	2.40E+03	-9.87E+03	-1.91E+03	0.99	0.48
38	1.65E-02	1.57E+04	5.81E+03	0.00E+00	0.00E+00	0.00E+00	5.81E+03	0.00E+00	1.23	0.78
39	1.19E-02	1.07E+05	0.00E+00	1.70E+04	1.12E+04	3.00E+03	-1.70E+04	8.24E+03	1.76	0.37
40	2.45E-02	2.58E+05	7.62E+01	3.61E+03	0.00E+00	0.00E+00	-3.54E+03	0.00E+00	1.80	0.68
41	1.47E-02	6.14E+04	1.55E+04	6.42E+04	6.88E+03	4.98E+04	-4.86E+04	1.89E+03	1.32	0.46
42	1.36E-02	1.94E+05	3.47E+03	0.00E+00	3.48E+03	6.73E+03	3.47E+03	-3.25E+03	1.32	0.31

参考文献

[1]夏征农,陈至立. 辞海[M]. 上海:上海辞书出版社, 1999.

[2]*Cleveland C J*. Encyclopedia of Energy[M]. California:Elsevier Academic Press, 2004.

[3]Chow J, Kopp R. J, Portney P. R. Energy resources and global development[J]. *Science*, 2003, 302(5650):1528-1531.

[4]BP. Statistical Review of World Energy—June 2016[EB/OL]. http://www.bp.com/en/ global/corporate/energy-economics/statistical-review-of-world-energy.html, 2016.

[5]WB (World Bank). World[EB/OL]. http://data.worldbank.org/indicator/NY.GDP. MKTP.CD, 2015.

[6]Baiocchi G. Minx J. C. Understanding changes in the UK's CO_2 emissions:A global perspective[J]. *Environmental Science & Technology*, 2010, 44(4):1177-1184.

[7]Wang R., Tao S., Wang W., et al. Black carbon emissions in China from 1949 to 2050[J]. *Environmental Science & Technology*, 2012, 46(14):7595-7603.

[8]IEA (International Energy Agency). Energy and Air Pollution[EB/OL]. http://www. worldenergyoutlook.org/, 2016.

[9]Kruyt B., van Vuuren D. P, de Vries H. J. M., et al. Indicators for energy security[J]. *Energy Policy*, 2009, 37(6):2166-2181.

[10]Reiche D., Bechberger M. Policy differences in the promotion of renewable energies in the EU member states[J]. *Energy Policy*, 2004, 32(7):843-849.

[11]Oh T. H., Pang S. Y., Chua S. C. Energy policy and alternative energy in Malaysia: Issues and challenges for sustainable growth[J]. *Renewable & Sustainable Energy Reviews*, 2010, 14(4):1241-1252.

[12]Dixon R. K., McGowan E., Onysko G., et al. US energy conservation and efficiency policies:Challenges and opportunities[J]. *Energy Policy*, 2010, 38(11):6398-6408.

[13]deLlano-Paz F., Martínez Fernandez P., Soares I. Addressing 2030 EU policy framework for energy and climate:Cost, risk and energy security issues[J]. *Energy*, 2016.

[14]新华网. 十三五规划纲要[EB/OL]. http://sh.xinhuanet.com/2016-03/18/c_135200400 _6.htm, 2016.

[15]Wiedmann T. O., Schandl H., Lenzen M., et al. The material footprint of nations[J]. *Proceedings of the National Academy of Sciences*, 2013, 112(20):6271-6276.

[16]Bruckner M., Giljum S., Lutz C., et al. Materials embodied in international trade—Global material extraction and consumption between 1995 and 2005[J]. *Global Environmental Change*, 2012, 22(3):568-576.

[17]Antweiler W., Brian R. C., Taylor M. S., Is free trade good for the environment[J]. *The American Economic Review*, 2001, 91(4):877-908.

[18]Lenzen M., Dey C., Foran B. Energy requirements of Sydney households[J]. *Ecological*

Economics, 2004, 49(3): 375-399.

[19]Li J. S., Chen G. Q., Wu X. F., et al. Embodied energy assessment for Macao's external trade[J]. *Renewable & Sustainable Energy Review*, 2014, 34: 642-653.

[20]Guan D., Peters G. P., Weber C. L., et al. Journey to world top emitter: An analysis of the driving forces of China's recent CO_2 emissions surge[J]. *Geophysical Research Letters*, 2009, 36(4).

[21]WB (World Bank). China[EB/OL]. http://data.worldbank.org/country/china, 2016.

[22]UN (United Nations). The Paris Agreement[EB/OL]. http://unfccc.int/paris_agreement/items/9485.php, 2016.

[23]WTO. World Trade Statistical Review[EB/OL]. https://www.wto.org/english/res_e/statis _e/its2015_e/its15_toc_e.htm, 2016.

[24]Liu Y., Meng B., Hubacek K., et al. "Made in China": A reevaluation of embodied CO_2 emissions in Chinese exports using firm heterogeneity information [J]. *Applied Energy*, 2016, 184: 1106-1113.

[25]Arto I., Capellán-Pérez I., Lago R., et al. The energy requirements of a developed world [J]. *Energy for Sustainable Development*, 2016, 33: 1-13.

[26]Guo S., Hu M., Zamora M. L., et al. Elucidating severe urban haze formation in China [J]. *Proceedings of the National Academy of Sciences*, 2014, 111(49): 17373-17378.

[27]北京市环境保护局. 北京市环境质量发布平台[EB/OL]. http://www.bjepb.gov.cn/, 2017.

[28]Liu Z., Hu B., Wang L., et al. Seasonal and diurnal variation in particulate matter (PM10 and PM2.5) at an urban site of Beijing: Analyses from a 9-year study[J]. *Environmental Science and Pollution Research*, 2015, 22(1): 627-642.

[29]Li H., Guo S., Cui L., et al. Review of renewable energy industry in Beijing: Development status, obstacles and proposals[J]. *Renewable & Sustainable Energy Reviews*, 2015, 43: 711-725.

[30]新京报. 北京四大燃煤热电厂明年全部退出城区[EB/OL]. http://news.sina.com.cn/c/p/2015-03-21/023931629324.shtml, 2015.

[31]陈国谦, 李植, 陈占明, 等. 建筑碳排放系统计量方法[M]. 北京: 新华出版社, 2010.

[32]Jørgensen S. E., Nielsen S. N., Fath B. D., Recent progress in systems ecology[J]. *Ecological Modelling*, 2016, 319: 112-118.

[33]Drack M., Wolkenhauer O. System approaches of Weiss and Bertalanffy and their relevance for systems biology today[J]. *Seminars in Cancer Biology*, 2011, 21(3): 150-5.

[34]Odum H. T., Ecological and General Systems: An Introduction to Systems Ecology[M]. Denver: University Press of Colorado, 1994.

［35］Taylor P. J. Technocratic optimism, H. T. Odum, and the partial transformation of ecological metaphor after World War II［J］. *Journal of the History of Biology*, 1988, 21 (2): 213-244.

［36］Odum E. P., ODUM H. T., Fundamentals of Ecology (first edition)［M］. Philadelphia, USA: WB Saunders Company, 1953.

［37］Odum H. T. Ecological potential and analogue circuits for the ecosystem［J］. *American Scientist*, 1960, 48(1): 54A-8.

［38］Brown M. T., Ulgiati S. Energy quality, emergy, and transformity: H. T. Odum's contributions to quantifying and understanding systems［J］. *Ecological Modelling*, 2004, 178 (1-2): 201-213.

［39］Odum H T. Energy analysis, energy quality and environment［A］. In M. W. Gilliland ed. Energy Analysis: A New Public Policy Tool［M］. New York: Westview Press, 1978, 1: 55-87.

［40］Odum E. C., Odum H. T. Energy systems and environmental education［A］. In T. S. Bakshi and Z. Naveh ed. Environmental Education—Principles, Methods and Applications ［M］. New York: Plenum Press, 1980, 1: 213-231.

［41］Odum H. T. Environmental Accounting: Emergy and Environmental Decision Making［M］. New York: John Wiley and Sons, 1996.

［42］Herendeen R. A. Energy analysis and EMERGY analysis—A comparison［J］. *Ecological Modelling*, 2004, 178(1-2): 227-237.

［43］Brown M. T, Herendeen R. A. Embodied energy analysis and EMERGY analysis: A comparative view［J］. *Ecological Economics*, 1996, 19(3): 219-235.

［44］Odum H. T. Environment, Power and Society for the Twenty-first Century: The Hierarchy of Energy［M］. New York: Columbia University Press, 2013.

［45］Chen W., Liu W., Geng Y., et al. Recent progress on emergy research: A bibliometric analysis［J］. *Renewable & Sustainable Energy Review*, 2017, 73: 1051-1060.

［46］Zhai X., Huang D., Tang S., et al. The emergy of metabolism in different ecosystems under the same environmental conditions in the agro-pastoral ecotone of northern China ［J］. *Ecological Indicators*, 2017, 74: 198-204.

［47］Yu X., Geng Y., Dong H., et al. Emergy-based sustainability assessment on natural resource utilization in 30 Chinese provinces［J］. *Journal of Cleaner Production*, 2016, 133: 18-27.

［48］Yang J., Chen B. Emergy-based sustainability evaluation of wind power generation systems ［J］. *Applied Energy*, 2016, 177: 239-246.

［49］Wu X. F., Wu X. D., Li J. S., et al. Ecological accounting for an integrated "pig-biogasfish" system based on emergetic indicators[J]. *Ecological Indicators*, 2014, 47: 189-197.

[50] Ju K., Su B., Zhou D., et al. Oil price crisis response: Capability assessment and key indicator identification[J]. *Energy*, 2015, 93: 1353-1360.

[51] Gilliland M. W. Energy analysis: The kinds of information it provides policymakers[A]. In M. W. Gilliland (ed.) Energy Analysis: A New Public Policy Tool[M]. New York: Westview Press, 1978, 1: 7-23.

[52] Daly H. E. On economics as a life science[J]. *Journal of Political Economy*, 1968, 76 (3): 392-406.

[53] Chapman P. F. Energy costs: A review of methods[J]. *Energy policy*, 1974, 2(2): 91-103.

[54] Denton R. V. The energy cost of goods and services in the Federal Republic of Germany [J]. *Energy Policy*, 1975, 3(4): 279-284.

[55] Berry R. S., Fels M. F., The energy cost of automobiles[J]. *Bulletin of the Atomic Scientists*, 1973, 29(10): 11-60.

[56] Bullard C. W., Herendeen R. A. The energy cost of goods and services[J]. *Energy Policy*, 1975, 3(4): 268-278.

[57] Costanza R. Embodied energy and economic valuation[J]. *Science*, 1980, 210(4475): 1219-1224.

[58] Costanza R., Herendeen R. A. Embodied energy and economic value in the United States economy: 1963, 1967 and 1972[J]. *Resources and energy*, 1984, 6: 129-163.

[59] Chen Z. M., Chen G. Q. An overview of energy consumption of the globalized world economy[J]. *Energy Policy*, 2011, 39(10): 5920-5928.

[60] Gasim A. A., The embodied energy in trade: What role does specialization play? [J] *Energy Policy*, 2015, 86: 186-197.

[61] Sato M., Kharrazi A., Nakayama H., et al. Quantifying the supplier-portfolio diversity of embodied energy: Strategic implications for strengthening energy resilience[J]. Energy Policy, 2017, 105: 41-52.

[62] Limmeechokchai B., Suksuntornsiri P. Embedded energy and total greenhouse gas emissions in final consumptions within Thailand[J]. *Renewable & Sustainable Energy Review*, 2007, 11(2): 259-281.

[63] Tang X., Snowden S., Höök M. Analysis of energy embodied in the international trade of UK[J]. *Energy Policy*, 2013, 57: 418-428.

[64] Zhang B., Qiao H., Chen Z. M, et al. Growth in embodied energy transfers via China's domestic trade: Evidence from multi-regional input-output analysis[J]. *Applied Energy*, 2016, 184: 1093-1105.

[65] Chen S., Chen B., Urban energy consumption: Different insights from energy flow analysis, input-output analysis and ecological network analysis[J]. *Applied Energy*, 2015, 138: 99-107.

[66] Chen W., Wu S., Lei Y., et al. Interprovincial transfer of embodied energy between the Jing-Jin-Ji area and other provinces in China: A quantification using interprovincial input-output model[J]. *Science of the Total Environment*, 2017, 584-585: 990-1003.

[67] Dixit M. K. Embodied energy analysis of building materials: An improved IO-based hybrid method using sectoral disaggregation[J]. *Energy*, 2017, 124: 46-58.

[68] Wu X. D., Xia X. H., Chen G. Q., et al. Embodied energy analysis for coal-based power generation system-Highlighting the role of indirect energy cost[J]. *Applied Energy*, 2016, 184: 936-950.

[69] Shao L., Wu Z., Zeng L., et al. Embodied energy assessment for ecological wastewater treatment by a constructed wetland[J]. *Ecological Modelling*, 2013, 252: 63-71.

[70] Chen G. Q., Wu X. F., Energy overview for globalized world economy: Source, supply chain and sink[J]. *Renewable & Sustainable Energy Review*, 2017, 69: 735-749.

[71] Cui L-B., Peng P., Zhu L. Embodied energy, export policy adjustment and China's sustainable development: A multi-regional input-output analysis[J]. *Energy*, 2015, 82: 457-467.

[72] Skelton A., Guan D., Peters G. P, et al. Mapping flows of embodied emissions in the global production system[J]. *Environmental Science & Technology*, 2011, 45(24): 10516-23.

[73] Davis S. J., Caldeira K. Consumption-based accounting of CO_2 emissions[J]. *Proceedings of the National Academy of Sciences*, 2010, 107(12): 5687-5692.

[74] Wiebe K. S., Bruckner M., Giljum S., et al. Carbon and materials embodied in the international trade of emerging economies—A multiregional input-output assessment of trends between 1995 and 2005[J]. *Journal of Industrial Ecology*, 2012, 16(4): 636-646.

[75] Rebitzer G., Ekvall T., Frischknecht R., et al. Life cycle assessment part 1: Framework, goal and scope definition, inventory analysis, and applications [J]. *Environment International*, 2004, 30(5): 701-20.

[76] Shao L., Chen G. Q. Water footprint assessment for wastewater treatment: Method, indicator, and application[J]. *Environmental Science & Technology*, 2013, 47(14): 7787-7794.

[77] Huysman S., Schaubroeck T., Dewulf J. Quantification of spatially differentiated resource footprints for products and services through a macro-economic and thermodynamic approach [J]. *Environmental Science & Technology*, 2014, 48(16): 9709-16.

[78] de Koning A., Bruckner M., Lutter S., et al. Effect of aggregation and disaggregation on embodied material use of products in input-output analysis[J]. *Ecological Economics*, 2015, 116(0): 289-299.

[79] Su B., Huang H. C., Ang B. W., et al. Input-output analysis of CO_2 emissions embodied in trade: The effects of sector aggregation[J]. *Energy Economics*, 2010, 32(1): 166-175.

[80] Leontief W. W. Quantitative input and output relations in the economic systems of the United States[J]. *The Review of Economics and Statistics*, 1936, 18(3): 105-125.

[81] Polenske K. R., Wassily W. Leontief, 1905-99[J]. *Economic Systems Research*, 1999, 11 (4): 341-348.

[82] Rose A., Miernyk W. Input-output analysis: The first fifty years[J]. *Economic Systems Research*, 1989, 1(2): 229-272.

[83] Miller R. E., Blair P. D. Input-output Analysis: Foundations and Extensions [M]. London: Cambridge University Press, 2009.

[84] 陈锡康, 杨翠红. 投入产出技术[M]. 北京: 科学出版社, 2011.

[85] Isard W. Some notes on the linkage of the ecologic and economic systems[J]. *Papers in Regional Science*, 1969, 22(1): 85-96.

[86] Hannon B. The structure of ecosystems[J]. *Journal of Theoretical Biology*, 1973, 41(3): 535-546.

[87] Minx J. C., Wiedmann T., Wood R., et al. Input-output analysis and carbon footprinting: An overview of applications[J]. *Economic Systems Research*, 2009, 21(3): 187-216.

[88] Dietzenbacher E., Lenzen M., Los B., et al. Input-output analysis: The next 25 years[J]. *Economic Systems Research*, 2013, 25(4): 369-389.

[89] Herendeen R. A. Input-output techniques and energy cost of commodities [J]. *Energy Policy*, 1978.

[90] Liu H., Xi Y., Guo J. E., et al. Energy embodied in the international trade of China: An energy input-output analysis[J]. *Energy Policy*, 2010, 38(8): 3957-3964.

[91] Leontief W. Environmental repercussions and the economic structure: An input-output approach[J]. *The Review of Economics and Statistics*, 1970, 52(3): 262-271.

[92] Wiedmann T. A review of recent multi-region input-output models used for consumption-based emission and resource accounting[J]. *Ecological Economics*, 2009, 69(2): 211-222.

[93] Steen-Olsen K., Weinzettel J., Cranston G., et al. Carbon, land, and water footprint accounts for the European Union: consumption, production, and displacements through international trade[J]. *Environmental Science & Technology*, 2012, 46(20): 10883-91.

[94] Steininger K., Lininger C., Droege S., et al. Justice and cost effectiveness of consumption-based versus production-based approaches in the case of unilateral climate policies [J].

Global Environmental Change, 2014, 24: 75-87.

[95] Su B., Ang B. W. Structural decomposition analysis applied to energy and emissions: Some methodological developments[J]. *Energy Economics*, 2012, 34(1): 177-188.

[96] Lenzen M. Structural analyses of energy use and carbon emissions—An overview [J]. *Economic Systems Research*, 2016, 28(2): 119-132.

[97] Rose A., Casler S. Input-output. structural decomposition analysis: a critical appraisal[J]. *Economic Systems Research*, 1996, 8(1): 33-62.

[98] Weber C. L. Measuring structural change and energy use: Decomposition of the US economy from 1997 to 2002[J]. *Energy Policy*, 2009, 37(4): 1561-1570.

[99] Lin X., Polenske K. R. Input-output anatomy of China's energy use changes in the 1980s [J]. *Economic Systems Research*, 1995, 7(1): 67-84.

[100] Leontief W. W. Structure of the American Economy[M]. New York: Oxford University Press, 1941.

[101] Leontief W. W. Ford D. Air Pollution and the Economic Structure: Empirical Results of Input-output Computations[M]. Geneva: North-Holland Publishing Company, 1971.

[102] Skolka J. Input output structural decomposition analysis for Austria[J]. *Journal of Policy Modeling*, 1989, 11(1): 45-66.

[103] Dietzenbacher E., Los B. Structural decomposition analyses with dependent determinants [J]. *Economic Systems Research*, 2000, 12(4): 497-514.

[104] Östblom G. Energy use and structural changes: Factors behind the fall in Sweden's energy output ratio[J]. *Energy Economics*, 1982, 4(1): 21-28.

[105] Wachsmann U., Wood R., Lenzen M., et al. Structural decomposition of energy use in Brazil from 1970 to 1996[J]. Applied Energy, 2009, 86(4): 578-587.

[106] Xie S-C. The driving forces of China's energy use from 1992 to 2010: An empirical study of input-output and structural decomposition analysis[J]. *Energy Policy*, 2014, 73: 401-415.

[107] Lan J., Malik A., Lenzen M., et al. A structural decomposition analysis of global energy footprints[J]. *Applied Energy*, 2016, 163: 436-451.

[108] Chen G. Q., Chen Z. M. Carbon emissions and resources use by Chinese economy 2007: A 135-sector inventory and input-output embodiment[J]. *Communications in Nonlinear Science and Numerical Simulation*, 2010, 15(11): 3647-3732.

[109] 周江波. 国民经济的体现生态要素核算[D]. 北京大学博士学位论文, 2008.

[110] 邵玲. 体现水的多尺度投入产出分析及其工程应用[D]. 北京大学博士学位论文, 2014.

[111] Shao L., Chen G. Q. Embodied water accounting and renewability assessment for ecological wastewater treatment[J]. *Journal of Cleaner Production*, 2016, 112: 4628-

4635.

[112]Chen G. Q., Han M. Y. Global supply chain of arable land use: Production-based and consumption-based trade imbalance[J]. *Land Use Policy*, 2015, 49: 118-130.

[113]韩梦瑶. 土地利用的多尺度系统核算及其工程应用[D]. 北京大学博士学位论文, 2016.

[114]郭珊. 北京市能源与碳排放的多尺度系统核算[D]. 北京大学硕士学位论文, 2013.

[115]Chen G. Q., Guo S., Shao L., et al. Three-scale input-output modeling for urban economy: Carbonemission by Beijing 2007[J]. *Communications in Nonlinear Science and Numerical Simulation*, 2013, 18(9): 2493-2506.

[116]李佳硕. 大气汞排放的三尺度系统投入产出分析：全球、中国和北京[D]. 北京大学博士学位论文, 2015.

[117]Jiang W. Q., Li J. S., Chen G. Q., et al. Mercury emissions embodied in Beijing economy[J]. *Journal of Cleaner Production*, 2016, 129: 134-142.

[118]Chen B., Li J. S., Chen G. Q., et al. China's energy-related mercury emissions: Characteristics, impact of trade and mitigation policies[J]. *Journal of Cleaner Production*, 2017, 141: 1259-1266.

[119]Peters G. P. From production-based to consumption-based national emission inventories [J]. *Ecological Economics*, 2008, 65(1): 13-23.

[120]Kanemoto K., Lenzen M., Peters G. P., et al. Frameworks for comparing emissions associated with production, consumption, and international trade [J]. *Environmental Science & Technology*, 2012, 46(1): 172-9.

[121]陈晖. 中国能源和碳排放的区域间系统核算[D]. 北京大学博士学位论文, 2011.

[122]OECD. Trade in intermediate goods and services[J]. *Intermediate Trade*, 2009.

[123]Lenzen M., Pade L-L, Munksgaard J. CO_2 multipliers in multi-region input-output models [J]. *Economic Systems Research*, 2010, 16(4): 391-412.

[124]Rose A., Chen C. Y. Source of change in energy use in the U. S. economy 1972-82[J]. *Resources and Energy*, 1991, 13: 1-12.

[125]Lindner S., Guan D. A hybrid-unit energy input-output model to evaluate embodied energy and life cycle emissions for China's economy[J]. *Journal of Industrial Ecology*, 2014, 18(2): 201-211.

[126]Tukker A., de Koning A., Wood R., et al. Price corrected domestic technology assumption—A method to assess pollution embodied in trade using primary official statistics only. With a case on CO_2 emissions embodied in imports to Europe[J]. *Environmental Science & Technology*, 2013, 47(4): 1775-1783.

[127]Chen G. Q., Chen H., Chen Z. M., et al. Low-carbon building assessment and multi-

scale input-output analysis [J]. *Communications in Nonlinear Science and Numerical Simulation*, 2011, 16(1): 583-595.

[128]Han M. Y., Chen G. Q., Mustafa M. T., et al. Embodied water for urban economy: A three-scale input-output analysis for Beijing 2010[J]. *Ecological Modelling*, 2015, 318: 19-25.

[129]Li J. S., Xia X. H., Chen G. Q., et al. Optimal embodied energy abatement strategy for Beijing economy: Based on a three-scale input-output analysis [J]. *Renewable and Sustainable Energy Reviews*, 2016, 53: 1602-1610.

[130]Liang S., Wang Y., Cinnirella S., et al. Atmospheric mercury footprints of nations[J]. *Environmental Science & Technology*, 2015, 49(6): 3566-74.

[131]Arto I., Dietzenbacher E. Drivers of the growth in global greenhouse gas emissions[J]. *Environmental Science & Technology*, 2014, 48(10): 5388-94.

[132]Lenzen M., Kanemoto K., Moran D., et al. Mapping the structure of the world economy [J]. *Environmental Science & Technology*, 2012, 46(15): 8374-8381.

[133]Lenzen M., Moran D., Kanemoto K., et al. Building Eora: A global multi-region input-output database at high country and sector resolution[J]. *Economic Systems Research*, 2013, 25(1): 20-49.

[134]Andrew R. M., Peters G. P. A multi-region input-output table based on the Global Trade Analysis Project Database (GTAP-MRIO)[J]. *Economic Systems Research*, 2013, 25(1): 99-121.

[135] Tukker A., de Koning A., Wood R., et al. EXIOPOL—development and illustrative analyses of a detailed global MR EE SUT/IOT[J]. *Economic Systems Research*, 2013, 25 (1): 50-70.

[136]Dietzenbacher E., Los B., Stehrer R., et al. The construction of world input-output tables in the WIOD project[J]. *Economic Systems Research*, 2013, 25(1): 71-98.

[137]Meng B., Zhang Y., Inomata S. Compilation and applications of IDE-JETRO's international input-output tables[J]. *Economic Systems Research*, 2013, 25(1): 122-142.

[138]IMF (Internatioanl Monetary Fund). Indicator (producer price)[EB/OL]. http://data.imf.org/? sk=29e74e46-0824-427f-bbde-af108686157f&sId=1390030109571, 2017.

[139] IEA (International Energy Agency). World energy statistics and balances [EB/OL]. https://www.iea.org/Sankey/, 2017.

[140]Chen G. Q., Chen Z. M. Greenhouse gas emissions and natural resources use by the world economy: Ecological input-output modeling[J]. *Ecological Modelling*, 2011, 222(14): 2362-2376.

[141]国家统计局国民经济核算司. 2012 年中国投入产出表[M]. 北京: 中国统计出版社,

2015.

[142] 国家统计局. 国家数据[EB/OL]. http://data.stats.gov.cn/easyquery.htm? cn = C01, 2017.

[143] 国家统计局能源统计司. 中国能源统计年鉴——2013[M]. 北京：中国统计出版社, 2013.

[144] 田宜水. 2013 年中国农村能源发展现状与趋势[J]. 中国能源, 2014, 36(8).

[145] 国家统计局国民经济核算司. 中国地区投入产出表——2012[M]. 北京：中国统计出版社, 2016.

[146] 北京市统计局. 北京统计年鉴——2013[M]. 北京：中国统计出版社, 2013.

[147] Steen-Olsen K., Owen A., Hertwich E. G., et al. Effects of sector aggregation on CO_2 multipliers in multiregional input-output analyses[J]. *Economic Systems Research*, 2014, 26(3): 284-302.

[148] Su B., Ang B. W. Input-output analysis of CO_2 emissions embodied in trade: The effects of spatial aggregation[J]. *Ecological Economics*, 2010, 70(1): 10-18.

[149] Stadler K., Steen-Olsen K., Wood R. The "rest of the world": Estimating the economic structure of missing regions in global multi-regional input-output tables [J]. *Economic Systems Research*, 2014, 26(3): 303-326.

[150] Wu X. F., Chen G. Q. Energy use by Chinese economy: A systems cross-scale input-output analysis[J]. *Energy Policy*, 2017, 108: 81-90.

[151] D. C. S. Interaction terms and structural decomposition: An application to the defense cost of oil[A]. In M. L. Lahr, E. Dietzenbacher ed. Input-output Analysis: Frontiers and Extensions, Basingstoke[M]. London: Palgrave, 2001, 1: 143-160.

[152] Chen X. K., Guo J. Chinese Economic Structure and SDA Model[J]. *Journal of Systems Science and Systems Engineering*, 2000(02): 142-148.

[153] Li J. H. A decomposition method of structural decomposition analysis [J]. *Journal of Systems Science and Complexity*, 2005(2): 210-218.

[154] Deng W., Wang Y., Liu Z., et al. HemI: A toolkit for illustrating heatmaps[J]. *Plos One*, 2014, 9(11): e111988.

[155] EIA (U. S. Energy Information Administration). Monthly Energy Review—July 2016[EB/OL]. http://www.eia.gov/beta/MER/, 2016.

[156] Bortolamedi M. Accounting for hidden energy dependency: The impact of energy embodied in traded goods on cross-country energy security assessments[J]. *Energy*, 2015, 93: 1361-1372.

[157] Zhao C., Chen B. China's oil security from the supply chain perspective: A review[J]. *Applied Energy*, 2014, 136: 269-279.

[158] Hummels D., Ishii J., Yi K. M. The nature and growth of vertical specialization in world trade[J]. *Journal of International Economics*, 2001, 54(1): 75-96.

[159] Kander A., Jiborn M., Moran D. D., et al. National greenhouse gas accounting for effective climate policy on international trade[J]. *Nature Climate Change*, 2015, 5(5): 431-435.

[160] Peters G. P., Minx J C., Weber C. L., et al. Growth in emission transfers via international trade from 1990 to 2008[J]. *Proceedings of the National Academy of Sciences*, 2011, 108(21): 8903-8908.

[161] Liu Z., Song P., Mao X. Accounting the effects of WTO accession on trade-embodied emissions: Evidence from China[J]. *Journal of Cleaner Production*, 2016, 139: 1383-1390.

[162] Arce G., López L. A., Guan D. Carbon emissions embodied in international trade: The post-China era[J]. *Applied Energy*, 2016, 184: 1063-1072.

[163] Chen Y. Y., Ebenstein A., Greenstone M., et al. Evidence on the impact of sustained exposure to air pollution on life expectancy from China's Huai River policy [J]. *Proceedings of the National Academy of Sciences*, 2013, 110(32): 12936-12941.

[164] Pope C. A., Dockery D. W. Air pollution and life expectancy in China and beyond[J]. *Proceedings of the National Academy of Sciences*, 2013, 110(32): 12861-12862.

[165] Rulli M. C., Saviori A., D'Odorico P. Global land and water grabbing[J]. *Proceedings of the National Academy of Sciences*, 2013, 110(3): 892-897.